普通高等教育"十一五"国家级规划教材

电子商务项目运作

（第 3 版）

主　编　胡家香　刘爱军
主　审　王树进

东南大学出版社
SOUTHEAST UNIVERSITY PRESS
·南京·

内 容 提 要

"电子商务项目运作"是电子商务专业学生毕业前的一门实战性主干课程,也是信息管理和经济管理类专业高年级可以开设的以提高学生就业和创业能力为目的的选修课。本书为上述教学需要而设计。书中把项目管理、电子商务、投资评估、商务技巧等知识和技能有机地结合到一起,深入浅出,理论联系实际。

本书可作为电子商务、计算机信息管理和经济管理类各专业本科和高职高专的教材,也可供企业事业单位从事电子商务和信息化工作的人员参考。

图书在版编目(CIP)数据

电子商务项目运作/胡家香,刘爱军主编.—3版.
—南京:东南大学出版社,2021.12
ISBN 978-7-5641-9964-7

Ⅰ.①电… Ⅱ.①胡…②刘… Ⅲ.①电子商务
Ⅳ.①F713.36

中国版本图书馆 CIP 数据核字(2021)第 267364 号

东南大学出版社出版发行
(南京四牌楼2号 邮编210096)
责任编辑:张绍来 封面设计:顾晓阳 责任校对:张万莹 责任印制:周荣虎
全国各地新华书店经销 南京京新印刷有限公司
开本:787 mm×1 092 mm 1/16 印张:15 字数:380千字
2002年7月第1版 2021年12月第3版
2021年12月第13次印刷
ISBN 978-7-5641-9964-7
印数:28 100—29 600 册 定价:43.00元

本社图书若有印装质量问题,请直接与营销部调换。电话(传真):025-83791830

电子商务系列教材编辑委员会

主　任　宁宣熙
副主任　黄　奇　　王传松　　周曙东　　田景熙　　吴清烈
　　　　　　王树进　　张建军　　都国雄　　武　忠　　张绍来
编　委　丁晟春　　丁振强　　王树进　　王贺朝　　王维平
　　　　　　王超学　　卞保武　　叶　辉　　叶建川　　申俊龙
　　　　　　田景熙　　付铅生　　冯茂岩　　叶俊杰　　朱学芳
　　　　　　朱延平　　庄燕模　　刘　丹　　刘小中　　刘玉龙
　　　　　　刘松先　　刘　敏　　严世英　　吴清烈　　李艳杰
　　　　　　李晏墅　　李善山　　肖　萍　　闵　敏　　迟镜莹
　　　　　　张中成　　张　赪　　张建军　　张家超　　张格余
　　　　　　张维强　　陈次白　　邵　波　　尚晓春　　罗　良
　　　　　　武　忠　　易顺明　　周　源　　周桂瑾　　俞立平
　　　　　　桂海进　　高功步　　钱　敏　　陶向东　　黄宝凤
　　　　　　黄建康　　曹洪其　　常晋义　　董　岗　　曾　杨
　　　　　　谢延森　　虞益诚　　詹玉宣　　鲍　蓉　　潘　丰
　　　　　　潘　军　　魏贤君

出 版 说 明

为了适应高等院校电子商务专业教学的需要,经过较长时间的酝酿、精心策划和精心组织,我们编写出版了电子商务系列教材。

2001年9月,经南京大学、东南大学、南京航空航天大学、南京农业大学、南京理工大学、南京审计大学、南京工业职业技术大学、南京正德学院、东南大学出版社、南京商友资讯商务电子化应用研究院、江苏省信息学会电子商务专业委员会等单位的有关人士反复商讨、策划,提议组织编写、出版电子商务系列教材。此项倡议得到江苏省内30多所高校的赞同和中国工程院院士、东南大学校长顾冠群的支持。2001年11月3日召开首次筹备工作会议,正式着手编委会的组建、专业课程设置及教材建设研讨、编写人员组织等各项工作。经过各方面人士的共同努力,2001年12月22日正式成立电子商务丛书编委会,确定了首批教材的编写大纲和出版计划,落实了教材的编写人员,于2002年9月出版了首批电子商务系列教材共13种。

首批教材的出版,得到了广大读者的肯定,并荣获了华东地区大学出版社第六届优秀教材学术专著二等奖。其中《电子商务概论》《电子商务项目运作》被教育部确定为普通高等教育"十一五""十二五"国家级规划教材。

为了体现出精品、争一流、创品牌的指导思想,2018年3月,电子商务丛书编委会在南京召开了"高等院校电子商务专业建设与教材建设研讨会",来自上海、浙江、江苏等院校代表参加了会议。会议决定对已出版的电子商务系列教材进行全面的修订,继续跟踪电子商务专业的发展,继续出版有关电子商务专业的系列教材。

我们将充分发挥数十所高校协同合作的优势,发挥产、学、研结合的优势,对教材内容不断更新和精雕细琢,以推出更多更好的教材或论著奉献给广大师生和读者。教材中难免存有许多不足之处,欢迎广大师生和读者提出宝贵意见。

联系方式　E-mail:erbian@seu.edu.cn

电子商务丛书编委会
2021年12月

总　　序

20世纪末信息技术的飞速发展，为社会的各个领域开辟了全新的天地。互联网投入商业化运营以后，电子商务应运而生并蓬勃发展。电子商务不仅改变了商务活动的运作模式，而且必将给政治、经济和人民生活的各个领域带来根本性的变革。电子商务将是21世纪全球经济增长最快的领域之一，它带来的经济发展机遇是人类历史上几百年才能遇到的。

研究电子商务理论、模式、方法，回答电子商务发展中一系列理论的和实践的问题，是电子商务理论工作者的任务，也是我国经济、科技领域出现的一项重大课题。因此，一门新的学科——电子商务学应运而生。可以说，电子商务理论是一门技术、经济、管理诸多学科知识融会交叉的新兴的应用型学科，它涉及的内容是十分广泛的。

然而，"理论是灰色的，而生活之树是常青的"。在电子商务迅猛发展的时代，理论研究往往跟不上实践的发展，由此而产生一种矛盾性状态：一方面，实践的发展迫切需要理论创新和由创新的理论培养出来的大批人才；另一方面，理论的创新和人才的培养却一时又跟不上实践发展的需要。正是这样一种矛盾性的状态，给我们提出了一个任务：在前一阶段电子商务实践发展的基础上进行相应的理论性的归纳、总结和集成，以适应培养电子商务专业人才的需要，同时也为广大企业和相关部门应用电子商务提供指导。

为了推动电子商务理论的创新和加快电子商务专业人才的培养，江苏省信息学会电子商务专业委员会和东南大学出版社，联合了南京大学、东南大学、南京航空航天大学、南京农业大学、南京理工大学、中国矿业大学等省内30多所高校和我省最早从事电子商务应用开发的服务机构——南京商友资讯电子商务应用研究所，走产、学、研合作之路，组织编撰一套"电子商务丛书"，首期出版"电子商务系列教材"。这是一件很有意义的工作。

我们希望这套专业教材的出版，有助于电子商务理论的创新和发展，有助于电子商务专业人才的培养，有助于电子商务在全社会的广泛应用。

中国工程院院士
东南大学校长
2002年春

第3版前言

本教材自2002年7月与读者初次见面以来,得到了很多高校师生的厚爱。教材最初是为电子商务专业设计的,后来在教学实践中发现,其他专业的高年级学生对选修本课程也有热情,本课程对提高各专业学生的就业和创业能力都很有帮助。2004年2月,在南京商友资讯商务电子化应用研究院和东南大学出版社的帮助下,邀请了全国17所高校21名教师,在钟山职业技术学院举办了一次教学观摩活动,并就本课程教学和教材修订事宜进行了专题研讨,同年进行了一次较大幅度的修订。2006年底,本书经同行专家评审,列入了普通高等教育"十一五"国家级规划教材。此后,东南大学出版社和南京农业大学拨出专门经费,资助本教材的再版事宜。2012年8月,本书进行了第二次修订,由南京农业大学经济管理学院博士生导师、钟山职业技术学院经济学院电子商务专业带头人王树进教授担纲,南京农业大学电子商务专业胡家香博士具体执笔。

本课程的教学目标,是使学生将所学到的有关网络知识与技能、计算机应用知识与技能和经济管理类知识与技能融会贯通,为企业商务电子化出谋划策并执导项目。试图引导学生从项目发展的角度去接近现实,掌握发起电子商务项目的技能与必备知识。掌握电子商务知识的学生,毕业以后可以在工程服务类IT公司的业务部门工作,也可以在传统行业企业的信息化管理部门或发展部门工作,还可以自己创业。

针对上述的教学目标,本教材首先致力于拓展学生的思维,培养学生对企业需求的识别能力和对商业机会的捕捉能力;其次,要求学生努力掌握项目管理和运作的基本常识,并学会把企业对电子商务的潜在需求变成一个真实项目的常用技能;再次,教会学生做电子商务项目的可行性研究,学会从功能和成本的角度、从投资和回报的角度去研究企业是否应该导入电子商务,在什么程度上实现电子商务;最后,研究几种主要传统行业的特点,探讨不同行业的电子商务项目的运作要点。教材的用法,可按照章节次序展开。展开的程度可以根据不同地区、不同学校、不同培养方向而有所差别。考虑不同院校不同层次教学的共同的需要和选择的多样化,我们把教材的内容安排成"理论篇"和"案例篇"两个部分,合为一个有机整体。理论篇(1—7章)主要讲述项目运作的相关理论,案例篇(8—14章)主要讲述各个行业电子商务项目运作的典型案例。

2021年,经编委会研究决定,对本书进行第三次修订,由南京农业大学经济管理学院胡家香和刘爱军负责修订,王树进教授担任主审。过去参加过本书编写和修订工作的人员有西安交通大学公共管理学院张胜,山西大学商学院岳云康,中国农业大学经济管理学院王卫华,安徽农业大学经济管理学院张士云,开封大学吴建军,金陵科技学院蒯婷婷、符斌,钟山职业技术学院张春慧、范继魏,新疆乌鲁木齐职业大学郑延,解放军理工大学六十三所齐美智,广西机电职业技术学院韦滨,海南经贸职业技术学院李小玲,南京城市职业学院滕静涛等。此外,许军、汪翔、朱振亚、陆岩、王晓蓉、孙晓兰、王国栋等同志的贡献依然可见。

在编写过程中,江苏省信息学会电子商务专业委员会秘书长、南京商友资讯商务电子化应用研究院院长王传松先生,东南大学出版社张绍来先生,南京农业大学电子商务与品牌研究中心主任周曙东教授,南京宏翼展电子商务有限公司陈长斌总经理,为本书的修订和编写工作提供了热情的鼓励和便利条件,在此谨表示衷心的感谢!同时也鸣谢本书所列参考资料的各位作者和出版单位,没有他们的佳作在先,也就不可能有本书的问世。

编　者

2021 年 8 月 17 日于南京

目 录

1 概述 ··· 1
　1.1　电子商务项目 ·· 1
　　1.1.1　电子商务的概念 ·· 1
　　1.1.2　电子商务项目的含义和特征 ··· 2
　　1.1.3　电子商务项目的范围和特点 ··· 4
　1.2　项目生命周期与管理过程 ·· 5
　　1.2.1　项目生命周期 ·· 5
　　1.2.2　一般项目管理过程 ··· 8
　　1.2.3　项目运作与项目管理的关系 ··· 8
　1.3　电子商务项目运作 ·· 9
　　1.3.1　电子商务对企业的价值 ·· 9
　　1.3.2　实现电子商务的条件和障碍 ··· 11
　　1.3.3　电子商务项目运作的目的 ··· 12
　　1.3.4　电子商务项目运作的模式 ··· 12
　　1.3.5　电子商务项目运作的流程与任务 ·· 13
　　1.3.6　电子商务项目运作的知识准备 ··· 15
　思考题 ·· 18

2 电子商务需求识别与分析 ·· 20
　2.1　如何识别电子商务需求 ··· 21
　　2.1.1　电子商务需求识别的意义和目的 ·· 21
　　2.1.2　识别需求要从观察和分析着手 ··· 21
　　2.1.3　诱发电子商务需求的8种因素 ·· 22
　2.2　企业所处的行业与目标市场分析 ··· 27
　　2.2.1　行业分析 ··· 27
　　2.2.2　目标市场分析 ·· 33
　2.3　企业自身分析 ··· 35
　　2.3.1　检查企业的战略目标和实施计划 ·· 35
　　2.3.2　检查企业的信息流程 ··· 35
　　2.3.3　评估企业电子商务技术现状 ··· 36
　　2.3.4　研究企业的4种基本选择 ··· 37
　2.4　电子商务项目业务需求分析 ·· 39
　　2.4.1　电子商务项目业务需求分析的方法 ·· 39

    2.4.2 电子商务业务需求分析过程中需注意的问题 ……………………………… 40
    2.4.3 电子商务项目业务流程分析 ……………………………………………… 40
  2.5 电子商务项目经济效益需求分析 ……………………………………………… 42
    2.5.1 直接经济效益 ……………………………………………………………… 42
    2.5.2 间接经济效益 ……………………………………………………………… 42
  2.6 电子商务非功能需求分析 ……………………………………………………… 43
  2.7 需求建议书的准备与发布 ……………………………………………………… 43
    2.7.1 什么是需求建议书 ………………………………………………………… 43
    2.7.2 需求建议书的主要内容 …………………………………………………… 44
    2.7.3 申请书的征集对象 ………………………………………………………… 45
    2.7.4 征集申请书的注意事项 …………………………………………………… 46
  2.8 电子商务项目需求说明书 ……………………………………………………… 47
  思考题 …………………………………………………………………………………… 49
  实训内容 ………………………………………………………………………………… 49

3 电子商务项目可行性分析 ………………………………………………………………… 50
  3.1 可行性研究概述 ………………………………………………………………… 50
    3.1.1 可行性研究的目的与工作程序 …………………………………………… 50
    3.1.2 可行性研究的类型及基本要求 …………………………………………… 51
  3.2 可行性分析的内容 ……………………………………………………………… 52
    3.2.1 PEST 宏观环境分析 ……………………………………………………… 52
    3.2.2 波特五力模型分析 ………………………………………………………… 54
    3.2.3 SWOT 分析 ………………………………………………………………… 56
  3.3 可行性研究报告的编制 ………………………………………………………… 57
    3.3.1 可行性研究报告的内容要求 ……………………………………………… 57
    3.3.2 可行性研究报告的格式 …………………………………………………… 58
    3.3.3 可行性研究报告编制的注意事项 ………………………………………… 60
    3.3.4 可行性研究报告编制案例 ………………………………………………… 60
  思考题 …………………………………………………………………………………… 68
  实训内容 ………………………………………………………………………………… 68

4 电子商务项目商业模式设计 ……………………………………………………………… 69
  4.1 业务模式 ………………………………………………………………………… 70
    4.1.1 战略目标 …………………………………………………………………… 70
    4.1.2 目标用户 …………………………………………………………………… 71
    4.1.3 产品或服务 ………………………………………………………………… 71
    4.1.4 盈利模式 …………………………………………………………………… 73
    4.1.5 核心能力 …………………………………………………………………… 73
  4.2 技术模式 ………………………………………………………………………… 74
    4.2.1 技术模式主要内容 ………………………………………………………… 74

  4.2.2 通信系统 ……………………………………………………………… 75
  4.2.3 计算机硬件系统 ………………………………………………………… 75
  4.2.4 计算机软件系统 ………………………………………………………… 76
  4.2.5 其他专用系统 …………………………………………………………… 77
 4.3 经营模式 ………………………………………………………………………… 77
 4.4 组织管理模式 …………………………………………………………………… 77
  4.4.1 电子商务的组织与人力资源管理 ……………………………………… 77
  4.4.2 业务管理 ………………………………………………………………… 78
  4.4.3 服务与客户关系管理 …………………………………………………… 78
 4.5 资本模式 ………………………………………………………………………… 79
  4.5.1 风险投资型资本模式 …………………………………………………… 79
  4.5.2 传统投资型资本模式 …………………………………………………… 82
  4.5.3 电子商务公司之间的并购 ……………………………………………… 83
 4.6 信用管理模式和风险管理模式 ………………………………………………… 84
  4.6.1 信用管理模式 …………………………………………………………… 84
  4.6.2 风险管理模式 …………………………………………………………… 84
 思考题 ………………………………………………………………………………… 86
 实训内容 ……………………………………………………………………………… 86

5 电子商务项目设计 …………………………………………………………………… 87
 5.1 电子商务项目功能需求设计 …………………………………………………… 87
  5.1.1 B2C 的电子商务零售项目的基本需求设计 …………………………… 88
  5.1.2 B2B 电子商务项目的基本需求设计 …………………………………… 89
  5.1.3 企业信息门户的基本需求设计 ………………………………………… 90
 5.2 电子商务项目信息结构的设计 ………………………………………………… 91
  5.2.1 项目主题及风格策划 …………………………………………………… 91
  5.2.2 项目内容策划 …………………………………………………………… 93
  5.2.3 项目栏目规划及目录设计 ……………………………………………… 94
  5.2.4 导航设计 ………………………………………………………………… 97
  5.2.5 链接设计 ………………………………………………………………… 98
 5.3 项目的三个重要设计 …………………………………………………………… 99
  5.3.1 网页可视化设计 ………………………………………………………… 99
  5.3.2 数据库设计 ……………………………………………………………… 100
  5.3.3 移动端设计 ……………………………………………………………… 103
 思考题 ………………………………………………………………………………… 110
 实训内容 ……………………………………………………………………………… 110

6 电子商务项目实施计划 ……………………………………………………………… 111
 6.1 范围计划 ………………………………………………………………………… 111
  6.1.1 项目范围的概念 ………………………………………………………… 111

6.1.2	项目范围的界定	112
6.1.3	工作分解结构	112
6.1.4	项目范围计划的编制	113

6.2 进度计划 114

6.2.1	项目进度计划的含义及其重要性	114
6.2.2	项目进度计划的编制过程	114
6.2.3	网络计划的应用	116

6.3 费用计划 120

6.3.1	项目费用的构成	120
6.3.2	项目费用计划应考虑的因素	120
6.3.3	项目费用的估算	121

6.4 质量计划 122

6.4.1	项目质量和质量计划	122
6.4.2	质量计划的作用及一般要求	122
6.4.3	质量计划的编制方法	123

6.5 人力资源计划 123

6.5.1	人力资源计划的概念和编制原则	123
6.5.2	制订组织规划	124
6.5.3	项目人员配备计划	124
6.5.4	项目人员的招聘与培训计划	125

6.6 沟通计划 125

6.6.1	沟通计划的概念	125
6.6.2	项目沟通	125
6.6.3	提高沟通绩效的要点	126
6.6.4	项目沟通计划的编制	127

6.7 风险管理计划 128

6.7.1	项目风险管理与风险管理计划	128
6.7.2	风险识别与风险评估	128
6.7.3	项目风险的种类与应对策略	129

6.8 采购计划 130

6.8.1	项目采购概述	130
6.8.2	采购计划的编制	130

6.9 电子商务项目管理软件的操作使用 131

6.9.1	项目管理软件概述	131
6.9.2	项目管理软件的基本工作原理	132
6.9.3	项目管理软件的功能与选择标准	132
6.9.4	Teambition 的使用	134
6.9.5	Teambition 的应用操作实例	136

思考题 138

实训内容 138

7 电子商务项目运营管理 ... 139

7.1 电子商务运营管理 ... 139
7.1.1 运营管理的概念 ... 139
7.1.2 电子商务运营的内容 ... 140
7.2 电子商务运营组织 ... 141
7.3 电子商务运营策略 ... 142
7.3.1 内容运营策略 ... 142
7.3.2 市场运营策略 ... 144
7.3.3 客户运营策略 ... 145
7.4 电子商务运营工具 ... 147
思考题 ... 152
实训内容 ... 152

8 沃尔玛的电子商务项目运作 ... 153

8.1 沃尔玛公司概述 ... 153
8.2 沃尔玛的电子商务需求 ... 153
8.2.1 传统零售业面临网络冲击 ... 153
8.2.2 沃尔玛电商业务落后 ... 154
8.3 沃尔玛发展电子商务的可行性分析 ... 155
8.3.1 必要性分析 ... 155
8.3.2 技术、经济可行性分析 ... 158
8.4 沃尔玛的电子商务战略 ... 159
8.5 沃尔玛对中国传统零售业的启示 ... 161
思考题 ... 163

9 华为电子商务项目运作 ... 164

9.1 华为公司概述 ... 164
9.2 华为的电子商务需求 ... 164
9.3 华为发展电子商务的可行性分析 ... 165
9.3.1 必要性分析 ... 165
9.3.2 技术可行性分析 ... 167
9.3.3 经济可行性分析 ... 168
9.4 华为的电子商务战略 ... 169
9.5 华为对中国制造业电子商务运作的启示 ... 170
9.5.1 对制造业企业实施电子商务战略的启示 ... 170
9.5.2 对制造业软件企业的战略启示 ... 172
思考题 ... 173

10 中国农业信息网电子商务项目运作 174

- 10.1 中国农业信息网概述 174
- 10.2 农业的电子商务需求 174
- 10.3 农业发展电子商务的可行性分析 175
  - 10.3.1 必要性分析 175
  - 10.3.2 技术可行性分析 178
  - 10.3.3 经济可行性分析 178
- 10.4 中国农业信息网的主要功能及特色 179
- 10.5 对我国农业电子商务运作的启示 180
- 思考题 182

11 马蜂窝电子商务项目运作 183

- 11.1 马蜂窝概述 183
- 11.2 马蜂窝的电子商务需求 183
- 11.3 马蜂窝开展电子商务的可行性分析 184
  - 11.3.1 必要性分析 184
  - 11.3.2 技术可行性分析 187
  - 11.3.3 经济可行性分析 187
- 11.4 马蜂窝的电子商务应用 188
- 11.5 马蜂窝对国内旅游业电子商务发展的启示 190
- 思考题 191

12 京东物流电子商务项目运作 192

- 12.1 京东物流概述 192
- 12.2 物流业电子商务现状及京东物流的电子商务需求 192
- 12.3 京东物流发展电子商务的可行性分析 194
  - 12.3.1 必要性分析 194
  - 12.3.2 技术可行性分析 197
  - 12.3.3 经济可行性分析 198
- 12.4 京东物流的电子商务战略 198
- 12.5 京东物流对中国物流业电子商务运作的启示 201
- 思考题 201

13 中国人寿保险电子商务项目运作 202

- 13.1 中国人寿保险概述 202
- 13.2 中国人寿保险的电子商务需求 202
- 13.3 中国人寿保险发展电子商务的可行性分析 203
  - 13.3.1 必要性分析 203

  13.3.2 技术可行性分析 ·············· 206
  13.3.3 经济可行性分析 ·············· 206
 13.4 中国人寿保险的电子商务举措 ·············· 206
 13.5 中国人寿保险对中国金融保险业电子商务运作的启示 ·············· 208
 思考题 ·············· 210

14 eBay 外贸门户电子商务项目运作 ·············· 211

 14.1 eBay 外贸门户概述 ·············· 211
 14.2 eBay 外贸门户的电子商务需求 ·············· 212
 14.3 eBay 外贸门户发展电子商务的可行性分析 ·············· 213
  14.3.1 必要性分析 ·············· 213
  14.3.2 技术、经济可行性分析 ·············· 216
 14.4 eBay 外贸门户的电子商务战略 ·············· 216
 14.5 eBay 外贸门户对中国国际贸易电子商务运作的启示 ·············· 218
 思考题 ·············· 219

参考文献 ·············· 220

1 概述

【开篇案例】

2019 年是庆祝"双十一"的第 11 年,其意义早已经超越了一个购物节本身,逐渐成为在消费主义推动下全民"娱乐+消费"的狂欢,各大卫视联合各电商平台开启"电视购物"模式,晚会热度颇有赶超春晚的势头,主持人、明星、网红纷纷卖力带货。

从具体数据来看,阿里仅用时约 16 小时 31 分钟便突破 2018 年全天 2 135 亿元的成交额;交易峰值达到 54.4 万笔/秒,是 2009 年第一次"双十一"的 1 360 倍;总物流订单 12.92 亿,并创下了 8 小时发货破亿的新纪录;支付宝自主研发的分布式数据库 OceanBase 处理峰值达到 6 100 万次/秒;平均每个家庭有 1.25 人参与"双十一",总参与的用户比 2018 年全天新增了 1 亿多;首发新品超过 100 万款。

阿里造出来的"双十一"已经成了所有电商平台的狂欢促销节。2019 年"双十一"的另一个 2 000 亿诞生在京东,京东平台在"双十一"期间(从 11 月 1 日零时起至 11 月 11 日 23 时 59 分 59 秒)累计下单金额超 2 044 亿元。苏宁也高调地加入了"战场",在苏宁,仅 1 分钟家电 3C 的销售额便破 10 亿,六大家电 3C 品牌销售额破亿,苏宁国际销售额破亿,当日苏宁全渠道订单量增长 76%。

这里的任何一个数字都印证着消费主义依然盛行以及中国消费者强大的购买力。各大电商平台之间竞争十分激烈,但其中的利润更是可观,开发发展电商平台有利可图,这也让渴望分享电商平台丰厚利润的企业家看到了希望。

今年大四就读于电子商务专业的高林,现在正在一家小型的农村电商平台的设计部实习,近期,高林所在的设计部接到一个任务,编制一份 B2C 电子商务平台的规划报告,高林作为设计部成员之一,自然也要参与其中。但幸运的是,高林这学期正在学习"电子商务系统设计"这门课程,这可帮助她不少。

1.1 电子商务项目

1.1.1 电子商务的概念

电子商务按照字面的意思,是指通过电子手段进行商务活动。电子商务的本质是商务活动,电子商务的手段,是利用电子技术特别是现代的计算机网络技术。对电子商务,目前国内外尚无一个统一公认的定义,但大体上可以归纳为广义和狭义两种基本的理解。

广义的电子商务(Electronic Business, EB),是指各行各业,包括政府机构和企业、事业单位各种业务的电子化、网络化,可称为电子业务,包括企业的电子商务、政府的电子政务、军队的电子军务、医院的电子医务、学校的电子教务,家庭的电子家务等。

狭义的电子商务(Electronic Commerce,EC),是指人们利用电子化手段进行以商品交换为中心的各种商务活动,如厂家、商家、其他企业相互之间以及与消费者个人之间利用计算机网络进行的各种商务活动,可称为电子交易,包括电子商情、电子广告、电子合同签约、电子购物、电子支付、电子转账、电子结算、电子商场、电子银行等不同层次、不同程度的电子商务活动。

本书采用广义电子商务的概念。本书所谈的电子商务,主要是指使企业商务活动的电子化和网络化。这里的企业包括但不限于商业流通企业。"化"是一个过程的概念,是指我们所说的对象从一种状态变成另一种状态的过程。对电子商务来说,这个过程有丰富的内容,由无数大大小小的项目所构成。

1.1.2 电子商务项目的含义和特征

项目(Project)是工程管理上的术语。项目有着极其广泛的含义,一件认真策划并完成的事情,可以看成为一个项目;家庭住房的装修,也可看做一个项目;安排一个隆重的生日庆典,是一个项目;修建一条马路,也是一个项目。在投资人的眼里,一个可以在预期内收回本金并能盈利的投资活动,是一个投资项目;在政府官员眼里,针对社会上某些问题出台一个政策并付诸实施,是一个治理项目;在城市建设中,建一个污水处理厂,是一个环保项目;在商场管理中,采用POS机和数据库系统辅助结算和收款工作,就是一个电子商务项目。

一言以蔽之,所谓项目,是指以一套独特而相互联系的任务为前提,有效地利用资源,为实现一个特定的目标所做的努力。电子商务项目,则是指用电子手段来装备一切商务活动过程的种种努力。

一般来说,凡是项目,总具有一些共同的特征,电子商务项目也不例外。这些特征是:

1) 目标、任务与资源

任何项目都有一个明确界定的目标——一个期望的结果或产品。项目的目标通常用工作范围、进度计划和成本来表达。例如,一个电子商务项目的目标可能是花1万元人民币,用2个月的时间,完成一个企业的网页设计和制作,并送上互联网,从而使企业的老板感到满意;另一个电子商务项目的目标可能是花20万元人民币,用3个月的时间为本单位构建一个客户关系管理(CRM)系统,提高本单位对客户的管理能力。

项目的执行,就是通过完成一系列相互关联的任务,从而达到预定的目标。这些任务互不重复,彼此之间有一定的先后顺序。例如,一个传统企业的上网项目,可能会包括ISP(互联网服务提供商)选择、域名登记、网站规划、网页文稿编撰、现场或实物拍照、图片选择、文字输入、版面美化、动画处理、链接、上传、引擎登记等任务。这些任务有先有后,任务全部完成后,目标才能实现。

项目需要运用各种资源来执行任务。这些资源包括不同的人力、组织、设备、原材料和工具。例如,企业上网项目可能涉及的资源有:ISP、网页设计与制作人员、计算机、扫描仪或数码相机、通信线路等等。

2) 具体的时间计划

项目有具体的时间计划或有限的寿命。它有一个开始时间和目标必须实现的到期日。

例如,整修一幢教学楼可能必须在 7 月 20 日到 8 月 30 日时间内完成。一个企业上网的项目可能是从 3 月 1 日起到 5 月 20 日之前完成。

有的项目执行的时间可能很长,如大型的建设项目,可能持续几年或十几年。但中小企业的电子商务项目,一般执行期不会超过 2 年,大多数只有几个月,有的甚至更短。

3) 独特性和一次性

项目本身可能是独一无二的、一次性的努力。

有的项目很明显是独一无二的,如三峡建设工程,前人没有搞过。

另外一些项目,如给甲乙两个企业设计网站,虽然工作性质相似,但甲企业与乙企业的具体情况和对网站要求可能差别很大,所以虽然同为建网站,但成本、工期和作业方式可能相差很远,所以给甲企业设计网站和给乙企业设计网站,因其特定的需求不同,项目仍是独一无二的。

任何成功的项目,其效益或影响是长期的,也可能是持续的。但就项目本身来说,都是一次性的努力。例如,企业网站项目,随着网站的建成发布,项目也就结束了。建网站是一次性的努力,但网站的影响可能很长远。

4) 客户和承约商

所谓客户,是指为项目提供必要资金,以达到目标的组织或个人。承约商就是用客户的资金来执行项目的组织或个人。每个项目都有客户。当一个承约商为某公司建设网站,该公司就是资助这一项目的客户。当一个企业从政府那里得到资金,开发一种公共数据库,客户就是该政府机构。当某公司提供资金给公司内部一组人员,要求升级公司的管理信息系统,客户就是这个公司。有时候,客户这个词具有更广泛的含义,不仅包括目标资助人(如上述的公司管理层),而且包括其他利害关系方,例如包括那些将成为信息系统最终用户的人们。承约商必须成功地完成项目目标,以使客户满意。

5) 不确定性及影响因素

任何项目都包含不确定性。

一个项目开始之前,一般在一定的假设和预算基础上准备一份计划。这些假设影响着项目预算、进度计划和工作范围的发展。项目以一套独特的任务、任务所需要的时间估计、各种资源及这些资源的有效性及性能为假设条件,并以资源的相关成本估计为基础。这种假定和预算的组合产生了一定程度的不确定性,影响着项目目标的成功实现。例如,最终成本可能会高于预计成本,因为当初低估了某些资源的费用;实际工期可能延长,因为当初对困难估计不足等。

6) 项目成功的制约因素

项目目标的成功实现通常受四个因素制约:项目范围、成本、进度计划和客户满意度。

(1) 项目范围 也就是工作范围,是指为了使客户满意而必须做的全部工作。要使客户满意,关键是项目的交付物(有形产品或是所提供的服务)要满足项目开始时所指定的认定标准与要求。例如,一个电子商务项目范围可能涉及网络平台供应商的选择、计算机及相关设备的选择、企业内部工作流程的梳理或改造等所有的工作,承约商应该在一开始就和客户达成一个一致认同的计划,并明确哪些是承约商必须完成的任务,哪些是客户自己要做的事情。客户总是期望承约商高质量地完成工作范围。如果为企业建造一个目的是宣传该企业产品的网站,在完成工作范围并交付验收后,客户发现访问速度很慢、有些链接无法使用,这样的项目客户是不会满意的。

(2) 项目成本 是指客户同意为一个可接受的项目交付物所付的款额。项目成本以预算为基础,包括将用于支付项目的人员工资、原材料成本、设备和工具费用以及任务可能分包或外包的费用。例如,建一个电子商务网站的成本可能包括人员工资、设备购置安装费、材料消耗、专线租用与服务器租赁费、网页制作包干费、数据库开发外委课题费等等。

(3) 项目进度计划 是指每项活动开始及结束时间具体化的进度计划。客户通常给承约商一个总的时间要求和目标要求,承约商必须将总的目标转化为必要而有序的各项任务,并对每项任务的完成时间作出安排。这种安排就构成了进度计划。在多数情况下,承约商为了使自己和客户确信项目能够成功,有必要在项目开始前建立一份计划,计划应当包括所有工作任务、相关成本和必要的完成任务所需要的时间估计。如果没有这样的计划,将会增加不能按时在预算内完成全部工作的风险。

(4) 客户满意度 是指客户对项目的满意程度。使客户满意,不仅仅是按时在预算内完成工作范围,或是在项目结束后问他是否满意。项目负责人要随时与客户沟通,使客户知晓项目进展情况,以便决定是否需要改变期望。定期地安排会议或作进度报告,经常进行电话讨论或发送电子邮件,是实现沟通的最经济便捷的办法。客户满意就意味着把客户作为一个合作伙伴,在整个项目过程中让客户和承约商一同积极参与,以获得项目的成功。项目负责人要了解整个项目过程中的客户满意度,通过与客户保持定期沟通,使客户感觉到他是真正关心客户期望的,这样可以最大限度地防止日后出乎意料的不愉快的事情发生。

1.1.3 电子商务项目的范围和特点

电子商务项目的范围很广,既包括企业的电子商务建设,也包括政府、个人和社会其他主体的电子商务活动。由于企业是商务活动的主流主体,所以,利用现代电子技术来武装传统企业的商务活动过程,使企业在信息交换、计划决策、物料采购、生产安排和控制、市场营销、人事、行政、物流和财务管理等各个环节或各个方面采用适当的电子手段来提高效率、降低成本、提高竞争力的努力,是电子商务项目的重心所在。

1) 电子商务项目的范围

明确电子商务项目的范围,也可以进一步帮助我们理解电子商务项目的概念。一般来说,电子商务项目的范围可以从两个角度来概括:

(1) 传统企业的电子商务改造 传统企业是与现代企业相比较而言的一个称谓,多是指在传统行业(非信息产品生产行业)的企业,这些企业尚未采用现代信息技术来装备自己。在现代的市场竞争环境下,传统企业迫切需要信息化,需要在商务流程中实现电子化,也就是需要实现电子商务。因为在商务活动中采用的电子技术与过去采用的其他技术相比,条件和结果都有很大的不同,因此新技术的采用,势必要求工作流程做相应的改变。换句话说,需要对商务流程进行再造,以适应电子商务的特点。这就是企业的电子商务改造。

传统企业的电子商务改造,可以是一个简单的项目(如上网发布产品信息),也可以是一个较复杂的项目(如建立办公自动化系统,或建立一个与客户互动的 B to B 电子商务网站);可以是一个短期项目(如 2 个星期内完成),也可以是一个长期项目(如持续 2 年);可以是一个单体项目,也可以是由许多单体项目所构成的综合性项目。这些项目,虽然大小不同、长短不一、复杂程度深浅不等,但都属于电子商务项目范畴。

(2) 一般IT企业的工程承包和其他活动　所谓IT企业,是指生产销售电子信息产品或提供相关技术服务的企业。传统企业的电子商务改造任务,特别大型的、复杂的综合性项目,往往将部分任务委托给IT企业去完成。许多IT企业,其实就是专为传统企业提供电子商务服务而设立的。这些企业的主营业务就是策划、发展和执行电子商务项目。他们往往是项目的承约商。

所以,一般IT企业为传统企业策划并承揽的企业上网工程、企业办公自动化系统建设、企业管理信息系统建设、企业网站建设等任务,都属于电子商务项目的范畴。

当然,IT企业自己开发电子商务产品或服务的过程,也是电子商务项目。因为从本质上说,这都是为实现商务活动的电子化所做的努力。

2) 电子商务项目的特点

电子商务项目与一般工程项目相比,有如下一些特点:

(1) 项目牵涉的角色　电子商务项目牵涉的角色往往较多。在一般项目中,主要角色大多是两个,一个是项目的出资者(客户),一个是项目的执行者(承约商)。对一个复杂的电子商务项目来说,项目所涉及的角色往往还可以有独立的策划者、设计者和承建商。小的简单的电子商务项目,策划者和设计者往往是一体的,或是独立实体,或是客户本身,或是项目承建商。

在特殊情况下,一个人也可以搞一个电子商务项目,自己出资、自己设计和执行,那么这个人自己就承担了双重角色,既是项目的客户又是项目的执行者。

(2) 软件投资　软件投资比重较大,是电子商务项目和一般工程建设项目相比的另一个不同之处。例如,一般建设项目的执行结果,往往形成较大比例的固定资产,但电子商务项目的执行结果,主要是形成无形的管理与服务能力,项目投资主要是形成无形资产而不是固定资产。

(3) 项目生命周期　电子商务项目的生命周期较短。由于信息技术生命周期短、更新换代快,所以电子商务项目一般都要涉及系统(特别是计算机软件系统)的升级换代问题。正因为如此,一个电子商务项目,不可能持续太长的时间,否则项目尚未建成,就要承担被淘汰的风险。也是由于这个原因,对一个具体的电子商务项目来说,其效益的持续时间也不会很长,不可能像一座建筑物那样持续几十年,除非你不断地更新,跟上技术进步的节奏。

1.2　项目生命周期与管理过程

1.2.1　项目生命周期

项目生命周期是指项目从诞生到结束所经历的时间。项目生命周期一般分为四个阶段:第一阶段是识别需求,第二阶段是提出解决方案,第三阶段是执行项目,第四阶段是结束项目。在这四个不同的阶段里,往往由不同的组织、个人和资源扮演着主要角色。

1) 识别需求

当需求被客户(愿意提供资金,使需求得到满足的个人或组织)确定时,项目就诞生了。

如一个企业,需要与所有可能的客户建立迅捷的联系,愿意提供资金,把潜在客户的电子信箱地址收集起来,并形成自己的邮件组发系统,企业决定做这件事,这个项目也就成立了。又如一个县的政府某部门,愿意出资将全县的企业信息搬到互联网上,以提高本县企业的知名度和竞争力,在这里,提供资金者和需求得到满足者可以不是同一个主体。

客户必须首先确定需求或问题。有时候,问题会被迅速确认,如在某些突发事件出现的情况(如自然灾害爆发)下,客户会立即产生需求。而在另外一些情况下,客户可能需要很长的时间才能清晰地确认需要,收集问题和有关资料,确定解决问题的个人或组织(承约商)所需满足的特定条件。

对大中型企业来说,在面向承约商确认电子商务需求之前,往往要经过很长的酝酿过程。在这个过程中往往是悄悄地进行初步可行性研究,最后形成一个项目建议书或初步可行性研究报告。项目建议书经企业高层批准后,企业会安排内部的某个项目经理(或类似职务的人)来组织和推动项目的发展,包括联络承约商,或自己组建项目团队。

在项目生命周期的第一阶段,有一种做法是客户向承约商征询需求建议书(Request For Proposal,RFP),客户提出需要解决的问题,要求承约商提交有关他们如何在成本约束和进度控制下解决问题的申请书。一个把升级它的计算机系统作为需求的公司,可能会以RFP的方式把它的需求用文件表达出来,并把文件分别送给几家计算机咨询公司。

然而,并不是所有情况下都有一个正式的RFP。例如,在有些中小企业领导聚集的讨论会上,人们通常很随便地定义需求。某些人可能会自愿或者是被要求准备一份申请书,以决定项目是否由其承担,并满足需求。我们在电子商务项目的实践中发现,有时候传统企业对实现电子商务的需求,往往需要承约商来予以引导,需要承约商来帮助他们明确。在这种情况下,企业(客户)就很难发出RFP。

再如,某公司的管理层想建立公司的网站,可能责成公司内部某个部门(公司内部项目团队)提交一份如何建设网站的申请书。在这种情况下,承约商是公司内部的项目团队,客户是公司经理或者可能是董事会。确定一个正确的需求是很重要的。对本例来说,公司的网站是一个仅仅宣传产品的静态网站呢?还是要建一个有互动功能的网上交易平台?这要根据公司的经营战略和可利用的资源(包括可以投入多少资金)的情况来确定。

2) 提出解决方案

项目生命周期的第二个阶段就是提出解决客户需求或问题的方案。一般是承约商在这个阶段向客户提交申请书(或称投标书),他们希望客户为今后执行解决方案付给他们酬劳。

在这个阶段,承约商的努力很重要。对回复RFP感兴趣的承约商,可能会花几个星期时间来提出一种解决问题的方案,并估计所需资源的种类、数量、执行解决方案所花费的时间。每个承约商都会以书面申请的方式,把有关信息用文件的方式交给客户。例如,几个承约商可能会同时向一个客户提交有关开发和执行一个自动开发票和结账系统的申请书。在客户评估了申请书并选出中标者后,客户和中标的承约商将协商签署合同(或协议)。

如果是公司内部的项目团队提出一份响应管理者所定义的需求的申请书(即需求的解决方案),管理者同意以后,项目的执行者就会是公司内部的项目团队,而不是公司外部的承约商。

为了提出容易中标的解决方案,承约商应该认真研究客户需求和相关条件,同时也要考虑自己执行项目时的能力。

3）执行解决方案

项目生命周期的第三阶段是执行解决方案。这一阶段从客户与承约商签订合同后开始。这一阶段就是执行项目阶段，包括制订详细的计划，然后执行计划以实现项目目标。

在执行项目期间，将会使用到不同类型的资源。例如，有关设计并建造一幢办公楼的项目，项目努力的方向可能首先包括由建筑师制订一个建造计划，然后，在工程建设期间，大量增加所需资源，包括钢筋工、泥瓦工、木匠、电工、油漆工等等。项目在盖好楼之后结束，少数其他工人将负责完成美化环境的工作和最后的内部装修，此阶段的结束将会导致项目目标的最终实现。

这一阶段是使客户满意的关键阶段。而使客户满意的要点是：整个工作高质量地在预算内按时完成，全部工作在客户满意的前提下完成。例如，一个承约商已经完成了客户自动系统的设计、安装，并且系统顺利通过了绩效测试，客户接受了这一系统，或是公司内部项目团队已经按照管理层的要求完成了项目，管理层满意，那么这一阶段也就顺利结束了。

4）结束项目

项目生命周期的最后阶段就是结束项目阶段。当项目结束时，某些后续的活动仍需执行。这些活动包括：

（1）检查所有的交付物清单，看有无应交但却遗漏未交的交付物。

（2）看客户对交付物是否全部接收，客户的满意度是否达到预期的程度。

（3）检查所有的款项是否已经交付结清，所有的发票是否已经偿付。

这一阶段还有一个重要任务，就是评估项目绩效。通过评估，明确该在哪些方面改善，以便在未来执行相似项目时有所借鉴。

5）项目生命周期的长度和各阶段的力量投入

项目生命周期的长度依项目内容、复杂性和规模而定，一般从几个星期到几年不等。上节已经讨论过，电子商务项目的周期比一般建设项目的周期要短，主要是因为技术更新较快。客户一旦明确了需求，也常常要求承约商尽快完成项目，早日交付使用。

在项目生命周期的四个不同的阶段，所需要投入的力量如图1.2.1所示。

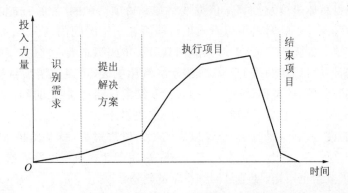

图1.2.1 项目生命周期的四个阶段

从图1.2.1可以看出，在第一阶段，投入的力量从零开始，逐渐增加；第二阶段比第一阶段要投入更多的人力和其他资源；第三阶段（即项目执行阶段），投入的力量急剧增加，当项目接近结束时,投入的力量以更加急剧的速率减少;在项目结束阶段,投入的力量逐渐减少到零。具体的曲线形状依不同项目或项目任务的不同安排而异。

1.2.2 一般项目管理过程

项目管理已经发展成为一门专门的学科。国际上有很多项目管理组织,其中欧洲的国际项目管理协会(International Project Management Association,IPMA)在世界各国通过培训、考试,颁发项目管理经理人资格证书。证书分 A、B、C、D 四级,持 A 级证书者有资格担任国际重大项目的管理人(或担任项目总经理),年薪可达 30 万美元。持 D 级证书的人也容易在一些跨国公司的项目管理过程中找到一个适合于自己的工作岗位。

一般项目管理过程,简单地说,就是制订计划,然后按照计划工作。假如我们把足球队参加一场足球赛作为一个项目,教练可能花好几个小时来制订一个参赛的准备计划,然后队员们执行这个计划,努力达到目标——取得比赛的胜利。相似地,项目管理也包括这样一个过程,首先制订计划,然后执行计划,以实现项目目标。

项目管理过程的关键环节是要建立一个好的基准计划。基准计划说明如何按时在预算内实现项目范围。这一计划工作过程包括以下步骤:

(1) 定义项目目标　项目目标的定义必须在客户与项目执行者之间达成一致,这需要仔细研究项目合同与申请书,在此基础上双方作进一步的沟通和确认。

(2) 划分项目范围为工作包(Work Packages)　也就是把总任务分解成几大块。分解的目的是便于分工、分析与管理。通常对每一个工作包确认组织或个人的责任。

(3) 界定每一个工作包必须执行的具体活动。

(4) 绘制网络图　用网络图来表明各种活动之间的必要的次序和依赖性。一张网络图就是一个施工方案。因各种活动的安排次序可能不一样,因此项目的网络图可以不是唯一的,往往需要不断调整,以得到优化方案。

(5) 估计每一项活动所需要的时间和其他资源　即计算每项活动要花多长时间、每种资源要用多少才能在预计的时间内完成项目。

(6) 测算每一项活动的成本　成本基于每项活动所需要的资源类型和数量而定。

(7) 估计项目总体进度及预算　依据网络图和每项活动的时间与成本估计,可以汇总出项目总体进度和预算。这时就可以看出项目能否在预定时间内,在既定的资金与可利用资源的条件下完成。如无法完成,就应该返回到第 2 步或第 4 步,进行方案的调整。

项目的基准计划可以用图表的形式来表示。利用图表,可以说明项目从开始到结束的每一个时间段的有关信息,包括每项活动的开始和结束日期;在各个时间段所需要的各种资源的数量;各个时间段的当期预算和项目开始以来的累计预算。

建立了计划,就可以照计划执行。这以后的项目管理过程,就是监控进程,包括测量实际进程并与计划进程相比较。如果发现实际进程落后于计划或超出预算或没有达到技术要求,就必须立即采取纠正措施,使项目回到正常的轨道。

1.2.3 项目运作与项目管理的关系

"运作"一词,表达了运筹和发起的概念。项目运作就是项目的运筹发起。

项目运作的过程是一个从无项目到有项目的创造过程。在项目的生命周期中,项目运作注重于需求识别和解决方案的形成,或者说是项目发生前的策划、斡旋和立项工作,它贯穿于项目生命周期的第一和第二阶段。

项目管理是以项目为对象,由项目组织对项目进行高效率的计划、组织、领导、控制和协调等方面的管理活动,最终实现项目目标的过程。这一系列管理活动包括启动、计划、执行、控制和收尾等 5 个过程,它贯穿于项目生命周期中的每一个阶段。

从整个项目生命期的角度来看,项目运作主要是注重于前两个阶段,而项目管理则贯穿于项目生命期的 4 个阶段,所以说项目管理的范围比项目运作广,项目运作可以看成是项目管理的一个重要组成部分,是位于项目周期前段的项目管理。

在很多企业组织内部,项目运作的工作由企划部门或投资发展部门来完成,而项目的执行工作则由一个专门的项目团队来完成。也就是说,项目的运作者与执行者可能是两个独立的主体。在这种情况下,项目的运作者与执行者都必须具备项目运作和管理的基本知识和技能,了解项目运作和项目管理的全过程。

一般来说,要执行好一个项目,不能不了解这个项目是如何产生的。在多数情况下,了解项目的来龙去脉和运作过程,对整个项目管理过程的展开、提高客户的满意度、圆满完成项目任务、顺利达到项目目标是非常有帮助的,甚至是不可或缺的;同样的道理,要成功地运作一个项目,如果不了解项目管理的全过程几乎是不可能的,因为衡量一个项目运作得是否成功,最终要看该项目是否达到了预期的效果,如果项目的运作者不懂得项目管理,那么他所运作的项目很可能无法执行,更谈不上取得预期的效果。

1.3 电子商务项目运作

电子商务项目运作,就是运筹和发起电子商务项目。这是一项非常有意义的开创性的工作。这项工作,可以由各类传统企业自己去做,也可以由电子商务项目的承约商(如 IT 公司)去做,还可以由独立的中介公司(如投资顾问公司)去做。事实上,随着信息技术革命的深入和企业竞争环境的日益加剧,电子商务项目运作几乎是所有企业都不可回避的工作,而上述 IT 类企业和中介咨询类企业,有可能成为电子商务项目的专业运作人。

本节将简要地介绍电子商务项目运作的过程以及为成功地运作电子商务项目需要做哪些必要的准备。

1.3.1 电子商务对企业的价值

目前,电子商务备受世人关注,政府的支持不是主要原因,IT 企业的推动也不是主要原因,根本的原因在于电子商务自身的优势和特点,是电子商务给广大企业带来绝好的发展机遇。这些机遇表现在如下几个方面:

1) 企业扩大了市场空间

电子商务的一个重要内容是利用互联网。由于全球上网人数呈几何级数增长,所以企业可以利用互联网开发和维持一个稳定的、有较大规模的消费群体。根据中国互联网络信息中心(CNNIC)发布的统计报告,截至 2020 年 12 月,我国网民规模达 9.89 亿,较 2020 年 3

月增长 8 540 万,互联网普及率达 70.4%;农村网民规模为 3.09 亿,较 2020 年 3 月增长 5 471万;农村地区互联网普及率为 55.9%,较 2020 年 3 月提升 9.7 个百分点。2020 年,我国网上零售额达 11.76 万亿元,较 2019 年增长 10.9%。其中,实物商品网上零售额 9.76 万亿元,占社会消费品零售总额的 24.9%。截至 2020 年 12 月,我国网络购物用户规模达 7.82 亿,较 2020 年 3 月增长 7 215 万,占整体网民的 79.1%;网络支付用户规模达 8.54 亿,较 2020 年 3 月增长 8 636 万,占整体网民的 86.4%;网络视频用户规模达 9.27 亿,较 2020 年 3 月增长 7 633万,占整体网民的 93.7%。其中短视频用户规模为 8.73 亿,较 2020 年 3 月增长 1.00 亿,占整体网民的 88.3%。商务部发布的 2019—2020 年度《中国电子商务发展报告》指出,2019 年中国电子商务交易总额 34.81 万亿元(人民币),同比增长 6.7%。此外,由于互联网有数不清的信息资源,且大部分信息是免费的,所以企业可以从中获取以前无法获得的商务资源,从中挖掘商业机会。

2) 简化了商品流通过程,节约了流通成本

电子商务可以提供网上实时交易的平台,使厂商直接面对消费者,这大大提高了交易的效率。这种直接交易方式,减少了中间环节和中介费用,大大降低了原材料采购价格和商品价格,从而使消费者得到好处,也为企业维持稳定的客户关系和吸引更多的客户创造了机会。据资料介绍,英国的一些茶叶公司采用电脑订货,不仅快捷,进货成本也降低了 20%。

3) 为企业提供了廉价和高效的宣传和服务手段

企业的网站就是企业自己的广告媒体和信息发布媒体,这种媒体与其他媒体相比,不仅生动、及时,而且成本很低。带有互动功能的网站,不仅可以把企业的产品更新、经营政策、企业电子期刊等信息告诉客户,还可以让客户很方便地以自己喜爱的方式向企业提供反馈信息,使企业能够对客户进行跟踪服务。此外,还有一种叫"小甜饼"(Cookie)之类的互联网技术,可以使企业知道谁在读取其站点上的信息,他们最喜欢了解哪些方面的信息。这些情报在传统的营销方式下,要通过信息发布来掌握是不可能的。

4) 使企业和供应商、客户的关系更加紧密

电子商务使企业同其价值链的两端——供应商和客户之间的关系更为密切。电子商务技术的应用创造了这条价值链上的新的交流模式,如 EDI(电子数据交换)使企业间的合作得到加强;Extranet(外联网)使这种紧密联系得到进一步发挥,企业可以经常了解客户和供应商的生产和供应情况,以调整自己的生产和库存水平;Web 网站使信息的交流更加快捷,还能提供全新的交互式服务,使企业的服务水平和质量上一个新台阶。另外,企业通过互联网,不仅可以提高通信速度,还可以大大减少通信开支。

5) 可以提高企业内部的管理水平

电子商务包含了企业内部的网络化,而内部网络化的发展,会使企业内部的信息传递更加快捷。通过建立内部网络数据库,不同级别的员工可以在其权限之内共享企业的信息资源;企业可以在内部网上召开会议,交流和解决问题,这将彻底改变传统的流水线式的工作流程,提高公司内部群体工作能力和企业的凝聚力。

6) 能降低企业的经营成本

首先,电子商务缩减了企业的通信费用。基于互联网的文件和数据传输,比传统的电话、邮件和传真,不仅速度快,费用也大大减低。其次,通过办公自动化、信息管理系统、内部网的建设和互联网接入,也可降低企业的日常管理费用。最后,通过发展网上交易,也可以

降低传统商业模式交易的成本,如业务洽谈费、差旅费。在美国通常采用点对点交易,从而提高跨境支付的时效和进一步降低支付成本。根据美国麦肯锡公司的测算,电子商务每年可使跨境支付节省约40亿美元。

7) 可以减少产品的库存和缩短生产周期

电子商务使企业通过互联网及时准确地了解到客户的需求信息,根据客户的需求安排生产,这就避免了大量的库存发生,由此可提高企业的经济效益。更重要的是,由于信息沟通的迅捷和便利,企业可以在不同工作地点、不同工作小组开展合作项目,充分发挥不同集体的核心优势,形成设计、制造、库存管理、运输、后勤、培训、经销一体化的严密系统,从而大幅度提高劳动生产率,缩短生产周期。

8) 有利于各种企业平等竞争

在互联网上,企业不论规模大小,不论级别高低,不论位置远近,都可以在鼠标点击的瞬间出现在客户的视野,彼此平等地交流和利用信息资源。这特别有利于中小企业的发展壮大,使中小企业与大企业可以在同一个起跑线上竞争。

1.3.2 实现电子商务的条件和障碍

尽管电子商务对传统行业企业具有巨大的实用价值,但企业实现电子商务仍然不是朝夕之间的事情。我国正在进行经济体制改革和企业制度改革,市场机制尚未健全,经济活动、市场行为还不规范,这给电子商务的发展带来了诸多困难。

1) 观念与习惯的障碍

无论是一般消费者,还是企业的领导人,传统的消费方式和商务行为方式一时难以改变,对网上消费、网上交易和电子化商务工具的使用,心存疑虑或不习惯。

2) 制度及流程变革的障碍

一方面,从宏观上看,我国的市场法制建设尚在进行之中,消费者和企业的市场行为随机性大,增加了市场活动的风险,不利于电子商务活动的开展。另一方面,从微观上看,开展电子商务,在企业内部往往涉及作业流程的变革,这可能会损害一些人或部门的既得利益,因而受到他们的抵制。

3) 安全障碍

当传统的商务方式应用在互联网上时,便会带来许多涉及安全方面的问题,如数据泄密、黑客攻击、资金账户失窃、发货后收不到款、款发出收不到货物等安全问题。这些现象虽在传统的商务活动中也有发生,但在互联网上交易,上述问题出现的概率更大。消费者和企业都对安全问题十分敏感。

4) 技术障碍

互联网上存在多种不可靠因素,如软件不可靠、线路不可靠、系统不可靠等。互联网用户的快速膨胀使带宽拥挤、速度下降。这些因素往往使基于互联网生存的企业处于尴尬的境地,极大地限制了企业全面实现基于互联网的电子商务。

5) 基础设施障碍

电子商务的基础设施包括商业电子化和金融电子化。目前我国全国性的金融网络还没有完全形成,商业电子化又落后于金融电子化。在大规模的商业电子化和金融电子化网络形成之前,企业之间的电子商务的发展空间始终有限。

6) 政策障碍

我国在电信领域的垄断性政策限制了电子商务的发展。由于电信部门实行集行政管理与经营于一身的垄断体制,服务质量与水平不能保证,价格又居高不下,这增加了企业开展电子商务的风险和运营成本。但随着我国加入WTO,随着经济体制改革的深入发展,估计这一政策障碍在不久的将来会得到排除。

1.3.3 电子商务项目运作的目的

电子商务项目运作的目的,就是在研究电子商务真实价值的基础上,洞察商业机会,克服或绕开实现电子商务的若干障碍,帮助企业在各种不同层面上发起电子商务项目,开展电子商务活动,提高企业的竞争力。企业也许没有条件也没有必要一下子全面实现电子商务,但可以根据生产经营和市场竞争的需要,不断导入合适的电子商务项目,通过项目的发展,在信息化的道路上一步步向前迈进。

1) 帮助企业捕捉发展电子商务的机会

现代企业,不论规模大小,不论效益好坏,不论处在哪个行业,都有发展电子商务的潜在机会。电子商务项目的运作,就是把这些潜在的机会,变成企业的实际行动。虽然电子商务的概念和理论在不断发展,且不同背景的人有不同的理解,有不同的说法,对不同的企业来说,电子商务可能有不同的现实含义,这往往使企业家眼花缭乱、无所适从,但是,从项目的角度来提出问题和解决问题,企业家们就比较熟悉,容易理解。而电子商务项目运作者的首要任务之一,就是帮助企业捕捉发展电子商务的机会,把企业对电子商务的潜在需求挖掘出来,使之清晰化,以促使企业下决心发展电子商务项目。

今天我们所处的社会经济环境和企业自身每天都在变化。这种变化,就在创造机遇。如电信降价、计算机降价、新软件的问世、计算机新款的出现、企业发生了意外事件、企业领导层的更换、企业实现扩张计划、企业实现紧缩计划、竞争对手的策略变化等,都有可能是引发电子商务项目的理由。而电子商务项目运作,就是要及时发现并利用这些机会,对企业进行电子商务改造。

2) 使企业从电子商务中获得利益

企业没有理由做不能获得利益的事情,发展电子商务也不例外。然而,并不是所有的电子商务活动都能使企业获益,这也是很多企业家对发展电子商务迟疑不决的原因所在。电子商务项目运作的目的和任务,就是要使企业从电子商务中获得利益。这一点可以通过反复调整项目设计来实现。

每一个电子商务项目都应是一项使企业增加盈利的努力,而企业可以在众多的项目中作出选择,使边际效益最大的项目先上。第一个项目实施看到效益了,企业的积极性就会高涨,第二个项目就容易上马。如此下去,电子商务项目的不断运作,将使企业的信息化程度越来越高。

1.3.4 电子商务项目运作的模式

电子商务项目运作的模式有中介咨询公司发起(A模式)、客户发起(B模式)、承约商发起(C模式)等三种。如图1.3.1所示。

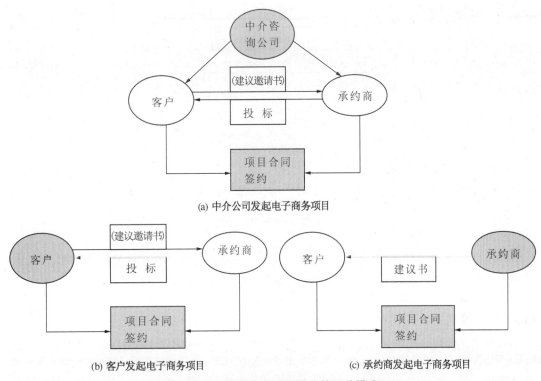

图 1.3.1 电子商务项目运作的三种模式
(a) A 模式;(b) B 模式;(c) C 模式

在图 1.3.1 中,A 模式是指有中间商帮助客户发现并确认需求,同时中间商帮助客户寻找承约商,并指导承约商编制申请书,从而撮合了客户和承约商达成共识,签署项目合同。

B 模式是指客户自己发现并确认了需求,并向承约商发出需求建议书;承约商则回应客户的要求,提出申请书;最后客户批准了承约商的申请书,双方签署项目合同。

C 模式是指由承约商发起电子商务项目。承约商主动帮助客户发现并确认客户对电子商务的需求,同时向客户提交项目建议书,获得客户同意后,客户与承约商签署项目合同。

1.3.5 电子商务项目运作的流程与任务

电子商务项目运作的任务是完成项目周期的第一和第二阶段的全部工作,从最初发现客户需求开始,到最终客户与承约商签署项目合同为止。工作流程如图 1.3.2 所示。

从图 1.3.2 可以看出,电子商务项目运作工作的具体任务包括:分析需求,向客户提出建议;客户内部初步可行性研究;客户确认需求;准备 RFP;承约商研究是否投标;研究并提出解决方案;客户评估;合同签约。这些任务,有的在任何情况下,都必须由既定的主体来承担;有的在不同的运作模式下,将由不同的主体来承担。

1) 分析需求,提出建议

谁来分析客户对电子商务的需求,并提出项目建议? 这要分三种情况:第一种情况,在

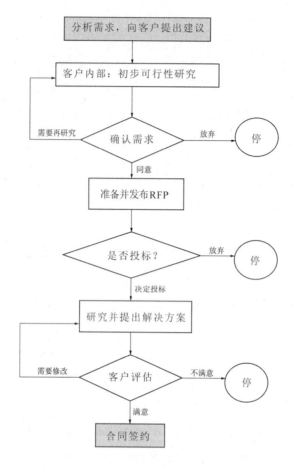

图 1.3.2　电子商务项目运作工作流程示意图

A 模式下,中介公司因为了解的信息比较多,目光较敏锐,发现客户有需求,并帮助客户进行需求分析,提出建议;第二种情况(B 模式),客户内部的经理人员结合本身工作中的问题,并通过机会研究之后,提出建议;第三种情况(C 模式),承约商对客户比较了解,主动帮助客户分析对电子商务的需求,向客户介绍电子商务领域的现成的方案或新的机会,提出项目建议。

2) 客户内部进行初步可行性研究

无论是客户公司内部人员提出的建议,还是公司外部人员或机构提出的建议,公司领导在作决定前,一般都会进行初步的可行性研究。公司领导可能会指派专门人员来进行这项研究,以便提出一份详细的报告供公司董事会或总经理办公会讨论决策。但是,在 A 模式下,客户公司在进行初步可行性研究过程中,也许会从中介咨询公司那里得到一些有效的帮助,或干脆委托咨询公司帮助进行可行性研究。

3) 客户确认需求

这是客户公司内部的决策过程。如果公司董事会通过投资方案,就开始进入下一步骤(准备 RFP);如果董事会不同意投资,则到此结束;如果董事会原则上同意本项目,但对可行性方案不满意,则返回有关负责可行性研究的人员,继续研究并修正方案。

4) 准备需求建议书

需求建议书(或招标书),一般是由客户公司准备,在 A 模式下,客户公司也可以委托中介咨询机构帮助起草,甚至帮助发布。在 B 和 C 模式下,如果承约商是客户公司内部的项目团队,那么本阶段的工作就可以简化甚至取消,RFP 实际上就被"公司领导指示"所取代了。

5) 承约商研究是否投标

是否投标是承约商的决策过程。如果承约商放弃竞争,那么对本承约商来说,工作也就到此结束;如果承约商决定投标,那他就要研究如何提出申请,研究解决方案。对 C 模式来说,承约商的这一决策过程一般是不存在的,因为他肯定是投标的。

6) 研究并提出解决方案

研究并提出解决方案,是承约商为争取客户项目合同所必须完成的工作,一般是独立完成。但在 A 模式下,中介咨询机构可能会给予承约商一定的信息支持,帮助承约商更好地理解客户的需求。

7) 客户评估

这一阶段的工作由客户公司主持。客户将所有投标人的申请书提交给一个专业评审小组来进行评议,最后由客户董事会的授权者拍板选择。如果所有的申请书都无法满足要求,工作只得暂停;如果几个竞争者各有所长,客户可能选择一家为主,并要求这家吸收其他申请者的长处,重新修正方案(这时往往需要给提供方案的申请者一定的酬劳);如果可以确定一个非常满意的方案,客户就会选择相应的申请者为本项目的承约商,与他商洽合同签约事宜。

8) 合同签约

合同签约是客户与承约商双方必须共同参与的工作。通常由主动的一方或有经验的一方先起草一份合同的框架,供双方代表作为讨论的基础。在 A 模式下,中介咨询机构也可以参与签约,形成三方协议。

以上就是电子商务项目运作的全过程以及这个过程中每一个阶段的任务性质与任务承担的主体分工。其中需求分析、可行性研究、RFP 准备、解决方案的形成、申请书准备和合同签约,都是技术性、方法性很强的工作。这对项目所涉及的各主体人员的素质,提出了较高的要求。

1.3.6 电子商务项目运作的知识准备

运作一个电子商务项目不是一件简单的事情。无论你在传统行业还是在 IT 行业,无论你在实业公司还是在咨询公司,无论你是加盟大企业还是个人创业,你都会有尝试运作电子商务项目的机会。但是,能否运作成功,就要看你的努力了。

要成功地运作电子商务项目,需要储备多方面的知识。

1) 电子商务的需求是如何形成的

经济学定义需求,从定义"需要"开始。"需要"是指所感受到的匮乏的状态。"需要"经文化和个性塑造后以"欲望"的形式表现出来,"欲望"可用满足需要的实物或服务来描述。而当有了购买力作为后盾时,"欲望"就变成了"需求"。

用这个概念来研究电子商务,就不难看清企业对电子商务需求的形成过程。首先,企业由于竞争的日益加剧,需要先进的技术和手段;而信息技术革命提供了满足企业上述"欲望"的产品(各种电子商务技术手段);最后,当企业有了购买力或技术革命降低了上述产品的成本,企业对电子商务的需求也就明确地产生了。只有需求形成,项目才能产生。因此,如何观察企业的需要,识别企业对电子商务的需求,是非常重要的。

2) 电子商务技术及其应用组合

电子商务项目的实质,就是利用电子信息技术来满足商务活动的需求。一个电子商务项目,如同一道套餐。套餐由主食和经过精心挑选搭配的菜肴组成。菜肴的不同搭配就会形成不同的套餐。可供电子商务项目套餐选择的菜肴不计其数,如局域网、企业网站、数据库、管理信息系统(MIS)、企业资源计划(ERP)、客户关系管理(CRM)、内部网(Intranet)、外部网(Extranet)、邮件服务、引擎服务、网络支付、网络安全管理技术等,都是被实践证明非常有用的技术或应用组合。对一个具体企业的需求来说,从这些技术中选择其一或若干进行有机组合,将形成一个针对企业需求的解决方案,这个方案的执行和实施,将能满足企业的需求,从而成为电子商务项目的核心所在。所以,电子商务项目运作人员必须熟悉上述技术的原理和应用。并熟知从哪里可以找到进行相关技术开发的专业技术人员。

3) 电子商务项目的可行性研究

要成功地运作电子商务项目,离不开可行性研究(Feasibility Study)这个万能的武器。电子商务项目可行性研究是客户在电子商务上投资之前所应该完成的一项重要工作,主要通过对项目必要性和技术条件进行综合分析,考查该投资项目在技术上成功的把握和在经济上获益的可能性。可行性研究要回答的问题是:投资条件是否成熟,技术水平是否适宜,经济上是否合算,怎样达到最佳效益。可行性研究的知识,属于技术经济学的范畴,它对一个项目运作者来说是不可或缺的。

4) 需求建议书

一份优秀的需求建议书,能让承约商或项目团队理解客户的希望是什么,他们怎样才能准备一份全面的申请书,以可行的价格满足客户的需求。准备需求建议书的工作并不复杂,它可能是很多大中型企业办公室文员所必须具备的基本技能。但准备一份优秀的需求建议书,必须深刻了解企业需求,对技术方案和项目管理过程有一定的理解,并且要有相当的逻辑学和语言文字的功底。

5) 如何准备一份有竞争力的申请书

准备一份优秀的申请书,需要有很强的文字组织能力,但仅此是远远不够的。申请书的竞争力主要来自它所描述的解决方案。对重要的电子商务项目(如100万元以上的项目)来说,承约商为了提出有竞争力的解决方案,通常要组织一个由技术人员、管理人员和其他有关人员共同参加的工作小组来专门研究。如同客户公司内部进行可行性研究一样,承约商也要对所提出的解决方案站在客户的立场来进行可行性评价,并对客户本身的需求特征(包括支付能力)进行研究。如此形成的项目申请书,方能挠到客户的痒处,说出客户想说却没有说出或说不明白的意思。这样的申请书,才能在竞争中稳操胜券。如此看来,申请书研究小组的负责人或申请书的执笔人,需要有丰富的组织经验和人际交往能力,并有一定的文学、心理学、技术经济学、企业管理学和电子商务专业知识基础。

6) 电子商务项目管理

要成功地运作一个电子商务项目,必须了解电子商务项目的执行过程,因为:

(1) 项目执行过程中的组织管理方案,是项目申请书中的一个重要的组成部分;

(2) 如果不了解项目执行的过程，也无法对项目的技术方案的可行性进行分析评价；

(3) 运作的项目如果无法执行，本身就是最大的失败。

因此，项目运作人员必须熟悉项目管理的全过程，掌握项目管理的原理、知识和技能。一个项目运作专家也应该是一个项目管理专家。

7) 演说技能与技术手段

在电子商务项目运作的过程中，发起者要向客户公司提出建议，客户公司内部的工作人员要向上级领导汇报可行性研究结果，承约商要向客户展示解决方案和申请报告。这些都是演说行为。演说效果的好坏，对所提出的建议和方案能否被对方所接受，对承约商能否争取到客户的合同，起着重要的作用。为了提高演说效果，需要培养演说技能，需要用一些现代化的手段。目前比较普遍使用的技术手段应是 PowerPoint 幻灯片制作与播放，它能在较短的时间内，生动、集中、有效地将想说的内容展示给听众（观众），如此基本的技术手段，项目运作人员必须掌握。对电子商务项目的承约商来说，报告演示技术表现得娴熟和完美，也能够增加客户对你的好感和信心。

8) 电子商务项目合同

电子商务项目合同可能牵涉到三个方面的法律知识：首先是一般经济合同法律知识，因为电子商务项目合同是经济合同的一种类型，它必须遵守《中华人民共和国民法典》；此外，它又是一种项目合同，必须考虑在项目委托、承揽和管理方面的一些惯例和特殊的合同条款；同时，由于合同内容牵涉的核心技术是信息技术和网络技术，所以它又是一份电子商务合同。信息技术和互联网技术的应用，会带来很多新的法律问题，有很多问题不仅是前所未有的，而且是国际性的、跨越国界。因此，准备一份无懈可击的电子商务合同是很不容易的。电子商务项目运作人员除了要掌握一般项目委托与项目承揽合同法律知识以外，还应该研究电子商务法律问题，积累电子商务法律知识和惯例，结识在电子商务法律方面有研究的律师朋友。

9) 传统行业的专业知识背景

运作电子商务项目的根本目的，是应用信息和网络技术，帮助企业提高竞争力。电子商务项目的主要市场和任务，是对传统行业进行电子商务改造。在网络经济和经济全球化的冲击下，每一个行业都面临着不同的机会和挑战，都可能有不同特点的电子商务发展道路。因此，作为一个电子商务项目运作人员，应该具备一些传统行业的专业知识，最好对 1~2 个行业有较深的研究。你在哪个行业的专业知识背景深厚，你的朋友在哪个行业比较多，你就有可能在哪个行业里如鱼得水，成功地运作电子商务项目。

【本章小结】

本章作为本书的概括性章节，对本书的各章节知识点作了初步的阐述。通过本章的学习以期帮助同学们建立电子商务项目运作的框架模型。

【应用案例】

拼 多 多

拼多多是国内主流的手机购物 App，成立于 2015 年 9 月，是一家专注于 C2B 拼团的第三方社交电商平台。用户通过和朋友、家人、邻居等发起拼团，以更低的价格购买商品，其目的是凝聚更多人的力量，用更低的价格买到更好的东西，体会更多的实惠和乐趣。其中，通过沟通分享形成的社交理念,形成了拼多多独特的新社交电商思维。

根据央视经济网2018年12月4日报道,拼多多第三季度交易额增长586%,收入增长高达697%,年度活跃用户达到了3.855亿人次,超过京东的3.052亿次,成为中国第二大电商平台。

拼多多的发展过程,非常具有争议性。

2018年4月25日,拼多多上线"一起拼农货",以高于市场价0.15元/斤的价格,收购中牟546名贫困户的2 000多亩大蒜,较好地解决了当地大蒜丰收却价低伤农的问题。《人民日报》评论认为,电商平台可以利用大数据指导贫困农业户改善种养殖结构,增加农民收入。

然而,2018年6月,上海公安网安部门调查发现,"拼多多"商城存在出售开刃刀、伪基站设备、伪假摩托车车牌等违法违规商品的情况。对此,拼多多在其官方微博公开回应称,平台对此问题高度重视,已紧急排查并启动全面、系统清理,关闭涉事店铺,下架违规商品。情节严重的店铺已被列入平台"黑名单"。但事件并未停止,2018年7月,央视评拼多多涉嫌售假:"拼"再多,不售假是底线。结果是,2018年7月31日的新闻称:拼多多股价昨日下跌7.87%,市值缩水20多亿美元。

国家市场监督管理总局网监司高度重视媒体反映的拼多多平台销售侵权的假冒商品等问题,并要求上海市工商局约谈平台经营者。同时,要求上海市和其他相关地方工商、市场监管部门,对媒体反映的以及消费者、商标权利人投诉举报的拼多多平台销售山寨产品、仿名牌等问题,认真开展调查检查。

2018年8月2日,上海工商部门约谈拼多多,要求其自查自纠;平台仍有与海信、小米等品牌相似产品在售。2018年8月15日,美国加州法院受理了美国律师事务所Rosen Law Firm代表投资者对拼多多展开的集体诉讼。2018年8月2日至8月9日期间,拼多多强制关店1 128家,下架商品近430万件,批量拦截疑似假冒商品链接超过45万条;人民文学出版社发布声明称将追究"拼多多"购物平台销售盗版图书的法律责任。2018年12月,中国人民银行上海分行称,上海寻梦信息技术有限公司旗下电商平台"拼多多"涉嫌无证经营支付业务等情况,按照属地管理原则,上海分行依法进行了调查。

拼多多也出现过无门槛优惠券事件。2019年1月20日凌晨,网传拼多多出现了严重的系统漏洞,用户可以领取100元无门槛优惠券。随后,有网友曝出,用领取的优惠券可以充值话费、Q币。当日上午9点,网友发现拼多多已将相关优惠券全部下架,直至10点左右该漏洞才被拼多多官方修复。

拼多多电商平台的发展路程上伴随着争议和机遇,它的未来发展到底如何呢?让我们拭目以待。

思考题

1. 简述电子商务项目的概念和特点。
2. 一般项目有哪些特征?
3. 举出3个在日常生活中你所见过的项目例子。
4. 制约项目目标实现的4个因素是什么?
5. 客户和承约商都可以策划电子商务项目吗?
6. 如何使一个电子商务项目的效益持续较长的时间?

7. 一般来说,电子商务项目生命周期有几个阶段?
8. 在项目生命周期的哪一个阶段中,所投入的力量最多?
9. 制订项目管理基准计划的 7 个步骤是什么?
10. 项目运作主要在项目生命周期的哪个阶段?
11. 谈谈项目运作与项目管理的关系。
12. 电子商务对企业的价值体现在哪几个方面?
13. 企业实现电子商务的困难何在?
14. 电子商务项目运作的目的是什么?
15. 在 A、B、C 三种运作模式中,电子商务项目的发起人分别是谁?
16. 一个完整的电子商务项目运作过程,可能会产生如下一些文件,请指出它们一般出自谁人(哪个角色)之手,用连线表示。

文件名称:　　　　　　　项目中的角色:
(1) 项目建议书　　　　　(A) 中介咨询机构
(2) 可行性研究报告　　　(B) 客户公司项目经理
(3) RFP　　　　　　　　 (C) 承约商
(4) 项目申请书
(5) 项目合同

2 电子商务需求识别与分析

【开篇案例】

2019 的"双十一"活动有着较为深远的意义,因其不仅是淘宝总裁兼任天猫总裁蒋凡的首秀,也是"新消费"的首秀。从天猫双十一的启动发布会开始,阿里就不再提及去年的关键词"新零售"了,取而代之的是"新人群、新场景和新供给",它们被蒋凡统一称为"新消费"。

蒋凡解释称,"新消费"其实是一个比较"泛"的概念。这个概念中"新人群"代表了新的消费群体(包括 95 后、银发族和小镇青年);第二,"新供给"意味着未来更多的、不同的供给侧都会在平台上出现,比如除了传统的商家,如今还引入了进口商品、自创的新商品,原产地农产品、产业带的一些工厂直供应产品;而直播和一些娱乐互动化购物方式,则构成了新的购物场景。

如果说,在双十一之前,什么是蒋凡口中的新消费,外界还不甚明了。但是,经过了 11 月 11 号这一天,会找到一些答案。

首先,通过一些小细节体现出趣味性,比如加入更多游戏互动内容。"最关键的是,双十一在变得更有乐趣,这个非常重要。今年双十一我们搞了一些互动,淘宝上有很多游戏和类似娱乐性的东西。消费者在慢慢进入虚拟的线上世界,它(消费本身)也是一个虚实结合的过程。我们是一个实体经济在线上的连接,同时我们也在创造用户的虚拟生活,我们希望购物更有乐趣、生活更有乐趣,这是我们希望未来的一个方向。"蒋凡说。

这样颇具社交属性的游戏式购物与刷屏式体验的背后,其实是蒋凡"乐趣"购物的愿景。

不过,天猫的游戏和广告在别处的露出比往年多了不少,但投入却并没有进一步加大。阿里集团的副总裁家洛解释称,这背后有很大动因:如今已经有更多的 App 和天猫在双十一期间进行合作,有很多中小端 App 认为双十一的节日性很强,能跟天猫深度合作,对他们来说也是一个很大的曝光。"有多个 App 与天猫做了定制化开屏方案。这些跟一般商用化方案完全不一样,可见更多 App 愿意跟天猫一起参与到这个全民节日。"家洛说。

为什么要突出强调趣味性,在总结中蒋凡表示,今年参与天猫"双十一"的用户,比去年全天新增了 1 亿多。新消费以多元化供给、内容化社区化新消费场景,调动了最广泛的消费者参与,也成功地服务了更多的人。

这里所言的"内容化"和"社区化",其含义正在与以往的"卖货"思路发生位移。毫无疑问,对于处处都在提供供给侧改革的今天,双十一是品牌商家一次重要的调整库存结构的机会,但是走过 11 年,天猫也在思考,它除了提供给商家舞台,还能影响什么?过去新零售所言的"人、货、场"中的人究竟在哪里?

如今双十一已经不能只用深入人心来形容了,它已经初步完成了对整个商业化链条中每一个环节的"洗脑"式教育。今天的消费链路中的每一方都已经被席卷着成了这场盛宴中的宾客,如今双十一的关注度、成交额和高效的消费带动性,都反复提醒着每一个商家:再不参与"双十一"恐怕就只有"死路"一条。

蒋凡强调,"新消费"创造了新的供给,2019年天猫"双十一"首发的新品超过100万款,跻身"亿元俱乐部"的品牌超过299个,除了雅诗兰黛、苹果、李宁、波司登这样的国际大牌和国货品牌,还包括完美日记、HomeFacialPro等从淘宝天猫平台生长起来的互联网原生品牌。无论是传统品牌,还是新品牌,天猫"双十一"都是全年最好的增长机会。

但是对于消费者而言,除了不断刷新自己的购物车,他们还能做什么?这是蒋凡提出"新消费"所要探索的。消费者在一年一度的购物狂欢中,真的是主角吗?

阿里希望识别现在的电商需求,找到真正激活人的钥匙,找到消费者的新势力来支撑阿里未来的增长。无论是小镇青年还是银发一族都像阿里在创业之初从中国的乡镇市场中找到的无数隐藏其中小淘宝商家一样,这些不被主流商业世界重视的小商家,被淘宝推上了主角的位置。今天,在用户这一端,天猫能否重演这一切?让我们拭目以待。

2.1 如何识别电子商务需求

2.1.1 电子商务需求识别的意义和目的

这里所谓电子商务需求,主要是指企业对开展电子商务的需要,并有满足这种需要的资金来源。识别客户公司对电子商务的需求,是电子商务项目运作的第一步,也是电子商务项目生命周期的第一阶段的工作内容(参见图1.2.1)。这一阶段从分析、识别企业的问题、机会和需求开始,到企业需求建议书发布为止。

发现了需求,就是发现了项目,就是发现了下一步要努力的目标。由此可以看出,需求识别对项目运作的重要意义。

电子商务项目中的不同角色对需求识别的目的不尽一致。一般来说,客户自己识别对电子商务的需求,是为了采用合适的现代化手段来提高本企业员工的工作效率和企业的竞争力,为了使企业在市场上有更佳的表现;中介咨询公司和承约商帮助客户发现并确认电子商务需求,是希望从客户那里争取佣金和执行项目的合同,当然,他们必须站在客户的立场帮助客户分析问题、提出解决方案并实现客户的目标,赢得客户的满意,客户才愿意付给他们酬劳。

2.1.2 识别需求要从观察和分析着手

科学发现来自观察。要准确地发现一个企业是否对电子商务有需求,首先要对该企业运行情况、企业的经营环境、竞争态势和市场机遇进行长期的观察和细致的分析。企业员工对本企业的观察应该最为便利。如果你是某企业内部的经理人员,在日常工作中,只要你留心观察,你就会有所发现。例如,你的企业内部可能存在如下一些问题:

① 发生频率较高的窝工现象;
② 某个环节总是搞不好,成为总体流程的瓶颈;
③ 操作复杂,容易出错;
④ 业务处理服务速度太慢,客户意见大;

⑤ 有些岗位的员工之间配合总是不大好;
⑥ 企业对员工的控制力越来越弱;
⑦ 广告费用太大;
⑧ 很多消费者(或客户)不知道我们。

诸如此类的问题,每一个都说明了企业存在开展电子商务的需要。例如客户不知道我们,就意味着可能有必要建立网站、扩大知名度;也可能需要建立一个客户邮件组发系统,并建立信息发布制度;广告费用太大,可能意味着需要改变宣传工具和信息发布模式,可能应该把传统媒体换成网络或者二者混合使用;对员工的控制力减弱、有些岗位员工之间配合不好,可能意味着需要重组流程,或建立信息管理系统;服务速度慢,则非常需要实现电子化;操作复杂、容易出错,说明采用计算机管理可能非常有效;流程出现瓶颈或者经常出现窝工现象,可能意味着需要建立一个企业资源计划(ERP)系统。

如果企业有了新的资金来源或是企业准备从原有的预算中挤出一些资金用于改善上述状况,上述的需要就能促成电子商务项目的建立。

有时候,企业内部的员工对本企业的需求情况熟视无睹,请企业外的咨询顾问来观察,可能会有新的发现。IT 企业的人员由于对信息技术的最新发展动态了解较多,对电子商务项目的机会比较敏感,所以当他们参与观察和分析你的问题时,也可能会发现你自己未曾发现的需求。

对企业外部因素的观察和分析也很重要。当企业的经营环境、竞争态势和市场机遇出现重大变化的时候,即使企业内部运行机制没有毛病,企业也要调整策略,随着环境的变化而改变自己。对外部因素的观察,企业外部的咨询机构和一些 IT 从业人员,可能比传统企业内部员工更为有利。

本节我们想讲几个案例。第一个案例,就是企业外部的人员(大学生汤汉)通过观察而发现了企业(网吧)的需求,发起了一个名为"网吧收费管理系统"的项目,为改善该网吧的管理作出了贡献。

案例1:网吧收费管理系统

汤汉当时是大学三年级的学生,假期他在父亲开的一个网吧里打发时光,无意中发现网吧的管理员收了上网人的钱没有记账。他想:"父亲如何知道这个管理员一天实际收了多少上网费呢?"他问父亲,才知道父亲相信管理员是诚实的,一直没有认真地考虑这个问题。于是他向父亲分析了加强控制的必要性,并建议开发一个收费管理系统,以防止管理员舞弊。

汤汉的建议得到了父亲的同意,获得了父亲的一笔资助。他利用假期与别人合作,开发了这个系统,既改善了他父亲网吧的管理,又提高了自己的技能,还获得了一份劳动收入。

如今汤汉已经毕业两年了,回忆起这件事,仍然非常兴奋。

2.1.3 诱发电子商务需求的8种因素

通过观察发现电子商务需求,需要敏锐的眼光。而敏锐的眼光是可以通过实践来培养的。本小节将介绍8种可能诱发电子商务需求的因素,分别是:意外事件、市场竞争、经济环境变化、经营环境变化、高层人事变化、经营方针改变、企业重大活动、企业业务扩张等。如果你将这8个因素默记在心,每天用它们扫描一次身边发生的事情,你会发现电子商务的需求随处可见，运作项目的机会多多。

1) 意外事件产生（或突现）需求

我们的世界天天都有突发事件产生，这些突发事件，往往使企业产生对电子商务的需求。例如一场火灾，使某个企业损失惨重，该企业面临改组重构，就有可能摆脱原来的束缚，在电子化的基础上构筑商务流程。再如，一个企业的总经理突然被安排出国访问，他就可能急于建立本企业的网站及基于网站的远程指挥系统，以便在国外可以随时通过网络了解和指挥企业的运营，使出国访问不妨碍他对企业的控制。因此，我们应该关注对企业产生影响的突发事件，及时分析它给企业带来的各种影响，寻找机会。有很多企业，对发展电子商务的需要在客观上是一直存在的，但这种需要未能引起管理层的充分注意，而当意外事件发生后，这种需要便突现出来。很多项目就是由于突发事件的启动才发展起来的。

下面介绍的"数据备份系统"的案例，说的就是"9·11"事件对数据备份系统市场的影响。这个震惊世界的恐怖分子袭击事件，使人们意识到数据备份的重要性，引发了相关产品需求的增长。

案例 2：数据备份系统

在震惊世界的"9·11"事件中，美国世贸中心大楼里有一个公司损失最小，因为该公司拥有一个数据及时备份系统，该系统自动将公司重要的备份数据及时通过网络传输到郊区的信息中心保存起来。恐怖分子袭击事件发生以后，媒体报道了这一消息，导致提供数据备份系统的开发商顾客盈门，以前不太注意数据安全的公司开始警觉，加强对数据安全方面的投入。有一个 IT 企业及时注意到这一需求的变化，开发并营销数据及时备份系统，生意十分火爆。

2) 市场竞争产生需求

市场竞争是企业采用电子商务的原始动力。当一个企业的竞争对手采用了电子商务并且收到明显成效以后，这个企业必须做出应答，一般也会发展电子商务，以提高自己的竞争力来与竞争对手抗衡，否则就有可能被淘汰出局。因此需要关注竞争对手的动向。例如，作为一个旅游饭店来说，建立自己的网站并且链接到有关的旅游门户网站，可能对扩大客源很有好处。如果你所在的这座城市的大多数酒店都已经上网了，而你的酒店还没有，那你就可能失去一大批你本应可以争取的旅客，丧失了一块市场。

"兴海饭店的觉醒"所说明的就是这个道理。由于一开始忽略了采用新技术，结果同行采用了，兴海饭店在市场竞争中比较被动，客房出租率从 1998 年的 65% 降到 2001 年的 50% 以下，严酷的市场竞争，使兴海饭店的经理意识到电子商务的作用，诱发了兴海饭店对电子商务的需求。

案例 3：兴海饭店的觉醒

兴海饭店是全国 10 281 家旅游饭店之一。该饭店一直采用传统的销售策略，在 1998 年以前的客房出租率始终在 65% 以上。从 1999 年以来，客房出租率不断下滑，到 2001 年底，已经不到 50%。而同期当地的旅游人数比上年增加 6% 以上，本地同类饭店客房出租率平均达到 68% 以上。兴海饭店经理请来大学的专家帮助诊断。专家调查发现：同类饭店早在几年前就加入携程网（www.ctrip.com）或艺龙网（www.elong.com），现在通过网上订房的客人已经占相当比例。兴海饭店经理回忆说，过去也有过一些旅游网站的业务人员来找他,劝他入网,可他当时并没有在意。现在看来是吃亏了。不过亡羊补牢也是必要的,他决心开始利用互联网,加盟一些旅游网站。

于是,他拨通了一个网页制作专家的电话,打算先建立自己的主页,再寄宿到旅游专业网站上,并接受旅游专业网站的相关营销服务……

3) 经济环境的变化产生需求

经济环境是开展电子商务的外部条件之一。经济发展是有周期的,在西方资本主义国家,有增长、衰退、萧条、复苏等不同的阶段。在我国,发展和紧缩也是周期性出现的。一般在经济发展和高速增长阶段,各种投资项目机会就会增多,在经济衰退和经济紧缩阶段,机会就会减少。但对电子商务而言,情况有所不同。在经济衰退和经济紧缩阶段,企业需要降低成本,而采用电子商务技术,可以帮助企业实现这个目标,所以企业仍有建立电子商务项目的需求。

一般来说,如果经济环境发生了变化,企业采用电子商务的机会就可能增加。例如在出现了经济从增长向衰退转化的势头情况下,企业为了迎接即将到来的严峻挑战,降低运行费用,可能会增加对电子商务的需求。在经济萧条阶段出现经济复苏的兆头时,企业为了迎接未来的扩张,发展电子商务的需求也会增加。因此,只要我们以积极的心态去对待经济环境的变化,我们就会发现电子商务项目的机会总是在身边。

在下面这个案例中,我们可以看到在经济紧缩阶段依然有很多企业上马电子商务项目。当然,黎明垫资为客户开发项目的做法,对吸引客户导入MIS系统起了一定的积极作用,但事情的实质还是客户有这个需求。

案例4:我不怕经济不景气

如同在股票投资领域有牛市投资高手和熊市投资高手一样,做电子商务项目也有各种类型的高手。黎明应该是一个电子商务领域的"熊市高手"。他开了一个软件开发公司,主要是利用数据库技术帮助中小企业建立管理信息系统(MIS),生意一直很好。他的客户大多数是那些处于紧缩状态的中小企业。在谈到他的经营特色时,黎明说:"越是经营困难的企业,就越能从我这里得到好处。因为我帮助他们建立的MIS系统,可以有效地帮助这些企业提高管理效率,减少人员开支。因此,经济越是不景气,经营困难的企业越多,我的生意反而越好。此外,由于我的资金比较充裕,对于信誉好的客户,我可以先少收他的钱,允许他欠款,等到他日子好过了,再付清我的钱。这样,他们都喜欢与我做生意。我不怕经济不景气。"

4) 经营环境的变化产生需求

企业经营环境的变化,对发展电子商务的影响更为直接。例如,金融系统银根放松、电信系统服务降价、宽带骨干网铺设到了门口、新一代计算机软件问世、第三方物流企业的发展、银行电子结算支付系统的改善和不断完善,都有可能在一定的范围内和一定的程度上刺激起企业对启动电子商务项目的需求。再如,随着银行卡功能的不断完善,持卡消费的人群越来越多,在这种情况下,哪个商场的刷卡系统比较先进、快捷,哪个商场就能吸引更多的顾客购物,因此,刷卡系统的添置与更新的需求就会产生。

下面案例中,纯净水公司经理"如果宽带到户,我就开展电子商务"的话是很有代表性的。这个故事反映了经营环境(宽带网)对企业开展电子商务的制约作用。从本例不难看出,一旦宽带网这个瓶颈问题得以解决,利用互联网开展电子商务的需求就会猛增。

随着国家信息化基础建设的步伐加快,企业开展电子商务的基础条件在不断改善,原来制约企业开展电子商务的许多瓶颈问题(如带宽问题、网上支付、安全认证等)将逐一得到解决,每一个问题的解决,都是对电子商务需求的一个刺激,也是电子商务项目运作人员的一次发起项目的机会。

电信服务的降价、计算机及其配件的降价和新一代软件的问世,都意味着企业开展电子商务的成本降低或在同等成本下功效的提高。这进一步意味着采用电子商务技术会给企业带来更大的经济效益,无疑也会推动企业产生对电子商务的需求。

案例 5：如果宽带到户,我就开展电子商务

我的公司生产桶装水。我知道网上销售是桶装水服务的一个很有效的技术手段和渠道。例如,上海的正广和桶装水,1993 年上市,到 1998 年,形成了 40 万客户,于是将配送业务从总公司剥离出来成立了正广和网上购物公司,当时还是电子订购。到 2000 年 1 月,85818.com.cn 正式投入运行,到 2001 年底,已经涵盖日用品、文化体育用品、家用电器等 2 万个品种,开通了 6 个城市的业务,客户数达 80 万人,网上交易额近 3 亿元。

我们目前的做法是通过水站来分销产品。通常一家水站代理多个品牌,由于我们厂商不掌握客户资料,常常受制于水站。而上海正广和通过在线订购直接掌握客户的信息,公司对供水站或配送站采取直接管理,无论是加盟店还是直属店,都必须按照公司的统一规范来操作。这样,水站只具备物流功能,从而有效防止了不正当竞争与客户流失,公司掌握了主动权。

现在的问题是客户上网不方便,网上浏览和登记的速度太慢。所以,我们开展网上销售服务条件还不成熟。不过我已经开始准备建网站了,一旦本地区宽带到户,我就开展网上服务务,搞电子商务,学习正广和的做法。

5) 企业高层的人事变化产生需求

企业的经理层人事变更是经常发生的。变动之后,新的领导人可能会有新的经营理念和工作计划,也可能对上届领导人留下来的商务流程、办公自动化系统和其他电子商务系统不太喜欢,希望推倒重来或作较大的调整,在这种情况下,一个改革的建议或建设新系统的建议往往就容易得到批准。这就是人事变化产生的项目需求。例如,某机械加工厂换了一个厂长之后,觉得原来该厂自己建设的网站档次不够,网站宿主选择得不好,网页浏览速度太慢,决定请社会上专业公司来重建企业网站,重新选择网站宿主。

一般来说,企业的新任总经理会踌躇满志,希望在他任职期间使企业尽快出现新的起色。他们欢迎各种建设性的意见,比较容易接受新生事物,因此建设电子商务系统的可能性比较大。有的电子商务专业服务公司,专门瞄准一些大企业的动态,趁大企业经理层变动之际,及时去企业宣传游说,建立第一印象,往往收到较好的效果。有些企业中下层经理人员或业务人员,原先就有很多想法,但没有得到领导的赏识。他们将这些想法趁领导层变动之机再次提出来,往往能够得到采纳,从而为自己才华的施展开辟一个新天地。

同心食品厂的故事就是一个企业高层人事变化导致产生电子商务项目的例子。新领导要求改造企业网站,希望企业网站要调整宣传的角度,增加网上交易的功能,并且产品网页要做得漂亮,"让人看了就想买"。

案例6：让人看了就想买

同心食品厂主要生产糕点和月饼，过去已经建立起自己的主页，但新任总经理不满意。总经理指示其网站主管找专业机构对网站进行改造。下面是该厂网站主管在当地网络服务公司的一段谈话：

我们过去的网站主要侧重于企业的介绍，新任老总要求我们在网站上突出产品的宣传，要将我们的糕点和月饼栩栩如生地搬到网上，让人家看了还想看，看了就想买，看了就想拨电话，或在网上下订单。为此，食品厂专门配备一个销售电话给我部门，也将网上销售的情况作为考核我们的一个指标。我来贵公司的目的就是寻求你们的帮助，看如何改造我们的网站以及建立一个有效的电子商务销售服务体系。

6) 经营方针的改变产生需求

企业经营方针的改变，必然会引起企业业务性质的变化和流程的重组。此外，企业的内部网、外部网以及客户关系管理系统也会随之发生变化，这也是发展电子商务项目的机会。可以认为，当今绝大多数企业在调整经营方针时，都会考虑到如何利用新技术来节约成本、提高效率、提高竞争力；考虑如何在一个新的、比较高的起点上来发展新的业务，从而形成对电子商务的需求。

案例"拒绝未经编码的产品"，说的是一个商场调整经营方针的故事。在这里，电子商务技术（条形码和数据管理系统）使企业经营方针的调整成为可能。通过采用电子商务，企业顺利地实现了经营方针的转变，从而增强了企业形象，降低了运行成本。本例也说明了企业经营方针的改变，会产生对电子商务的需求。

案例7：拒绝未经编码的产品

这里所说的是一家日用品商场，一直以便宜著称。由于对进场的货源管理较松，商场假冒伪劣产品较多。随着消费者自我保护意识的加强，顾客投诉越来越多。商场决定调整经营方针，加强对货源的管理，树立品牌形象。

具体做法就是借助于电子商务手段，建立商品进场登记制度，所有的销售商品必须有条形码，有些没有条形码的鲜货也必须在编码后才能销售。这样，商场将建立条形码读入系统和数据管理系统，在结算方面采用收款机辅助人工作业，任何柜台任何时间售出任何商品，都一一自动记录在案，一旦出现顾客投诉，可以追查到人。而且，通过建立这个系统，商场管理人员预计可以减少1/6，管理成本大大降低。

7) 企业重大活动计划产生需求

重大活动对电子商务的需求往往是临时的、一次性的。例如，某地区想搞一个大型的展览会，为了宣传和征集企业参展，主办单位可能要建立网站，也可能考虑建设一个可供参展商信息交流和网上贸易的平台，还可能考虑在展览现场设置一套安全监控系统。再如，某企业计划参加一个重大异地投标项目，可能需要制作一套多媒体演示系统用以向客户展示他们的解决方案。因此，如果一个单位计划举办或参加某种重大活动，那么这个单位就有可能需要发展电子商务项目，这个项目专为计划中的重要活动服务。

伟业公司招聘的故事所反映的就是重大活动对电子商务需求的现象。这里的重大活动就是组织展览和会议。

案例8：谁能设计展会网页

举办展会是很多企业和政府机构经常需要举办的活动。伟业公司就是一个专门为企业或政府部门举办展会服务的公司，业务增长很快，公司利润每年都以20%以上的速度增长，每年承接的展会任务达20多个。为了便于开展业务，决定招聘能做展会网页的网页设计师。很多网迷报名应聘，都没有能够成功。后来，伟业公司的人事经理应邀为网迷指点迷津。他说：网迷们总是喜欢像做娱乐性的个人主页那样来展示自己的网页制作技巧，其实陷入了一个误区。展会网页是不同于娱乐性个人网页的，因为我们要通过网页来做生意。首先，它必须便于访问者了解展会的各种信息，主页显示要快，信息量要大；其次，要使商家对展会感兴趣，从而下决心掏钱买展位参加展览，因此网页设计者要善于文字表达，要有广告设计的功底；第三，一定要使商家报名变得容易，因此报名表的下载或在线报名的环节不能缺少；第四，网页也要考虑如何吸引普通参观者。因此，展会网页的设计师，不仅需要有网页制作技巧，更多的是需要有一个对展会网页的总体构思。

8) 企业业务扩张产生需求

企业在扩张的阶段最需要电子商务来帮忙。一个企业到了业务扩张的阶段，往往自己已经积累了一些成熟的业务模式和经验。电子商务则可以帮助企业将这些模式和经验规范化地确定下来，利用计算机的快速处理能力和网络传播能力，使之可以在更大的范围内、更便利地推广应用。

案例9：只有在线管理，我才能扩大规模

华新数码物业管理公司承担了几十个高档住宅小区的物业管理工作。物业管理行业的公司，大多数很难赚钱，就经营目标而言，只有保持在微利水平上才能使业主满意。因此公司的赢利水平只能通过降低成本、增加服务、扩大规模等办法提高。而采用传统的管理方式，超过10个小区的管理业务，往往就难以控制，因为你无法检查每个小区工作人员的具体工作情况，更难直接应答业主的投诉。这种压力使华新物业管理公司的张总经理下决心开发在线管理系统。他说："要提高服务质量，又要提高盈利能力，我只能通过在线管理来扩大规模。"

经过大约18个月的努力，他终于开发成功在线管理系统。应用这个系统以后，物业公司管理能力可以管辖100多个住宅小区，每个小区的管理人员的工作状态、业主投诉和处理情况都可以在总控制室一览无余，大大提高所管辖小区的服务质量。

综上所述，企业对电子商务的需求可以有多种原因引起或激发。无论是环境因素发生变化，还是企业自身因素发生变化，都可能导致需求的产生。特别是当企业处于业务扩张的阶段，电子商务是最有用的帮手。

2.2 企业所处的行业与目标市场分析

2.2.1 行业分析

行业是由许多同类企业构成的群体。如果只进行企业分析，虽然可以获得某个企业的

经营和财务状况,但不能知道其他同类企业的状况,无法通过比较知道企业在同行业中的位置。而这在充满着高度竞争的现代经济中是非常重要的。另外,行业所处生命周期的位置制约或决定着企业的生存和发展。

汽车诞生以前,欧美的马车制造业是何等的辉煌,然而时至今日,连汽车业都已进入发展稳定期了,马车制造业彻底落没。这说明,如果某个行业已处于衰退期,那么属于这个行业中的企业,不管其资产多么雄厚、经营管理能力多么强,都不能摆脱其惨淡的前景。如今,还有谁愿意去大规模投资马车生产呢?

投资者在考虑新投资时,不能投资到那些快要落没或淘汰的"夕阳"行业。投资者在选择股票时,不能被眼前的景象所迷惑,而要先分析和判断企业所属的行业是处于初创期、成长期,还是稳定期或是衰退期,绝对不能购买那些属于衰退期的行业股票。

由此可见,只有进行行业分析,我们才能更加明确地知道某个行业的发展状况,以及该行业所处的生命周期的位置,并据此作出正确的投资决策。

1) 基本状况分析

行业基本状况分析包括行业概述、行业发展的历史回顾、行业发展的现状与格局分析、行业发展趋势分析、行业的市场容量、销售增长率现状及趋势预测、行业的毛利率、净资产收益率现状及发展趋势预测等。

2) 所处行业生命周期分析

行业生命周期是每个产业都要经历的一个由成长到衰退的演变过程,是指从行业出现到完全退出社会经济活动所经历的时间,主要包括四个发展阶段:引入期、成长期、成熟期、衰退期,如图 2.2.1 所示。

忽略具体的产品型号、质量、规格等差异,行业的生命周期曲线仅仅从整个行业的角度考虑问题。因此,行业生命周期是一种定性的理论,行业生命周期曲线是一条近似的假设曲线。行业生命周期可以从成熟期划为成熟前

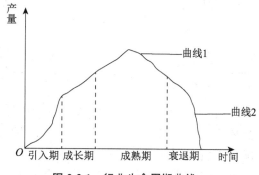

图 2.2.1 行业生命周期曲线

期和成熟后期。在成熟前期,几乎所有行业都具有类似 S 形的生长曲线,而在成熟后期则大致分为两种类型:第一种类型是行业长期处于成熟期,从而形成稳定型的行业,如图 2.2.1 中右上方的曲线 1;第二种类型是行业较快地进入衰退期,从而形成迅速衰退的行业,如图 2.2.1 中的曲线 2。

识别行业生命周期处于哪个阶段主要从以下几个方面来考虑:市场增长性、需求增长率、产品品种、竞争者数量、进入壁垒和退出壁垒、技术变革、用户购买行为等。这些因素在行业生命周期各阶段的表现为:引入期,这一时期的市场增长率较高,需求增长较快,技术变动较大,行业中的用户主要致力于开辟新用户、占领市场,但此时技术上有很大的不确定性,在产品、市场、服务等策略上有很大的余地,对行业特点、行业竞争状况、用户特点等方面的信息掌握不多,企业进入壁垒较低;成长期,这一时期的市场增长率很高,需求高速增长,技术渐趋定型,行业特点、行业竞争状况及用户特点已比较明朗,企业进入壁垒提高,产品品种及竞争者数量增多;成熟期,这一时期的市场增长率不高,需求增长率不高,技术上已经成熟,行业特点、行业竞争状况及用户特点非常清楚和稳定,买方市场卖方市场形成,行业盈利

能力下降,新产品和产品的新用途开发更为困难,行业进入壁垒很高;衰退期,这一时期的市场增长率下降,需求下降,产品品种及竞争者数目减少。

从衰退的原因来看,可能有以下 4 种类型的衰退。

(1) 资源型衰退　由于生产所依赖的资源枯竭所导致的衰退。

(2) 效率型衰退　由于效率低下的比较劣势而引起的行业衰退。

(3) 需求收入低弹性衰退　因"需求收入"弹性较低而衰退。

(4) 聚集过渡性衰退　因经济过度聚集这个弊端所引起的产业衰退。

行业生命周期各个阶段的特点如表 2.2.1 所示。

表 2.2.1　行业生命周期各个阶段的特点

项目	幼稚期	成长期	成熟期	衰退期
市场增长率	较高	高	不高	下降
技术	技术变动大	技术稳定	成熟	—
产品开发	不稳定	容易	困难	—
产品品种	有限	多	多	减少
获利性	不确定	高	不高	下降
竞争者数量	少	多	稳定	减少
进入障碍	低	提高	高	

3) 行业市场结构分析

(1) 行业内产品结构　行业产品结构是指一个行业内各类型产品在整个行业经济中的构成情况。通俗地说,就是指一个行业市场的产品中各类产品的比例关系,它能够反映一个行业的性质和发展水平,资源的利用状况以及满足社会需要的程度。通过行业内产品结构分析,可以获知市场的潜力。饼状图可以显示各项产品占总和的比例,因此可以利用饼状图来直观地显示一个行业的产品结构,如图 2.2.2 所示。

(2) 各厂商市场份额结构　市场份额指一个厂商(企业)的销售量(或销售额)在市场同类产品中所占的比重,反映了厂商对市场的控制能力。企业市场份额不断扩大,可以使企业获得某种形式的垄断,这种垄断既能带来垄断利润又能保持一定的竞争优势。分析行业内各厂商的市场份额可以清晰地获知行业内各主要厂商的市场份额,从而知道行业内各企业的竞争地位和盈利能力。

例如,艾瑞数据显示,在 2017 年上半年中国在线旅游度假市场份额

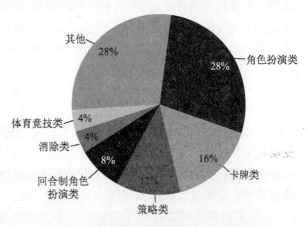

图 2.2.2　2020 年收入排名前 100 移动游戏产品类型占比

(见图 2.2.3)中,途牛在线旅游市场份额占 29.8%。途牛服务出游人次增速较快,主要得益于途牛细分产品线的扩充。同时,途牛在广告营销及品牌打造上的投入也促进了其在线度假市场的扩张。

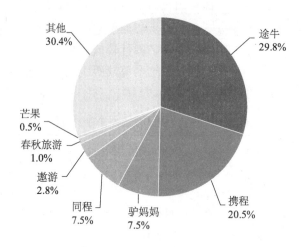

图 2.2.3　2017 年上半年中国在线旅游度假市场份额
（按交易规模,含平台部分）

(3) 竞争格局分析　行业竞争结构是指行业内企业的数量和规模的分布情况,从理论上可以分为完全竞争、垄断竞争、寡头垄断、完全垄断 4 种。

① 完全竞争:又称为纯粹竞争。在这种市场上,不存在任何垄断因素,竞争可以充分展开,市场机制在资源配置方面的作用不受任何阻碍和干扰。这种市场的主要特征是:产业集中度很低,产品同质,经济运行主体具有完全的市场信息,资源完全自由流动,厂商可自由进退。

② 垄断竞争:是指一种既有竞争又有垄断,竞争与垄断相结合且偏向完全竞争的市场结构类型。之所以称之为垄断竞争,首先是因为它与完全竞争有类似之处,即存在数量较多的竞争者能够自由地进入和退出市场;其次,它又具有垄断的特征,不同企业生产的产品不具备完全替代关系,即存在着所谓的产品差别,企业对其产品又具有一定的垄断力量。这种市场的主要特征是:行业集中度较低,产品有差异,进退壁垒较低。

③ 寡头垄断:是指少数人的垄断,即在某一行业中只存在少数厂商对市场的瓜分与控制。寡头垄断是既包含垄断因素,又包含竞争因素但以垄断为主的一种市场结构。它在现实中是一种普遍的市场结构形式。这种市场的主要特征是:行业集中度高,产品基本同质或差别较大,进退壁垒较高。

④ 完全垄断:又称纯粹垄断,是同完全竞争相对的、另一个极端的市场结构,指一家厂商控制了某种产品全部市场供给的市场结构,或者说是只有一个卖者的市场。这种市场的主要特征是:市场上只有一个厂商,故行业集中度为 100%且没有替代品,进入壁垒非常高,使得其他企业的进入成为不可能。

4 种不同结构的市场在行业集中度、产品差异性和进入壁垒等方面有不同的特征,具体见表 2.2.2。

表 2.2.2　行业竞争结构

市场结构类型	厂商数量	产品差别	价格控制	市场进入	接近哪种市场情况
完全竞争	很多	同质	没有	很容易	一些农产品市场
垄断竞争	较多	有差别	有一些	比较容易	轻工业品市场
寡头垄断	几个	有或无	相当程度	比较困难	重工业品市场
完全垄断	一个	无差别	很大程度	不可能	公用事业

其中,行业集中度(Concentration Ratio,CR)又称行业集中率或市场集中度(Market Concentration Rate),是指某行业的相关市场内前 n 家最大的企业所占市场份额(产值、产量、销售额、销售量、职工人数、资产总额等)的总和,是对整个行业市场结构集中程度的测量指标,用来衡量企业的数目和相对规模的差异,是市场势力的重要量化指标。例如,CR4 是指 4 个最大的行业占有该相关市场的份额。同样,5 个行业集中率(CR5)、8 个行业集中率(CR8)均可以计算出来。

根据美国经济学家贝恩和日本通产省对产业集中度的划分标准,将产业市场结构粗分为寡占型(CR8≥40)和竞争型(CR8<40%)两类。其中,寡占型又细分为极高寡占型(CR8≥70%)和低集中寡占型(40%≤CR8<70%);竞争型又细分为低集中竞争型(20%≤CR8<40%)和分散竞争型(CR8<20%),如表 2.2.3 所示。

表 2.2.3　美国贝恩对市场结构进行的分类

市场结构		CR8 值/%
粗分	细分	
寡占型	极高寡占型	70≤CR8
寡占型	低集中寡占型	40≤CR8<70
竞争型	低集中竞争型	20≤CR8<40
竞争型	分散竞争型	CR8<20

电子商务的出现打破了传统企业之间的竞争模式,行业竞争更多地从"大鱼吃小鱼"变为"快鱼吃慢鱼",即从单纯的规模效益之争转向速度效益与规模效益并重的竞争模式。由于信息的迅速传播,市场的反应速度也明显加快,领先的产品与服务创新能迅速被市场接受。再加上一些有利的外部因素,如市场需求不断变化,产品生命周期不断缩短,融资条件日趋便利,以及销售渠道的多样化,令一个能对市场需求和变化快速做出反应并创新出质优价廉产品的企业可以迅速扩张,占领市场;而规模较大的企业,如果只会后发制人式的模仿而不会创新,将逐渐被市场淘汰。因此,随着电子商务的引入,企业规模在提升企业竞争力方面的作用明显下降。

可见,电子商务为所有企业提供了一个全面竞争的舞台。小企业可以凭借某一方面的突出优势迅速崛起,挑战大企业的地位。由于这种"一招鲜"的获胜机会大增,行业的竞争结构将不再像以前那样稳固,尤其是领先者的地位更难以保持。在这样的竞争环境下,只有致力于不断创新的企业才能长久立于不败之地。

4）行业品类机会分析

商业机会首先是品类机会。通常所说的"风口上的猪"的"风口"指的是品类机会，"猪"指的是品牌机会。对于品牌，大家都很熟悉，如三星、小米、华为、苹果是品牌，智能手机就是个品类。再如，呼机这个品类机会已经成为过去式，这时就算做一款苹果牌的呼机也卖不出去。在电商行业，这个特点尤为明显。许多电商平台的崛起，都与品类机会有关。

亚马逊于20世纪90年代中期起家，就是选准了品类切入点。虽然当时互联网已经发展了20余年，却还处在蛮荒时代，电商更是鲜为人知，所以贝佐斯要解决两个核心问题：一个是信任问题，当时的网民还没有在网络上消费的习惯，他们更青睐于亲眼见到的商品，而不是网络上的照片；另一个问题是担心一旦真的下单购买，送来的货物是否会和预期的差别太大。

经过深思熟虑，贝佐斯选择了图书音像作为品类切入。一是因为图书音像在网民心中的购买门槛低；二是买书的人或者买音像产品的人，需要的是书的内容或者CD播放出来的音乐，而不是纸张或者塑料片，这样就不会出现与心理预期差异过大的情况。

其实还有一个更为核心的原因：图书和音像有相当大密度的购买人群和比较高的购买频次。电商的逻辑就是高频带低频、高密度带低密度、低价带高价。电商实质上是在做频次组合、密度组合和价格组合，如图2.2.4所示。

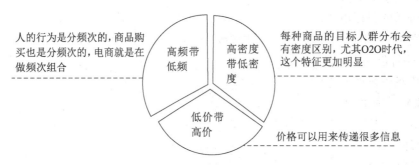

图2.2.4 电商的三个实质

在中国，当当、卓越也是选择了图书音像作为品类切入。到了京东，图书音像这个风口已经过去了，但它抓住了3C数码尤其是手机这个风口，由此成就了京东的市场地位。近几年出现的诸如多点、饿了么、本来生活网等电商，是以1小时送达作为品类切入市场。一旦用户习惯了1小时送达，那么购买习惯就会从1小时送达品类延伸到其他商超的产品。这就是电商的一个未被充分挖掘的逻辑——快服务带慢服务，如果买一个电火锅或者一个水壶也能1小时送达，那何乐而不为呢？

当我们要解决的问题是普遍存在并且高频出现时，往往能推动一个大品类的出现。例如，绝大多数人每天都会出行，随着城市规模的扩大，跨区域交流的频繁，出行中对于代步、快捷、舒适、安全的需求就越来越强烈，于是围绕出行的交通品类创新如火如荼地展开。汽车不停地更新换代，轮船载货量和远航的能力越来越强，人们还创造了飞机。

相反，当有的问题只在一定范围内存在，并且出现的频次没有那么高时，就只能出现一个小品类。小品类意味着市场容量很有限。

2.2.2 目标市场分析

电子商务项目是在企业所处的宏观和行业环境下,针对目标市场客户,结合企业的自身情况而进行的,目标市场的特点、数量的多少、购买行为等都会对项目产生重大影响。因而在做电子商务项目可行性分析时,需要对目标市场进行详细分析,以确定电子商务项目是否具备成功的可能性。

1) 目标市场分析的概念

电子商务项目的目标市场,一般是指在某一领域或地理区域内,基于这种商务模式建立网站的浏览者、使用者和消费者。目标市场可以是个人用户(即消费者市场),也可以是企业客户(即组织市场)。

目标市场分析就是从目标客户的角度分析他们是否具有网络使用基础,能否接受电子商务方式以及有什么电子商务需求。与企业业务分析相比,前者研究的是企业自身是否具有开展电子商务的需求,而后者研究的是企业的客户需不需要、能否接受电子商务的业务方式,二者分析的出发点是不同的。

2) 目标市场分析的过程

(1) 明确目标客户群和目标市场 要从企业目标客户的角度分析电子商务的需求,首先就要明确在电子商务方式下,目标客户集中在哪些人群,目标市场在哪里。

确定合适的目标市场是十分重要的。如果目标市场的范围确定得太大,将会耗费大量的物力和财力;如果目标市场的范围确定得太小,又很难找到利润的增长点。企业的目标市场主要是根据企业的产品定位或服务内容来确定,即分析是哪些人对产品或服务感兴趣。确定目标市场范围的基本原则是巩固现有市场,开拓潜在的新增市场。

(2) 细分目标市场 将企业的目标市场细化为可供分析、度量的分组,为目标市场的特点提供基础。目标市场可以按照以下特性进行划分:

① 统计特性:主要依据一些特定的客观因素,诸如性别、民族、职业和收入等。

② 地理特性:主要是客户所在的国家、地区、工作环境和生活环境等。

③ 心理特性:主要包括人格特点、人生观、信仰、阅历和愿望等。

④ 客户特性:客户的上网情况、网上购买频率和网上购买欲望等。

(3) 总结目标客户的特点 根据需求调研资料,结合分析中设想的电子商务开展方式,有很多方法可以有针对性地总结目标客户有什么特点,能否接受、需要电子商务,如将企业的客户资料和中国互联网信息中心所做的统计报告进行比较,了解客户上网和网上购物的情况,以此衡量电子商务的市场基础。又如,可以定期跟踪与分析 CNNIC 的统计报告,以了解网民的变化情况与网上购物的发展趋势,以确定电子商务市场的发展空间。

(4) 分析目标客户的需求 分析电子商务给目标客户带来哪些好处,目标客户的具体需求是什么。这里分析的角度很多,列举如下:

① 从职业需求出发,顾客需要什么?你提供的电子商务产品或服务能与顾客所需要的某些职业教育结合在一起吗?

② 从家庭生活需求出发,顾客需要什么?你目前的产品能满足这些需求吗?你提供的电子商务产品或服务能否更好地满足这些需求呢?你能为众多用户在网上创造出他们所需要的社区环境吗?

③ 从利益出发,顾客需要什么?你提供的电子商务产品或服务能够为顾客带来财富吗?能帮助他们开发额外的机会吗?如果你在网上能为消费者提供同样品质,但价格大大低于线下的商品,一定会赢得消费者的拥护。

④ 从生活出发,顾客需要什么?你提供的电子商务产品或服务能减轻顾客的生活负担吗?如对一个经常乘坐飞机的旅客来说,如果能在他的移动电话上提供短信息服务,使他及时了解有关飞机航班延误的信息,他会非常高兴;如果你的产品还能在目的地为他安排一辆机场班车,来弥补损失掉的时间,那就更好了。

⑤ 如果顾客使用了你提供的电子商务产品或服务,能够使他们节省钱财或减少精力方面的付出吗?

⑥ 是否提高了顾客的乐趣或社会地位?

通过分析,说明客户存在哪些电子商务需求(如追求廉价、方便性和个性化等),电子商务是否满足了他们的这些需求。

(5) 总结并提出目标市场分析结论 以文字形式表述企业市场分析的内容,大致包括企业的目标市场、目标市场的特点和目标市场的电子商务需求等几个部分。

下面先以芬芳网上鲜花店为例说明企业市场分析的过程。

对于芬芳网上鲜花店来说,主要业务是鲜花销售,目前的配送能力范围为广州市区,因而其目标市场就锁定在广州市区范围内的鲜花消费者上。那么这些鲜花消费者能否接受网上购花呢?可以用直接和间接两种方法来回答这个问题。

直接的方法是根据调研得到的有关数据,分析得出结论。对实体花店的客户进行有奖问卷调查,了解到实体花店的目标市场中 20~40 岁的人群占 83%,大专以上教育程度的占 75%,具有上网习惯的占 89%,月收入在 3 000~5 000 元的占 90%,能接受网上支付方式的占 73%。根据上述调研数据得出结论:芬芳网上鲜花店现阶段的目标市场主要集中在 20~40 岁的白领人群上,他们大多数都有上网习惯,可以接受网上购花的方式。

间接的方法是结合 CNNIC 的统计报告得出结论。根据 CNNIC 发布的《第 40 次中国互联网络发展状况统计报告》,截至 2017 年 6 月,我国网民仍以 10~39 岁的群体为主,占整体的 72.1%;其中 20~29 岁年龄段的网民占比最高,达 29.7%,10~19 岁、30~39 岁的群体占比分别为 19.4%、23.0%;我国网民依然以中等学历群体为主,初中、高中(中专、技校)学历的网民占比分别为 37.9%、25.5%;截至 2017 年 6 月,网民中月收入在 2 001~3 000 元及 3 001~5 000 元的群体占比较高,分别为 15.8% 和 22.9%;我国网络购物用户规模达到 5.14 亿人。这些数据都说明网络购物用户以年轻、学历相对较高和有一定的经济基础的群体为主。

此外,从芬芳网上鲜花店业务的特点入手,根据经验或观察可以了解到芬芳网上鲜花店的客户以有一定经济基础的、追求浪漫时尚的年轻人为主,与 CNNIC 网络购物的主流人群相重合,由此可以推断芬芳网上鲜花店的目标市场具备网络购物的基础,可以接受网上购花的方式。

在确定芬芳鲜花店具备市场基础后,下一步就要分析网上鲜花店能给目标客户带来哪些好处。经过分析,有了网上鲜花店,顾客只需上网轻点鼠标,就可以完成选购花卉和在线支付的过程,无须亲临实体店,节省了时间和精力,大大方便了客户。此外,网站还可以提供各种定制服务,如允许客户使用网站设计个性化花束,以满足客户追求浪漫时尚和个性化的需求。

对以上分析进行浓缩和提炼,按要求以文字形式表述出来,就完成了芬芳网上鲜花店的市场需求分析。

2.3 企业自身分析

2.3.1 检查企业的战略目标和实施计划

电子商务是用电子信息手段来装备企业的商务活动,而一切商务活动必须为企业的战略目标和实施计划服务,如果不知道企业的目标和计划,就无法知道电子商务能帮什么忙。因此,分析一个企业是否需要发展电子商务,首先要明确企业的战略目标和实现目标的计划。下面一些问题最好请企业的经理来回答或站在企业经理的立场去思考:

(1) 你是否需要找到一条自动完成例行任务的途径,这样可以把员工解放出来去做更重要的事情?

(2) 你是否需要找到一条在路上与你的办公室取得联系的途径,因为你曾经把重要的文件丢在了办公室?

(3) 你是否需要一种定期与客户联系的廉价方法,这样可以及时得到他们的反馈意见?

(4) 你是否对那些用纸记录的摆放在办公桌上的备忘录及日程表感到头疼,希望改善这种局面? 因为多了就杂乱无章,找起来很困难。

(5) 你的企业发展很快,你是否想向其他方向拓展,但为此必须维持已经建立起来的质量标准?

(6) 你是否想在 1 年内使公司利润增长 50%?

(7) 你是否想在 3 年内成为行业里的头号销售商?

(8) 你打算通过什么计划来实现你的抱负? 采用什么具体的办法?

问题还可以不止这些。

对前 7 个问题,任何一个肯定的回答,都能导致电子商务项目的发起。如办公自动化系统、信息管理系统、内部网、质量监测系统、公司网站、网络营销系统、企业资源计划系统等款款武器,总有一款可以适用。

2.3.2 检查企业的信息流程

充分了解公司在运营过程中的各类信息是十分重要的,这些信息包括所有发票、文件、情报以及日常工作中使用的其他形式信息。了解信息流程可以参考如下的思路,即描述他们在一天当中做些什么,如:

(1) 目前正在做的工作是什么?

(2) 谁负责这项工作?

(3) 产生了什么信息?

(4) 下一步将由谁收集这些信息?

(5) 在操作过程中某一信息引发了什么样的行为?

在描述了一天的工作之后,就可以发现每一任务都有与之相关的各种信息、人或团体。而后,可以对这些任务按照功能进行分类。

通常把企业的各种职能看成是放入信息的容器,如图 2.3.1 所示。在每一个容器中的信息是不同的,有的信息与几种功能有联系或有依赖关系,这种信息可以从一个容器传到另一个容器。有些容器的信息可以增添或修改,而有些容器的信息只能随时对它进行查阅。

电子商务解决问题的切入点是信息处理,通过引入计算机、数据库和网络技术,提高企业内部和外部有关信息的传输速度、可靠性和共享便利程度。因此,通过检查企业的信息组成、信息流程和信息源,就可以发现在哪些方面存在改进的需求。

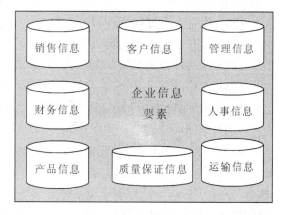

图 2.3.1　企业信息组成示意图

2.3.3　评估企业电子商务技术现状

我们所研究的企业,也许已经或多或少地导入了一些电子商务手段。因此,对企业所用电子商务技术的现状进行评估是很有必要的。

可以从如下的提示中选择一些问题,编制一个问卷,请企业的有关人员填写或通过与企业员工的交谈后,站在企业员工的角度来回答。

(1) 当你想到办公室中的计算机时,你认为它们起着什么作用?

(2) 你如何储存信息,用文件柜还是用电子形式?

(3) 你用电子形式存储哪些文件?

(4) 你对现有的电子化技术是否满意?

(5) 你注意到能使你工作效率更高的技术吗?

(6) 你如何处理通信问题,是手写信件、打印信件还是电子邮件或其他?

(7) 为了保持与客户的联系,满足他们的需求,你是使用应用软件来帮助你达到这一目的吗?

(8) 你做电话通信记录吗?

(9) 为使你能从以前的订单或谈话中联想起过去的信息,你是否对你的客户情况(如喜好、地址、性格、需求等)做一些记录?

(10) 你对客户的身份和证件进行调查了吗?

(11) 你平均多长时间看一次电子邮件?多长时间发一次电子邮件?

(12) 你通常用电子邮件做什么?

(13) 你是否定期与其他公司、供应商、合作伙伴(签约者)互通信息?

(14) 你的办公室里有哪些文件(信笺、备忘录、订单表、发货单等)?

(15) 你知道哪些人需要知道你发出或你保存的文件?

(16) 哪些文件是保密的?

(17) 你需要与哪些人共享什么信息?

(18) 你使用数据库储存和检索信息吗?

(19) 你是如何备份你所需要的信息的?
(20) 你是否有互联网的服务供应商?
(21) 你有展示业务的网页吗?
(22) 你的计算机联网了吗?
(23) 在你的办公环境内,最耗费时间和最难做的工作是什么?
(24) 在你最耗时的工作中,哪一件是应该尽力改进的最重要的工作?
(25) 在你最难做的工作中,哪一件是应该尽力改进的最重要的工作?
(26) 当你不在办公室时,你觉得很需要办公室里的信息吗?

问卷的设计,当然不限于上述提到的问题,可以有其他更多的问题。但当企业若干员工从各自不同的角度回答了上述问题之后,我们就可以对企业的电子商务技术水平作一个大致的评价。由此可以发现企业离一个装备现代化公司还有多大的差距,在哪些方面需要作具体的改进,明确拟发起的电子商务项目将要解决哪些问题。

2.3.4 研究企业的4种基本选择

不管企业现有的电子商务系统处于什么状态,企业对电子商务的需求都可以描述成4种基本的技术选择,即维持现状、系统升级、启用新系统、寻找合作伙伴。

(1) 维持现状 就是按照老样子做,这对大部分企业来说其实是不明智的。因为这种选择,没有认识到处于发展中的企业最终需要利用新技术的力量及其广泛用途。电子商务的新技术可能会满足他90%以上的需要,并且长远看来会节省企业的时间和金钱,提高企业的运转效率和竞争力。不使用新技术的时间越久,企业在学习的曲线上越落后,以后想追上去困难就会更大。

(2) 系统升级 是指对已经有一定电子商务基础的企业进行技术改造。升级包括购买新的硬件组件和应用软件的新版本,从而使企业当前的系统跟上时代。硬件升级通常包括快速处理器、附加的存储器、更快的调制解调器、更大的硬盘驱动器等,有时还甚至还包括一个新的主板。软件的升级包括操作系统升级和应用软件的版本更新。系统升级是一个永无止境的阶梯战略。由于技术发展很快,在有些情况下,升级是必需的,很值得,特别对一些软件,开发商已经在网上提供可免费下载的补丁,弥补软件先前的不足。这种升级,企业的成本很低,也不会妨碍员工的正常作业;但在另一些情况下,升级可能没有太大的实用价值,升级太快太频繁,反而增加员工的不便。因此企业的电子商务技术是否需要升级,要根据具体的情况来分析。

(3) 启用新系统 就是一切重新开始。如果企业在技术曲线上落后太远,升级就十分昂贵,甚至是不可能的。在这种情况下,从技术的角度来说,企业应该将现有的系统全部换掉,尽管这样做可能是4种情况中最昂贵的选择,但这是对未来进行的技术投资。新的技术将来升级比较容易,而且最新的技术在一定时间内不需要升级。企业如果作出了这样的选择,就有可能成为行业中的佼佼者。

(4) 寻找合作伙伴 是一种借鸡下蛋的战略。对于很多小企业来说,这样的选择是一种非常明智的选择。因为有些较为先进的技术,维护起来有一定的困难,并且非常昂贵,如计算机辅助设计和制造技术(CAD/CAM)、电子数据交换(EDI)等,中等企业可能普遍拥有,小企业如果与他们打交道,必须具备同样的能力。在这种情况下,小企业需要找一些大企业合作，分享这些买不起但又非常需要的技术。这样，企业在电子商务项目上的初期投资就会大大减少。

可以通过研究企业对上述4种基本选择的倾向来锁定企业对电子商务的具体需求。企业从4种基本选择中进行选择的最佳方法，是从各种可变条件中逐一进行比较，如表2.3.1所示。在表2.3.1中，左栏是各种可变条件，右栏是4种基本选择。本表的用法：对照每种条件，在右栏中作出相应的选择。答案没有对或错之分，但通过答案，可以了解企业对电子商务的独特要求。

表2.3.1 企业的4种基本选择测试表

可变条件	维持现状	系统升级	启用新系统	寻找合作伙伴
硬件 你需要一个以上的服务器吗？ 你需要用于条形码、存档和备份的附加设备吗？				
软件 你要求特殊的软件吗？ 你需要使用与新硬件配套的软件证书吗？				
咨询与订约 你是否需要负责编程、新应用程序、网络、商务过程以及项目管理的顾问？				
培训 公司员工是否需要额外的技术培训？				
旅行 你需要旅行去和远方的客户做生意吗？				
支持软件包 你需要用于公用事业及其他支持领域的额外的软件包吗？				
网络与PC机的成本 什么硬件升级是必需的？（估计一般一个包括软件、硬件、咨询和网络工程项目的花费约20万元）				
时间 新系统的安装与培训需要多长时间？最快什么时候能开始？				
用户资源 需要多少人力资源？ 这些人是兼职还是专职？				
基准信息 你的估计为什么是正确的？同行中有来自其他公司的例子吗？				

注：本表选自(美)凯瑟琳·艾伦、乔·威斯勒著的《电子商务技术手册》，有改动。

2.4 电子商务项目业务需求分析

2.4.1 电子商务项目业务需求分析的方法

所谓业务需求分析,就是从电子商务企业自身业务的角度分析企业存在哪些电子商务的需求,以及采取什么方式可以满足这种需求。一般可按照以下思路进行分析:

(1) 综合分析需求调研获得的一手和二手资料,重点分析企业拥有的核心能力是什么,运作中存在哪些主要问题;电子商务能否巩固企业的核心能力并解决存在的问题。在解决问题方面,电子商务主要能帮助企业提高效率、降低成本、提高客户服务水平、低成本扩大销售范围、增加销售量。

(2) 根据需求调研资料,从业务拓展的角度分析开展电子商务能给企业带来哪些新的商业机会,发现企业的电子商务项目需求。在业务拓展方面,电子商务主要能帮助企业扩大销售范围、增加销售量、提升品牌知名度、提供伴随互联网诞生的新的产品和服务。

(3) 针对发现的问题和机会,结合企业的发展状况和经济实力,提出需求建议,有针对性地说明企业存在哪些电子商务项目需求,以什么方式可以满足这些需求。目前常见的方式包括到阿里巴巴等第三方平台开设商铺,建立企业商务网站,建设包括 ERP(企业资源计划)、CRM(客户关系管理)和 SCM(供应链管理)在内的电子商务综合应用系统等。

(4) 以文字形式表述企业业务需求分析的内容,大致包括行业发展分析、企业基本情况、企业存在的问题、电子商务项目需求及建议等几个部分,其中行业发展分析对于网络创业企业的项目设计是必需的。对于传统企业的 E 化项目,该项内容在不影响分析结果的情况下可以省略整合到企业基本情况中说明。

下面以芬芳鲜花店为例说明企业业务需求分析的过程。

芬芳鲜花店是以售卖鲜花为主营业务的鲜花零售店,行业发展调研资料显示花卉发展快、利润高、市场大,是典型的"朝阳产业"。另外,电子商务在其中所占的份额还不到 10%,存在巨大的发展空间。因此从行业角度分析,花卉业电子商务可以说是一块潜力大、尚待开发的领域。

通过企业业务需求调研发现,企业经营中存在的主要问题是经营成本较高,其原因是鲜花很容易枯萎,进货多会导致损耗率加大。有时采购回来 1 000 枝花,最多只能卖出去 200～300 枝,卖不出去的只好作为损耗处理。有时某些品种进货不足又不能满足客户需求。根据目前的业务流程,每天进货的数量和品种主要凭经验,免不了会出现进货和销售之间的偏差,这种偏差时多时少、难以控制,从而使得鲜花的损耗居高不下,导致经营成本增加。

企业业务调研需求还发现花店存在的另一个问题是销售规模停滞不前。由于鲜花销售通常是区域经营,客户基于方便的原因一般都光顾就近的花店,附近没有花店的客户会去品牌知名度较高的鲜花集市选购。由于芬芳鲜花店品牌知名度不高,基于成本和风险控制因素,只在天河某办公区域开设有一家实体店,因而遇到发展瓶颈。

电子商务能否为芬芳鲜花店解决经营中遇到的问题呢?经过分析,建设网上花店就可以帮助芬芳花店降低经营成本、扩大销售规模。有了网上花店,即使是距离较远的客户,只要在网上轻点鼠标就可以直接订购鲜花。距离远近不再成为问题,客户得到了方便和实惠,自然会产生上网订购鲜花的动力,对芬芳花店来说无须加开分店就可以有效扩大销售规模。在成本控制方面,有了网上订购,芬芳花店就可以改变目前先进货后销售的业务流程,直接根据客户的订单按需进货。既能满足客户的需要,又能做到进货与销售之间的偏差可控,降低鲜花损耗,从而达到降低成本的目的。

经过分析还发现,电子商务也有助于芬芳鲜花店拓展新的配套业务。芬芳鲜花店可以在网上花店使用图片、动画等手段展示并销售礼品、贺卡、饰品等其他商品,拓宽花店经营的种类和范围。

2.4.2 电子商务业务需求分析过程中需注意的问题

1) 做企业需求分析时必须考虑商机的可达性,应避免空中楼阁式的伪需求

通过需求分析发现的电子商务给企业带来的商机必须具备一定的可达性,站在企业的角度要既能看得见,又能摸得着,否则"即使蛋糕客观存在,但不具备吃蛋糕的条件"。这一需求也是不切实际的伪需求,后面所有围绕这一不可能实现的需求而展开的项目设计都将成为空中楼阁,变得毫无意义。

2) 应结合调研实际说明实施电子商务对企业有哪些好处,避免脱离企业实际业务空谈电子商务项目需求

理论上说,电子商务能为企业带来多项收益,如帮助企业提高效率、降低成本、扩大销售范围、增加销售量、提高客户服务水平、提升品牌知名度等。但是不同的企业基于其业务和发展现状不同所能得到的收益是有区别的。例如,电子商务能够降低企业成本,有的企业通过网上订货系统,可以按需组织生产和货源,减少材料的损耗,从而降低成本;有的企业通过网上销售,其产品可以直接和消费者见面,减少中间环节,减少对销售人员的需求,降低渠道销售费用;有的企业通过建设商务网站,无须增加营业场地就可以展示更多的产品,降低场租费用;有的企业将传统管理过程中许多人工处理的业务通过计算机和互联网自动完成,从而降低人工费用;还有的企业利用网上促销来降低促销费用。

所以一定要结合企业的实际业务来分析电子商务能帮助企业解决哪些问题,带来什么商机,这样的分析才具有说服力。

3) 企业需求分析不能只考虑企业本身是否有电子商务项目需求,还要考虑企业的产品和服务是否适合采用电子商务方式

在企业生产经营的商品中,不同的商品对于消费者来讲,在选购和决定购买的行为上是有区别的,并不是所有的商品都适宜于网上销售。因而在企业需求分析的过程中,不仅要看企业是否有电子商务项目需求,同时也要根据企业产品特色来选择电子商务的业务。

2.4.3 电子商务项目业务流程分析

1) 业务流程分析的内容

业务流程分析首先要了解现有业务的具体过程,然后根据电子商务目标定位的要求,修改其中不合理的部分,进行业务流程优化,构造适应于电子商务模式的核心业务流程。业务流程分析主要包括以下内容:

(1) 原有流程的分析　分析原有业务的整个处理过程,了解原有业务的流程,确认各个

处理过程是否具有存在的价值,哪些过程不尽合理,哪些需要进行改进或优化。

(2) 业务流程的优化　原有业务流程中不尽合理的部分,或者与电子商务活动不相适应的过程,可以按业务流程重构的原则进行优化。

(3) 确定新的业务流程　以文字说明电子商务下的核心业务流程,并绘制业务流程图。

2) 业务流程图的绘制方法

业务流程图是一种描述企业内各部门之间业务关系、作业顺序和管理信息流向的图表,是描述和分析系统业务流程的重要工具。业务流程图的基本图形符号非常简单,只有5个,如图2.4.1所示,其意义和作用解释如下:

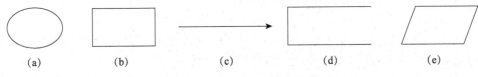

图 2.4.1　业务流程图形符号

(1) 业务处理单位　用圆圈符号表示[图2.4.1(a)],里面注明某项业务发自或交由处理的部门或单位。

(2) 业务处理功能描述　用方框符号表示[图2.4.1(b)],里面注明该环节处理的业务内容。

(3) 业务过程联系　用箭头线符号表示[图2.4.1(c)],用于连接业务处理过程,箭头说明业务处理顺序或管理信息的流向。

(4) 存储文件　用右侧不封口的方框符号表示[图2.4.1(d)],里面注明存储信息的内容。

(5) 输出的信息　用报表符号表示[图2.4.1(e)],里面注明在此输出什么信息(如报表、报告、文件和图形等)。

例如,某工厂成品库管理的业务过程如下:

成品库保管员按车间送来的库单登记库存台账。发货时,发货员根据销售科送来的发货通知单将成品出库并发货,同时填写三份出库单,其中一份交给成品库保管员,由他按此出库单登记库存台账,出库单的另外两份分别送销售科和会计科。成品库管理的业务流程如图2.4.2所示。

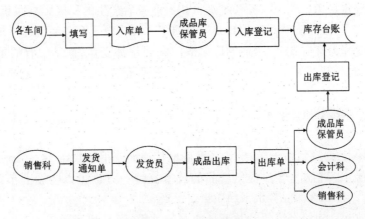

图 2.4.2　业务流程图

2.5 电子商务项目经济效益需求分析

企业通过电子商务项目获得的效益可以从直接经济效益和间接经济效益两方面进行分析。

2.5.1 直接经济效益

直接经济效益是指电子商务系统建成运行后所产生的经济效益。电子商务的直接经济效益主要包括以下几个部分：

（1）扩大销售量　通过电子商务，企业产品可以打破地域限制，有更多的市场空间和交易机会，能够扩大销售量，为企业获取更多的利润。

（2）提高时效效益　通过电子商务能够使商务周期加快，使商家提前回笼资金，加快资金周转，使单位时间内一笔资金能从事多次交易，从而增加年利润。

（3）销售广告版位　知名度高的电子商务系统的网站可以通过出售广告版位来获得利润。

（4）降低管理成本　通过电子商务使用电子手段和电子货币等，大大降低了管理的书面形式费用。

（5）降低库存成本　大量的库存意味着企业流动资金的占用以及仓储面积的增加。利用电子商务可以有效地管理企业库存，降低库存成本，这是电子商务企业的生产和销售环节中最突出的特点。

（6）降低采购成本　利用电子商务进行采购，可以提高劳动效率和降低采购成本。

（7）降低交易成本　虽然企业从事电子商务需要一定的投入（如域名、软件系统和硬件系统的维护费用），但是与其他销售形式相比，使用电子商务进行交易其成本将会大大降低。

2.5.2 间接经济效益

间接经济效益是指由电子商务系统进行相关业务后产生的积极影响而获取的收益。相比直接经济效益，间接经济效益的估算要困难得多。因为电子商务系统通过提高管理水平、增强反应和应变能力等方式，使企业的许多部门和岗位都受益，这其中有的是有形的，有的是无形的，要对此做出准确估计的难度相当大，电子商务的间接效益主要包括以下几个方面：

（1）提高工作效率和管理水平所带来的综合效益。

（2）提高企业品牌知名度所带来的综合效益。

（3）实施电子商务后，由于信息迅速、准确地传递而获得的收益。

（4）企业通过互联网为客户提供产品的技术支持一方面可以为企业节约客户服务费用，另一方面可以提高客户服务水平和质量。

直接经济效益和间接经济效益并不是独立的关系，而是相互影响的。对于电子商务项目来说，有时候间接经济效益的比重反而更大。

2.6 电子商务非功能需求分析

软件产品的需求可以分为功能性需求和非功能性需求,其中非功能性需求常常是被轻视,甚至被忽视的一个重要方面。其实,软件产品的非功能性定义不仅决定产品的质量,还会在很大程度上影响产品的功能需求定义。如果事先缺乏很好的非功能性需求定义,结果往往是使产品在非功能性需求面前捉襟见肘,甚至淹没功能性需求给用户带来的价值。

下面对软件产品的非功能性需求的某些指标加以说明:

1) 系统的完整性

系统的完整性是指为完成业务需求和系统正常运行本身要求而必须具有的功能,这些功能往往是用户不能提出的,典型的功能包括联机帮助、数据管理、用户管理、软件发布管理和在线升级等。

2) 系统的可扩充性和可维护性

系统的可扩充性和可维护性是指系统对技术和业务需求变化的支持能力。当技术变化或业务变化时,不可避免地会带来系统的改变。不仅要进行设计实现的修改,甚至要进行产品定义的修改。好的软件设计应在系统架构上考虑以尽量少的代价适应这种变化,常用的技术有面向对象的分析与设计、设计模式。

3) 技术适应性与应用适应性

系统的适应性与系统的可扩充性和可维护性的概念相似,也是表现产品的一种应变能力,但适应性强调的是在不进行系统设计修改的前提下对技术与应用需求的适应能力,软件产品的适应性通常表现为产品的可配置能力。好的产品设计可能要考虑到运行条件的变化,包括技术条件(网络条件、硬件条件和软件系统平台条件等)的变化和应用方式的变化,如在具体应用中界面的变化、功能的剪裁、不同用户的职责分配和组合等。

2.7 需求建议书的准备与发布

一般来说,企业领导层一旦批准了电子商务项目建议书,也就表明企业确认了对该项目的需求。接下来的事就是如何满足这一需求。

当一个企业确认了电子商务的需求之后,如何以最佳的途径来满足这一需求?通常人们习惯于口头征询实施方案。在很多情况下,企业(尤其是中小企业)喜欢用口头的、非正式的联系与交流方式来征询方案。但随着网络经济的发展、商业活动节奏的加快、市场竞争的激烈、商业伙伴数量和项目复杂性的增加,准备正规的需求建议书显得越来越重要,特别是大型的电子商务项目,一般都要求正式招标。

2.7.1 什么是需求建议书

需求建议书(Request For Proposal,RFP)是项目客户与承约商建立正式联系的第一份书面文件,也叫招标书。需求建议书一般由项目的客户起草,主要描述客户的需求、条件以及对项目任务的具体要求,向可能的承约商发送。

准备需求建议书的目的,是从客户的角度全面、详细地论述发展电子商务项目的目标和要求。通过需求建议书,能够使承约商或项目团队理解客户所希望的是什么,以便让他们准备一份全面的项目申请书,以可行的价格满足客户的需求。

2.7.2 需求建议书的主要内容

1) 工作表述

工作表述就是说明项目的工作范围,概括客户要求承约商或项目团队执行的任务或工作单元,说明项目所涉及的各种事情哪些必须由承约商或项目团队去完成,哪些由客户自己去做。如建设一个网站,所需设备的采购任务,是由客户自己完成,还是由承约商去完成;企业网站上的页面文字,是客户自己撰写,还是由承约商撰写等等。

2) 任务要求

需求建议书必须要具体规定承约商需要完成的任务的规格和特征,如要求涉及大小、数量、颜色、重量、速度和其他承约商提出的解决方案所必须满足的物理参数和操作参数。例如,建立一个企业网站,可能要求在 1 000 人同时访问的情况下不会产生堵塞的感觉,网站的浏览页面不低于多少;建立一个自动结账和收款系统,可能要求每天能办理 12 000 次交易的功能和其他特定的功能,如在开出了发票的 30 天内没有收到账款,就会自动产生催款通知。

具体的任务要求,可能会用作将来的验收标准。

3) 交付物

交付物就是承约商所提供的实体内容,这在需求建议书中应该说明。例如,对于自动结账和收款系统来说,客户可能要求承约商提供硬件(计算机)、软件(磁盘和一些印刷品)、操作手册和培训课程。交付物也可能包括客户要求承约商提供定期进度报告或终期报告。

4) 客户供应条款

需求建议书还应该列出客户的供应条款。例如,客户需要建立一个网站,可能需要向承约商提供公司内部的组织结构及各部门之间业务关系的详细说明,包括信息流程的类型、信息流量和发生频率等。

5) 表述客户对需求的确认

需求建议书不是对客户需求的最后确认。最后的确认应该在对承约商提出的方案进行评估之后。例如印刷宣传手册,可能在开机之前要经过客户审定;局域网的建设,在购买材料和设备之前,客户必须审定承约商的技术方案。这一点在需求建议书中必须向承约商说明白。

6) 期望的合同类型

合同可以按固定价格订立。这样,承约商实际上就是费用包干。客户只给固定的价钱,不管承约商实际工作花费多少。承约商必须保证功能的实现和质量要求,超支的风险由承约商负担。

合同也可以规定承约商不承担风险,即在时间、原材料限制的条件下,不论实际成本多少,都会给承约商特定的报酬,也就是所谓包工不包料。在我国现阶段的条件下,由于质量检验和资信度水平不高,这种合同比较普遍。

在需求建议书中,最好说明客户是希望采用那种类型的合同。

7) 期望的付款方式

付款方式可以分为一次性付款和分阶段付款；在开始前付款和结束后付款。一般依项目的性质来定付款方式。如网页制作，往往在项目末期付款；而架设局域网，一般在方案确认后，付款 30%以便承约商采购，工程结束验收后付满 90%，留 10%等到使用一段时间以后确认无问题时付清。具体付款方式需要合同双方协商，但在需求建议书中，客户应该先提出自己的期望付款方式。

8) 要求的进度计划

进度计划的要求可能很粗，如要求在 6 个月内完成；也可以详细一些，如多长时间内完成方案设计和审定，多长时间内完成硬件选购与安装，多长时间内完成软件研制、测试与安装，最后承约商在系统安装调试后，在多长时间内提交所有的系统文件和操作培训。

9) 申请书的格式和内容提示

为了便于在几个承约商之间进行比较和评价，申请书应该在形式上采取同一个格式，内容的结构也应该一致。这样对不同的申请者来说比较公平，也能减轻客户在评审时的工作量。客户在需求建议书中可以限定申请书的每一部分采用的文字数量或页数。

10) 提交申请书的最后期限

申请书受理的截止日期是必须要交代清楚的。例如，要求承约商在接到需求建议书后多少个工作日之内（如 1 周之内、1 个月之内等）提交申请书，或大家一律在某月某日之前提交申请书。这样做的目的是便于同时对众多的申请者进行比较、评估，也是为了保持公正，不给某些承约商以额外的时间和机会。

11) 对申请书的评价标准

要告诉承约商客户将根据哪些准则来评价他提交的申请书。这样做的目的，是指导承约商写好申请书。一般评价标准包括 4 个方面的内容：

(1) 承约商在类似项目中的经验　如他们近期是否在预算内按期完成了类似的项目，客户对他们是否满意？

(2) 承约商提出的技术方案是否合适　如采用哪种类型的计算机软件？数据库的设计方法是什么？用来建立管理信息系统的是哪种语言？采用哪些供应商的设备？等等。

(3) 进度计划　承约商是否能按照所要求的进度完成项目计划？

(4) 成本　如承约商的报价是否合理？成本预算中有无漏算的条款？将来在执行时有没有可能出现超支，或有无可能因过于节约而导致质量不能保证？有的申请人为了争取合同，在报价上压低成本，到了执行阶段，或偷工减料，或增加成本，结果导致所建系统的缺陷很多，或使最终成本大大超出原始的估算。对此需要引起注意。

12) 资金总量

客户有多少资金可以用于发展拟议中的电子商务项目，承约商总是希望了解这一点，但客户在需求建议书中，往往不愿意透露这个信息。其实，客户暗示大约的数字，告诉承约商他打算花多少钱来办这件事是有好处的，这样可以使承约商能够提交与资金水平相适应的申请书，提高在项目准备阶段的工作效率。

2.7.3　申请书的征集对象

需求建议书准备好之后，客户就会通知那些可能有兴趣并且有能力完成需求建议书中所提任务的潜在承约商,让他们提交申请书。这就是征集申请书的过程。客户进行此项工作的一般方法有两种:第一种是提前选出一组承约商,给他们每人送一份需求建议书;第二种是客户在有关的报纸杂志上做广告,请有兴趣的承约商前来索取需求建议书。

鉴于我国电子商务的发展历史和近年来的具体情况,有条件成为电子商务项目承约商的征集对象可以很多,大体有:

(1) 电子技术开发公司。
(2) 计算机应用开发公司。
(3) 信息技术研究开发机构。
(4) 网络集成与咨询服务公司。
(5) 现代商务技术开发公司。
(6) 大学里的研究所或研究中心。
(7) 有相关专业特长的技术人员个人。
……

对中小企业来说,由于在电子商务项目上的投资不可能很大,考虑将来系统的维护、更新和升级方便,还考虑经常性的咨询和培训的需求,电子商务项目的承约商应该尽量在本地选择;再考虑本行业的发展变化很快,企业的淘汰率很高,所以应选择实力较强的大公司或外地大公司在本地的分支机构,这样可能会得到较为长久的技术支持和售后服务。高等院校的研究机构一般也具有较强的稳定性、责任性和技术支撑,可以视同于大公司。

衡量一个承约商是否有实力,也可以从新闻媒体的广告中去分析。一般来说,广告做得多、做得好的公司是处于上升通道中的公司,比较珍惜自己的形象,责任感较强,经济实力也比较雄厚,财务状况一般良好。因此从近期报纸杂志的广告中去收集征集对象的信息、寻找合作伙伴,是一个切实可行的办法。

2.7.4 征集申请书的注意事项

应该把从发出需求建议书到处理申请书的过程看成是一种处理竞争的过程。客户应注意不要只给一个或几家承约商提供信息,而应把信息提供给所有感兴趣的承约商。因此,在申请书的确立阶段,客户不得个别回答准备申请的承约商的问题,以避免给某些承约商提供不公平的竞争优势,防止别的承约商无法得到同样信息的情况。

需要说明的是,并不是所有电子商务项目周期都包括书面需求建议书的准备和随后的承约商申请。有时可以从界定需要做什么而直接进入项目生命周期的执行阶段,在这个阶段里计划和执行项目以满足需求。这种超越需求建议书和申请书这两个步骤的情况在中小项目上是很常见的。例如,当公司决定发起和执行一个项目以满足一定的需求、解决特定的问题时,公司可能会用自己的人员和项目团队而不是用外部承约商。

还有一些伸缩性比较大的电子商务项目,在正式的需求建议书中可以不写出具体要求,但是客户要与几个可能的承约商同时沟通。

但是,对任何一个电子商务项目来说,不管它是有条理的、正式的,还是非正式的,都开始于对问题或机会的研究和需求识别。客户将自己的需求明确地告诉潜在的承约商,承约商则根据客户所限定的工作范围(书面或口头限定)和要求,制订完成所需事项的进度计划,并在此基础上进行预算,以便让客户进行选择和决策。

2.8 电子商务项目需求说明书

需求分析阶段的成果就是需求分析报告。需求分析报告是下一步进行设计及实现系统的纲领性文件。项目需求分析报告不仅要能够充分描述调查的结果,而且还要能反映项目分析的结果和项目的逻辑方案。项目分析报告形成后,必须组织各方面的人员(主要包括组织的领导、管理人员、专业技术人员和系统分析人员等)一起对已经形成的逻辑方案进行论证,尽可能地发现其中的问题、误解和疏漏。对于问题、疏漏要及时纠正,对于有争论的问题要重新核实当初的原始调查资料或进一步地深入调查研究,对于重大的问题可能需要调整或修改系统目标的,须重新进行系统分析。需求分析报告的内容主要包括以下几个方面:

1) 概述

主要是对企业和欲开发系统的基本情况做概述性的描述。应该包括以下几点:

(1) 欲建系统的背景材料。

(2) 企业概况和组织结构。

(3) 电子商务系统开发的目标。

2) 业务需求

对每个业务进行业务描述、审查依据、申报条件、输入数据、输出数据、业务处理过程、处理时限、业务指导科室和业务流程图的梳理和确认。对项目动态管理过程进行阶段划分和描述。

(1) 业务描述。

(2) 输入数据。

(3) 输出数据。

(4) 资料附件。

(5) 业务处理过程。

(6) 业务流程图。

3) 功能分析

功能分析是在业务分析的基础上,从软件功能实现的角度对电子商务系统进行模块划分,把电子商务系统分为功能相对独立但又彼此联系的功能子系统,并提出各子系统的功能需要,这是下一阶段系统分析和设计过程的设计依据。

(1) 功能模块划分。

(2) 功能需求描述(对划分好的每个子系统功能进行分别描述)。

4) 非功能需求分析

在功能需求以外,还需要电子商务系统能够做到系统运行稳定,功能完整实用,操作方便易用,具有充分的扩展性和前瞻性。

(1) 系统的完整性需求。

(2) 系统的可扩充性和可维护性需求。

(3) 系统的性能需求。

5) 系统实施计划

系统的需求提出后,需要对系统进行任务分解,由专人分工负责,并制定各项工作的开始和结束时间,逐项列出项目所需要的劳务以及经费的预算,同时提出项目需要的软件、硬件和数据等资源。

(1) 工作任务的分解。
(2) 时间进度计划。
(3) 经费预算。
(4) 资源需求。
6) 参考文献

列出有关资料的作者、标题、编号、发表日期、出版单位或资料来源,可包括以下几个方面:
(1) 项目经核准的计划任务书、合同或上级机关的批文。
(2) 与项目有关的已发表资料。
(3) 文档中所引用的资料,所采用的软件标准或规范。

【本章小结】

电子商务项目进行需求识别与分析是电子商务项目运作的重要环节。本章从行业与目标市场分析开始,对企业自身进行分析,从而识别企业的电子商务需求。在此基础上,详细地介绍了如何识别电子商务需求、电子商务项目业务需求分析、经济效益需求分析以及非功能需求分析。本章后面部分着重介绍了电子商务项目需求计划书的准备与发布以及如何撰写电子商务项目需求说明书。

【应用案例】

随着消费升级逐渐崛起,"直播""网红经济""消费升级"等关键词一夜成名,更使理性的中产阶层成为主流。强调情感与精神消费的"悦己"经济迅速走红,"中国式消费"甚至撑起了经济增长的半边天。

"互联网+鲜花"看似并不是一笔美好的生意,同生鲜电商一样属于易腐品,却有比它更加严苛的冷链要求,温度要始终控制在2~8℃;既要讲小众的情怀,又要符合大众的审美;从整个供应链来看,上游庞大的花卉种植基地,下游零散碎片化的花店和顾客,或是中间损耗极大的物流配送,哪一块都是硬骨头,整合的难度显而易见。

2016年10月,曾任知名电商企业CEO的朱小姐决定开始创业,她带着"提升幸福感"的初心,创立了主打订阅式配送的鲜花电商"花点时间"。"花点时间"采用最典型的"每周一花"模式,在订阅号中,用户预定最少一个月的鲜花,随后将在每周一或周六收到不同主题的花束。与其他鲜花平台类似,"花点时间"的页面也往往由小清新的文字和唯美的图片组成。除了服务号,朱小姐还专门开设了一个自媒体号"花点时间吧",记录鲜活有趣的生活。

订阅式鲜花消费的创新之处在于,它能够培养用户日常消费鲜花的习惯,提高C端复购率,并且通过数据收集反馈到上游,从而在一定程度上解决行业的普遍问题。既要"颜值"又要"平价",这给鲜花电商带来不小的难题。

当用户满怀热情地下单订阅后,如果收到一份貌不惊人、甚至略有萎靡的花束,再美好的情怀也会被现实击碎。哪怕一个细小的瑕疵,也可能给用户体验带来折扣。朱小姐为此推出了互联网保险产品"鲜花保鲜险"。用户在"花点时间"下单,"花点时间"自动为其投保。一旦出现了鲜花质量问题,用户可以通过"花点时间"鲜花保鲜险直通按钮,上传图片,经系统验证后,用户就可以获得赔付。

根据用户投诉的产品质量问题类型和严重程度,"花点时间"划分了三级投诉级别,按照单束花材金额进行梯次赔付。如问题花材占比超整束花材的40%，消费者可获最高赔率100%的赔付。

"花点时间"拥有1.35万平方米的现代化鲜花加工厂，并且单平方米生产效率是行业平均水平的4倍。另外，"花点时间"还要经历供应商选择、11次质检、16道工序、几千公里的恒温辗转。同时，为了最大限度地保鲜，他们在一年里在全国布局了7个仓，每个仓覆盖周边的2~3个省份。就这样，靠着"仓储＋落地配送"的方式，"花点时间"已经覆盖了全国将近300个城市。

思考题

1. 识别电子商务的需求有什么意义？
2. 如何发现企业对电子商务的需求？
3. 哪些因素可能导致企业产生电子商务的需求？
4. 除了文中所述8个因素导致企业会产生对电子商务的需求以外，还有没有其他可能的因素？
5. 试编制一份检查企业战略目标与实施计划的调查问卷。
6. 试编制一份对企业电子商务技术现状进行评估的调查问卷。
7. 讨论：一个企业在4种基本选择中作出怎样的选择，就有可能存在发展电子商务项目的机会？
8. 需求建议书是客户的文件还是承约商的文件？
9. 有人说，编制电子商务项目需求建议书的过程，就是企业对开展电子商务的需求进行识别和明确的过程，这话对不对？
10. 某玩具厂商需要建立一个电子商务网站，请为该企业准备一份需求建议书。
11. 在编制上题所述需求建议书的过程中，你感到缺少哪些信息？
12. 征集申请书一般有哪些方式？
13. 列举5个你所了解的电子商务项目承约商公司或其他机构。
14. 是不是所有的电子商务项目都要准备书面的需求建议书？
15. 举一个超越需求建议书和申请书这两个步骤的电子商务项目的例子。

实训内容

结合"互联网＋鲜花"项目拟订调研计划，并进行需求识别调研和撰写"互联网＋鲜花"项目需求说明书。

3 电子商务项目可行性分析

【开篇案例】

二手书,是指已经经过阅读、使用过的书籍,它必须经过一个交换、交易的过程才称其为二手书,单纯个人私藏或者馆藏的、阅读过多次的图书不能称为二手书。"低碳经济"是时下热点的话题之一,我国人均能源资源拥有量较低,探明量仅相当于世界人均水平的51%。先天不足再加上后天的粗放利用,在客观上迫使我们迅速发展"低碳经济"。高林作为21世纪的新一代大学生,积极响应国家号召,积极倡导"低碳经济"。

近期,高林的小组打算建设一个针对沙江大学城范围内的互联网二手书交易平台,二手书的买卖双方均可以在他们的网站上找到合适的交易对象。他们的网站建设主要包括建设网站的主页交易平台和二手书数据库。二手书卖家可以注册用户,将其要卖的二手书导入数据库,等待买方信息;买方可以在网站上搜索到自己想要购买的二手书并获取卖方的联系方式,之后的交易由买卖双方自行商定。他们的网站相当于一个二手书买卖双方的整合交易网站。

经过详细的讨论和任务分配之后,由高林负责进行项目的可行性研究,并给出具体的可行性研究报告。高林经过思考并理清思路之后,马上着手分析网上二手书书店所处的宏观环境、行业环境、市场特点、消费者需求等,并进行相应的市场调研以获得更深入的市场信息,同时对网上二手书书店进行了详细的分析。

3.1 可行性研究概述

可行性研究是一个综合的概念,它是一门运用多学科的知识,寻求使投资项目达到最好经济效益的综合研究方法。企业在准备任何投资项目之前,都要进行可行性研究。不管这种研究是正式的还是非正式的,是明确地安排有关人员去做,还是有关人员自发地去研究,这类工作实际上都在发生。对电子商务项目的客户来说,可行性研究是企业在投资决策前的一个必经过程,这是在一个企业内部发生的过程。这个过程的结果,是产生一份可行性研究报告,供企业董事会讨论决定是否采纳。电子商务的解决方案必须经过可行性论证才能被客户最终接受并付诸实施。承约商要提出使客户满意的电子商务解决方案,也需要遵循可行性研究的评判准则,对所提的方案进行可行性论证。所以,可行性研究的原理、方法和内容,对运作电子商务项目的人来说,都必须了解和掌握。

3.1.1 可行性研究的目的与工作程序

可行性研究的目的是为了减少投资失误。可行性研究的任务是以市场为前提,以技术为手段,以经济效益为最终目标,对拟建的投资项目在投资前全面、系统地论证该项目的必要性、可能性、有效性和合理性,对项目作出可行或不可行的评价;主要通过对项目必要性和技术经济条件进行综合分析,考查该投资项目经济上获益的可能性。可行性研究要回答的问题是:投资条件是否成熟,技术水平是否适宜,经济上投入产出是否合算,怎样可以规避风险、达到最佳效益。

可行性研究有规范的工作程序:

首先,对本行业电子商务的现状进行调查研究,分析评估本企业对电子商务的真实需求,避免盲目投资,造成企业资源的浪费。

其次,从调查和预测入手,对项目的技术路线进行研究和评估,确保项目的技术适合于企业的实际情况,能够解决企业的问题。

再次,研究技术集成方案,项目所选用的工艺技术、机器设备和电脑软件要先进适用、搭配合理、综合性能好、性价比高。

最后,在进行财务测算的基础上,分析在财务上的可行性和该项目的投资效益。

3.1.2 可行性研究的类型及基本要求

可行性研究一般分为3个类型,即机会研究、初步可行性研究和正式可行性研究。这3个类型的分析一般依次进行,从而构成了一个从粗到精、由表及里、逐步深化的过程。

1) 机会研究

机会研究主要是鉴别投资机会,其目的是对拟建的电子商务项目的机会作粗略的研究和估计,侧重于研究企业对电子商务的需求和导入电子商务的市场机遇,分析项目的可能性和必要性。

机会研究一般包括对项目的背景、发展趋势、基础条件、引进技术的可能性等方面的研究,重点在于研究项目的主要投资方向,有时也包括研究投资来源渠道及其可能性。机会研究大多借助于现有的经济技术资料进行,以定性为主。如果研究的结果表明没有投资的必要,则可行性研究就到此为止;如果有较大的投资机会,则转入下一步研究。由于机会可行性研究更多的属于一种简单的判断性研究,因而其对投资额的估算误差较大,一般误差在 $\pm 30\%$ 之内,就算达到要求。

2) 初步可行性研究

当对拟定的电子商务项目进行了机会研究之后,认为有进行投资的必要性,这时就需要进行深入的调查研究,提出较完整的投资设想方案(包括技术方案),这就是初步可行性研究。初步可行性研究涉及面较广,包括企业所属行业的电子商务发展趋势预测,拟投资的电子商务项目的技术构成和规模,系统建成以后企业的竞争优势分析等。此阶段已不能停留在一般的定性分析,要对投资项目的各个方面进行定量测算。初步可行性分析的结果要有一定的精度,对投资额的估算误差一般应在 $\pm 20\%$ 以内。

3) 正式可行性研究

对大型的复杂的电子商务项目,如果经过初步可行性研究以后,经过专家论证认为可行,还要花费更大的力量进行更精确的可行性研究,称正式可行性研究,编制最终可行性研究报告。正式可行性研究,要为投资项目提供技术、经济等方面的充足依据,提出具体的支出预算数字,提供实施计划的详细进度,并对投资的回收作出较精确的预测。正式可行性研究对投资额的估计误差应在±10％以内。

机会研究、初步可行性研究和正式可行性研究,仅仅是在分析的精确程度上要求不同,三者在研究的内容方面大体是一致的,都应该包括必要性研究、技术可行性研究和经济可行性研究,要做系统的财务经济效益评价。

3.2 可行性分析的内容

3.2.1 PEST 宏观环境分析

宏观环境又称一般环境,是指影响一切行业和企业的各种宏观力量、因素。对宏观环境因素做分析,不同行业和企业根据自身特点和经营需要,分析的具体内容会有差异,但一般都对政治(Political)、经济(Economic)、社会(Social)和技术(Technological)这四大类影响企业的主要外部环境因素进行分析,称之为 PEST 分析法,如图 3.2.1 所示。

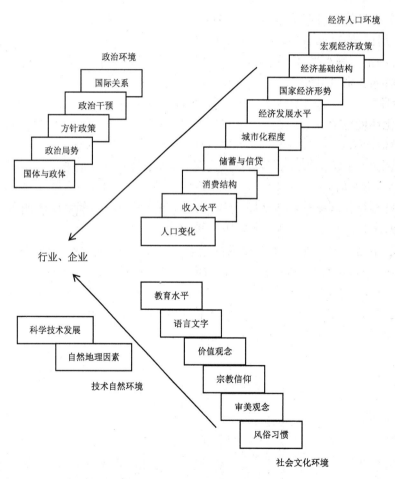

图 3.2.1　PEST 分析图

下面具体对 PEST 分析法中的具体影响因素进行分析:

1) 政治环境

政治环境包括一个国家的社会制度,执政党的性质,政府的方针、政策、法令等。不同的国家有着不同的社会性质,不同的社会制度对组织活动有着不同的限制和要求。即使在社会制度不变的同一国家,由于不同时期执政党的不同,其政府的方针特点、政策倾向对组织活动的态度和影响也是不断变化的。

重要的政治法律变量包括执政党的性质、政治体制、经济体制、政府的管制、税法的改变、各种政治行动委员会、专利数量、专利法的修改、环境保护法、产业政策、投资政策、国防开支水平、政府补贴水平、反垄断法规、与重要大国关系、与其他地区关系、对政府进行抗议活动的数量与严重性及地点、民众参与政治行为等。

2) 经济环境

经济环境主要包括宏观和微观两个方面的内容。宏观经济环境主要是指一个国家的人口数量及其增长趋势,国民收入、国民生产总值及其变化情况以及这些指标反映的国民经济发展水平和发展速度。微观经济环境主要是指企业所在地区或所服务地区的消费者收入水平、消费偏好、储蓄情况、就业程度等因素。这些因素直接决定着企业目前及未来的市场大小。

重要的关键经济变量包括 GDP 及其增长率、中国向工业经济转变、贷款的可得性、可支配收入水平、居民消费(储蓄)倾向、利率、通货膨胀率、规模经济、政府预算赤字、消费模式、失业趋势、劳动生产率水平、汇率、证券市场状况、外国经济状况、进出口因素、不同地区和消费群体间的收入差别、价格波动、货币与财政政策。

3) 社会环境

社会文化环境包括一个国家或地区的居民教育程度和文化水平、宗教信仰、风俗习惯、审美观点、价值观念等。文化水平会影响居民的需求层次;宗教信仰和风俗习惯会禁止或抵制某些活动的进行;审美观点则会影响人们对组织活动内容、活动方式以及活动成果的态度;价值观念会影响居民对组织目标、组织活动以及组织存在本身的认可与否。

关键的社会文化因素包括妇女生育率、人口结构比例、性别比例、特殊利益集团数量、结婚数、离婚数、人口出生和死亡率、人口移进移出率、社会保障计划、人口预期寿命、人均收入、生活方式、平均可支配收入、对政府的信任度、对政府的态度、对工作的态度、购买习惯、对道德的关切、储蓄倾向、性别角色、投资倾向、种族平等状况、节育措施状况、平均教育状况、对退休的态度、对质量的态度、对闲暇的态度、对服务的态度、对外国人的态度、污染控制、对能源的节约、社会活动项目、社会责任、对职业的态度、对权威的态度、宗教信仰状况以及城市、城镇和农村的人口变化。

4) 技术环境

技术环境除了要考察与企业所处领域活动直接相关的技术手段的发展变化外,还应及时了解下列内容:

(1) 国家对科技开发的投资和支持重点。
(2) 该领域技术发展动态和研究开发费用总额。
(3) 技术转移和技术商品化速度。
(4) 专利及其保护情况等。

3.2.2 波特五力模型分析

波特五力模型由迈克尔·波特(Michael Porter)于20世纪80年代初提出,将大量不同的因素汇集在一个简便的五因素模型中(如图3.2.2所示),以此分析一个行业的基本竞争态势。该模型对企业战略制定产生了全球性的深远影响。五种力量模型确定了竞争的五种主要来源,即供应商和购买者的讨价还价能力、潜在进入者的威胁、替代品的威胁、来自同一行业公司间的竞争。一种可行战略的提出首先应该包括确认并评价这五种力量,不同力量的特性和重要性因行业和公司的不同而变化。

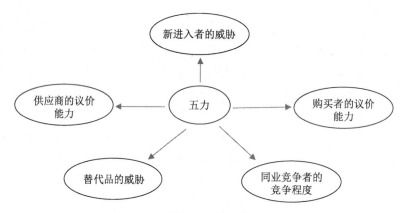

图3.2.2 "波特五力模型"分析图

1) 供应商的议价能力

供方主要通过提高投入要素的价格与降低单位价值质量的能力,来影响行业中现有企业的盈利能力与产品竞争力。供方力量的强弱主要取决于他们所提供给买主的是什么投入要素。当供方所提供的投入要素其价值构成了买主产品总成本的较大比例、对买主产品生产过程非常重要、严重影响买主产品的质量时,供方对于买主的潜在讨价还价力量就大大增强。一般来说,满足如下条件的供方集团会具有比较强大的讨价还价能力:

(1) 供方行业被一些具有稳固市场地位而不受市场激烈竞争的企业所控制,其产品的买主很多,以至于任一单个买主都不可能成为供方的重要客户。

(2) 供方各企业的产品各具有一定特色,以至于买主难以转换或转换成本太高,或者很难找到可与供方企业产品相竞争的替代品。

(3) 供方能够方便地实行前向联合或一体化,而买主难以进行后向联合或一体化。

2) 购买者的议价能力

购买者主要通过压价与要求提供较高的产品质量或服务质量的能力,来影响行业中现有企业的盈利能力。一般来说,满足如下条件的购买者会具有较强的讨价还价能力:

(1) 购买者的总数较少,但每个购买者的购买量较大,能占卖方销售量的很大比例。

(2) 卖方行业由大量相对来说规模较小的企业所组成。

(3) 购买者所购买的基本上是一种标准化产品,同时在经济上也允许其向多个卖主购买产品。

(4) 购买者有能力实行后向一体化,而卖主不可能实行前向一体化。

3)新进入者的威胁

新进入者在给行业带来新生产能力、新资源的同时,也希望在已被现有企业瓜分完毕的市场中赢得一席之地,这就有可能会与现有企业发生原材料与市场份额的竞争,最终导致行业中现有企业盈利水平降低,严重的话还有可能危及这些企业的生存。竞争性进入威胁的严重程度取决于两个方面的因素,即进入新领域的障碍大小与预期现有企业对于进入者的反应情况。

进入障碍主要包括规模经济、产品差异、资本需要、转换成本、销售渠道开拓、政府行为与政策(如国家综合平衡统一建设的石化企业)、不受规模支配的成本劣势(如商业秘密、产供销关系、学习与经验曲线效应等)、自然资源(如冶金业对矿产的拥有)、地理环境(如造船厂只能建在海滨城市)等方面,这其中有些障碍很难借助复制或仿造的方式来突破。预期现有企业对进入者的反应情况,以及采取报复行动的可能性大小,主要取决于有关厂商的财力情况、报复记录、固定资产规模、行业增长速度等。总之,新企业进入一个行业的可能性大小,取决于进入者主观估计进入所能带来的潜在利益、所需花费的代价与所要承担的风险这三者的相对情况。

4)替代品的威胁

两个处于同行业或不同行业中的企业,可能会因所生产的产品互为替代品,而导致在它们之间产生相互竞争行为,这种源自于替代品的竞争会以各种形式影响行业中现有企业的竞争战略。首先,现有企业产品售价以及获利潜力的提高,将因市场中存在着能被用户接受的替代品而受到限制;第二,由于替代品生产者的侵入,使得现有企业必须提高产品质量,或者通过降低成本来降低售价,或者使其产品具有特色,否则其销量与利润增长的目标就有可能受挫;第三,源自替代品生产者的竞争强度,受产品买主转换成本高低的影响。总之,替代品价格越低、质量越好、用户转换成本越低,其所能产生的竞争压力就越强;而这种来自替代品生产者的竞争压力的强度,可以具体通过考察替代品销售增长率、替代品厂家生产能力与盈利扩张情况来加以描述。

5)同业竞争者的竞争程度

大部分行业中的企业,相互之间的利益都是紧密联系在一起的。作为企业整体战略一部分的各企业竞争战略,其目标都在于使得自己的企业获得相对于竞争对手的优势,所以,在实施中就必然会产生冲突与对抗现象,这些冲突与对抗就构成了现有企业之间的竞争。现有企业之间的竞争常常表现在价格、广告、产品介绍、售后服务等方面,其竞争强度与许多因素有关。

一般来说,出现下述情况将意味着行业中现有企业之间竞争的加剧。行业进入障碍较低,势均力敌竞争对手较多,竞争参与者范围广泛;市场趋于成熟,产品需求增长缓慢;竞争者企图采用降价等手段促销;竞争者提供几乎相同的产品或服务,用户转换成本很低;一个战略行动如果取得成功,其收入相当可观;行业外部实力强大的公司在接收了行业中实力薄弱企业后,发起进攻性行动,结果使得刚被接收的企业成为市场的主要竞争者;退出障碍较高,即退出竞争要比继续参与竞争代价更高。在这里,退出障碍主要受经济、战略、情感以及社会政治关系等因素的影响,具体包括:资产的专用性、退出的固定费用、战略上的相互牵制、情感上的难以接受、政府和社会的各种限制等。

行业中的每一个企业或多或少都必须应付以上各种力量构成的威胁,而且企业必须面对行业中的每一个竞争者的举动,除非认为正面交锋有必要而且有益处(如要求得到很大的市场份额),否则企业可以通过设置进入壁垒来保护自己。当一个企业确定了其优势和劣势时,企业必须进行定位,以便因势利导,而不是被预料到的环境因素变化所损害(如产品生命周期、行业增长速度等),然后保护自己并做好准备,以有效地对其他企业的举动做出反应。

根据上面对于五种竞争力量的讨论,企业可以采取尽可能地将自身的经营与竞争力量隔绝开来、努力从自身利益需要出发影响行业竞争规则、先占领有利的市场地位再发起进攻性竞争行动等手段来对付这五种竞争力量,以增强自己的市场地位与竞争实力。

3.2.3 SWOT分析

SWOT分析代表分析企业优势(Strength)、劣势(Weakness)、机会(Opportunity)和威胁(Threat)。因此,SWOT分析实际上是指对企业内外部条件的各方面内容进行综合和概括,进而分析组织的优劣势、面临的机会和威胁的一种方法。其中,优劣势分析主要是着眼于企业自身的实力及与竞争对手的比较上,而机会和威胁分析将注意力放在外部环境的变化及对企业的可能影响上。但是,外部环境的同一变化给具有不同资源和能力的企业带来的机会与威胁却可能完全不同。因此,两者之间又有紧密的联系。

1) 优势与劣势分析

当两个企业处在同一市场或者说它们都有能力向同一客户群体提供产品和服务时,如果其中一个企业有更高的赢利率或赢利潜力,那么就认为这个企业比另外一个企业更具有竞争优势。换句话说,所谓竞争优势是指一个企业具有超越其竞争对手的能力,这种能力有助于实现企业的主要目标——赢利。但值得注意的是,竞争优势并不一定完全体现在较高的赢利率上,因为有时企业更希望增加市场份额,或者多奖励管理人员或雇员。

竞争优势可以指消费者眼中一个企业或它的产品有别于其竞争对手的任何优越的东西,可以是产品线的宽度,产品的大小、质量、可靠性、适用性、风格和形象以及服务的及时、态度的热情等。虽然竞争优势实际上指的是一个企业比其竞争对手有较强的综合优势,但是企业应明确究竟在哪一个方面的优势更有意义。只有这样,才可以扬长避短,或者以实击虚。

由于企业是一个整体,并且竞争优势来源广泛,所以,在做优劣势分析时必须从整个价值链的每个环节出发,将企业与竞争对手做详细地对比。如产品是否新颖、制造工艺是否复杂、销售渠道是否畅通以及价格是否具有竞争性等。如果一个企业在某一方面或几个方面的优势正是该行业企业应具备的关键成功要素,那么该企业的综合竞争优势也许就强一些。需要指出的是,只能站在现有潜在用户角度上,而不是站在企业的角度上来衡量一个企业及其产品是否具有竞争优势。

企业在维持竞争优势过程中,必须深刻认识自身的资源和能力,采取适当的措施。因为一个企业一旦在某一方面具有了竞争优势,势必会吸引到竞争对手的注意。一般来说,企业经过一段时期的努力,可以建立起某种竞争优势;然后就处于维持这种竞争优势的态势,竞争对手开始逐渐做出反应;而后,如果竞争对手存在直接进攻企业的优势,或采取其他更为有力的策略,就会使这种优势受到削弱。

而影响企业竞争优势的持续时间,主要有3个关键因素:①建立这种优势要多长时间;②能够获得的优势有多大;③竞争对手做出有力反应需要多长时间。如果企业分析清楚了这3个因素,就会明确自己在建立和维持竞争优势中的地位。

2) 机会与威胁分析

随着经济、社会、科技等诸多方面的迅速发展,特别是世界经济全球化、一体化过程的加快,全球信息网络的建立和消费需求的多样化,使企业所处的环境更为开放和动荡,这种变化几乎对所有企业都产生了深刻的影响。正因为如此,环境分析成为一种日益重要的企业职能。

环境发展趋势分为两大类:一类是环境威胁,另一类是环境机会。

(1) 环境威胁　是指环境中一种不利的发展趋势所形成的挑战,如果不采取果断的战略行为,这种不利趋势将导致公司的竞争地位受到削弱。在公司的外部环境中,总是存在某些对公司的盈利能力和市场地位构成威胁的因素。公司管理者应当及时确认危及公司未来利益的威胁,做出评价并采取相应的战略行动来抵消或减轻它们所产生的影响。公司的外部威胁可能是:出现将进入市场的强大的新竞争对手、替代品抢占公司销售额、主要产品市场增长率下降、汇率和外贸政策的不利变动、客户或供应商的谈判能力提高、市场需求减少、容易受到经济萧条和业务周期的冲击等。

(2) 环境机会　是指对公司行为富有吸引力的领域,在这一领域中,该公司将拥有竞争优势。公司管理者应当确认每一个机会,评价每一个机会的成长和利润前景,选取那些可与公司财务和组织资源匹配、使公司获得竞争优势潜力最大的机会。潜在的发展机会可能是:产品细分市场扩大、技能技术向新产品新业务转移可以为更大客户群服务、市场进入壁垒降低、获得购并竞争对手的能力、市场需求增长强劲等。

3.3　可行性研究报告的编制

电子商务项目的可行性研究报告是为企业上层的决策提供依据的。一旦该项目批准立项,它也是准备项目需求建议书的依据;当项目执行需要贷款时,它也是向银行贷款的依据之一;当需要向政府主管部门申请有关许可证时,它也是不可缺少的一份文件;当企业与承约商或其他合作者谈判并签署协议时,它也是一个重要的依据。

3.3.1　可行性研究报告的内容要求

电子商务项目可行性研究报告的编制,实际上就是对项目可行性研究的最后结果进行书面总结。其内容要求大体如下:

1) 项目概述

包括建立电子商务项目的基本依据、背景介绍、项目的意义、项目情况的简要描述以及可行性研究的工作介绍。

2) 立项的必要性

可以从不同的角度,阐明企业对电子商务的需求,介绍对发展电子商务项目必要性的研究结果。

3) 技术方案

介绍技术分析的过程和结果。说明所建议的电子商务项目的技术选择与理由。方案需要详细和具体,具体到可以在此基础上进行投资测算。

4) 建设和运行管理方案

说明项目由谁来建设,在建成后的运行中由谁来管理,采取怎样的组织管理方式和方案以及项目建设的预计工期。

5）投资概算

根据项目的技术方案和组织管理方案，结合市场物价行情，初步计算项目所需要的投资。

6）财务分析

预测项目建设成功后的企业的运行费用、收入和其他财务数据的变化情况，表述项目财务分析的过程、取值依据和分析结果。

7）风险分析

介绍项目不确定性分析的过程和结果。

8）结论和建议

根据上述各方面的分析，明确项目是否可行并署名。

可行性研究报告与项目建议书的写法是不同的。项目建议书从某种意义上说，是一个商业计划书。阅读项目建议书的人是企业的上层领导而不是技术专家。因此项目建议书的编写，要通俗易懂，文句简练、顺畅，主题鲜明，分析到位，并尽量避免高度专业化的术语。在必须出现专业术语的情况下，要考虑领导是否熟悉它，如果不熟悉，应做必要的解释。

可行性研究报告虽然也要给企业上层领导阅读，但更主要的是为专家论证提供材料。因此可行性研究报告的编写，除了要求通俗易懂，文句简练、顺畅，主题鲜明，分析到位以外，还要提供详细的技术资料和市场研究的资料。

3.3.2 可行性研究报告的格式

1）项目概要说明

该部分简要说明项目的要点，主要包括项目名称、承办单位、项目负责人和经济负责人等基本情况。

2）市场及市场预测

（1）建设的必要性　说明该项目建设的重要性和必要性。

（2）市场现状预测　说明当前的市场背景以及在项目实施阶段的市场预测。

3）产品规模和产品方案

（1）产品规模　项目设定的正常生产运营年份以及可能达到的产品生产、销售和服务规模。

（2）产品方案　拟建项目的主导产品、辅助产品或副产品及其生产能力的组合，包括产品品种、产量、规格、质量标准、工艺技术、材质、性能、用途和价格等。

（3）产品销售收入预测　对拟建项目的产品销售收入情况进行预测。

（4）产品生产工艺　当该电子商务项目涉及生产产品时，要说明生产的工艺。

4）项目技术方案

（1）生产技术方案。

（2）网络系统技术方案。

（3）网站布局和性能。

（4）主要软硬件设备选型。

5）厂址选择和建厂条件

虽然电子商务项目主要通过网络完成，但项目的实施仍然需要选择厂址和建设用地。

项目建设地点选址要直观准确,要落实具体地块位置并对与项目建设内容的相关状况、建设条件加以描述。具体内容包括项目具体地址位置(要有平面图)、交通、通信、运输情况,水文地质、供水、供电、供热、供气、采暖和通风条件,以及其他公用设施情况等。此外,还需说明建厂的相关条件是否符合要求。

6) 电子商务项目节能目标

说明该项目实施过程中的节能目标和节能措施,同时需要说明设定这些目标的依据和原则。

7) 组织机构

组织机构主要包括项目建设期的组织机构设置、人员配置与职能分工,确定项目建成时的组织机构设置、人员配置、职能分工、运行管理模式与运行机制等。此外,还需要进一步了解人员的来源、规划培训措施等其他相关内容。

8) 电子商务项目实施进度

根据确定的建设工期和勘察设计、仪器设备采购(或研制)、工程施工、安装行所、检测等所需时间与进度要求,选择整个项目实施的最佳实施计划方案和进度,要包括实施进度情况和工程进度表。

9) 电子商务项目投资估算与资金筹措

依据建设内容及有关建设标准或规范,分类详细估算项目固定资产投资并明确投资筹措方案。主要包括以下内容:

(1) 投资估算主要编制依据。

(2) 投资估算范围 ①土地、土建:占地面积、建筑面积及费用;②水电增容:水、电增容数量与费用;③设备与安装费用;④固定资产投资调节税;⑤建设期贷款利息;⑥不可预见费用;⑦流动资金;⑧其他费用:技术转让费、培训费、设计费和咨询费等。

(3) 资金筹集 ①自筹;②内引外联;③贷款:贴息贷款、银行贷款。

(4) 投资使用计划 对资金的使用做出计划。

10) 项目财务评价

在财务预测的基础上,根据国家现行财税制度和现行价格,分析预算项目的效益和费用,考察项目的获利能力、清偿能力及外汇效益等财务状况,以判别项目在财务上的可行性。主要内容如下:

(1) 成本费用估算。

(2) 销售收入估算。

(3) 财务分析。

(4) 不确定性分析。

(5) 技术经济总评价 应从项目投资意义、经济效益和社会效益情况分析得出项目是否可行的结论,论述应简单扼要。

11) 结论

在编制可行性研究报告时,必须要有一个研究结论。结论包括以下内容:

(1) 可以立即开始。

(2) 需要推迟到某些条件(如资金、人力和设备等)落实之后才能进行。

(3) 需要对开发目标做某些修改以后才能进行。

(4) 不能进行或不必进行(如技术不成熟、经济上不合算等)。

3.3.3 可行性研究报告编制的注意事项

在很多电子商务的可行性研究报告中往往存在一些普遍性问题,使得报告失去了真实性和科学性,无法满足市场的需求。因此,在编制过程中需要注意以下几个方面的问题:
(1) 缺少量化指标,结论依据不足,可靠性差。
(2) 研究深度不够,投资估算精度差。
(3) 工作周期短,缺乏多方案比较。
(4) 融资方案不落实。
(5) 风险性分析不详细,缺少多因素分析。

3.3.4 可行性研究报告编制案例

本节将通过大明玩具厂的案例来进一步说明可行性研究报告的编制方法。大明玩具厂是一个规模较大的特种玩具制造企业。该企业的批发网点遍布很多城市。由于玩具的使用需要一定的技巧,所以各地的销售网点接待询问的任务很重。现在希望建立一个电子商务网站来为各地的销售网点提供服务(主要是问题和解答服务),同时开展网上直销业务。网上直销工作获取的订单,由当地的批发网点负责处理。估计网上的"问题和解答服务"可能为公司节约 8 个人员,而网上销售业务可能每年为公司增加 5 万元的销售利润。

大明玩具厂的销售部编制了一份可行性研究报告,现摘要介绍如下,以供大家参考。

建立大明玩具厂电子商务网站的可行性研究报告

一、项目概述
(一) 项目名称及建设单位
(1) 项目名称 大明玩具厂电子商务网站
(2) 建设单位 大明玩具厂
(3) 项目性质 新建
(二) 主要建设目的与内容
大明玩具厂电子商务网站建设项目,具体包括三大任务:
(1) 对各种型号大明玩具的功能、结构、使用方法、保养与维修等有关知识提供咨询服务,以提高销售服务人员的工作效率,减少服务人员。为了实现这个目的,需要在网上建立大量的"问题与解答"网页,供用户自己查阅,也方便销售服务人员向顾客提供咨询。
(2) 建立网上订购系统,使一部分顾客可以在网上下订单。
(3) 通过网络建立消费者意见反馈机制。
(三) 项目总投资
预计项目投资总额为 30 万元人民币。
(四) 资金筹措方案
项目资金由企业从销售费用中解决。
(五) 项目建设和使用年限
项目建设期为 6 个月。

网站使用期5年。

（六）项目的效益分析

（1）改变大明玩具传统的销售方式　增加网络服务人员2人，但可以减少柜台服务人员10人，两者相抵可以节约劳动力8人，人工费每年大约节约16万元。

（2）改变人们的消费方式　通过互联网，人们可以进入网站浏览、采购产品，而且还能得到在线服务。网上购物的最大特征是消费者的主导性，购物意愿掌握在消费者手中，能以一种轻松自由的自我服务的方式来完成交易，消费者主权可以在网络购物中充分体现出来。

（3）改善企业与客户的关系　增加了网站这个信息反馈方式，消费者的个性化、特殊化需要可以完全通过网络展示在企业面前，促进企业产品的不断更新以及服务的及时改进。目前已有许多企业纷纷发展和普及电子商务，从而取悦顾客，突出产品的设计风格。

二、项目建设的必要性

当前，我们正在迎来一个全新的时代，在这个时代，每个传统产业都面临着从未有过的强大冲击，这就是网络经济的时代。电子商务正在迅速地改变着传统企业的经营模式，与传统的商务活动相比，电子商务具有以下几个特征：

（1）电子数据成为双方当事人主要的信息获知和沟通手段，使企业的事务处理费用成本大幅度降低。

（2）信息处理的速度和密度均大大增加，商务节奏明显加快，从而提高了企业的市场反应能力。

（3）企业营销的方式发生彻底变化，销售服务被送到用户的办公桌上，企业可以随时从计算机里获取供应链上商业伙伴提供的丰富的商业信息。企业间商务关联度大大提升，企业从相对独立的经济体演变成为商务链中的一环。

（4）电子商务破除诸如时间和距离等限制市场机会的壁垒。企业间原有的竞争性质被彻底改变，世界范围内的企业竞争变得更加公平。

目前一般企业的生产经营和销售方式有两个弊端：

（1）在企业对个人的贸易上，消费者往往不是其所购产品方面的专家，对产品的有关知识和消息很少，从而出现两种情况：一是消费者和经销商之间存在着信息不平衡现象，会让经销商对消费者采用价格歧视的策略，从而增加消费者对所购商品的疑虑，减少成交机会。一旦消费者以高价购得商品，往往会影响到消费者对生产厂家的信任程度。宏观上的表现是该厂家的产品需求量下降。二是消费者往往会在广告的诱导下选择购买自己并不真正了解的商品，商品的销售量往往和广告的攻势和广告的创意有关。大型企业由于资金雄厚，可以使用广告策略使中小企业处于不利的竞争地位。

（2）在企业与企业之间的贸易中，一般企业都存在相对稳定的供应商和客户，而且订货成批量状态。但往往企业和客户要了解产品的市场情况，以不断调整和贸易伙伴之间的关系，并且每个企业都希望在未来的经营中扩大自己的贸易伙伴队伍。因此，售前的服务和宣传对企业间贸易同样重要。当企业开发新的项目，或者调整产品结构与成本时，寻找新的贸易伙伴就变得相当重要。在中国已经入世的大环境下，在企业信息化飞速发展的今天，企业的生存与发展更加需要用新的技术手段，帮助其做出适应变化、把握潮流的正确决策。衡量企业的竞争力，更多地体现在电子商务的运用上。如果企业能够在今后的经营发展过程中正确地运用这些技术手段，提高市场反应能力和竞争能力，及时捕捉商机，可以认为，这些企业就会成为本行业未来发展的主流企业。

大明玩具厂作为一家玩具生产企业,长期以来,与全国中等规模玩具企业相比,其生产经营状况一般,采用传统的销售渠道进行产品销售,销售利润属于同行业中上等水平。由于电子商务的优点是集中地体现在它能够真实地实现商务活动中产、购、销一体化,极大地简化贸易流程,提高工作效率,节约生产成本,因此,随着信息经济时代的到来,大明玩具厂有必要开展电子商务,利用有效的电子商务技术来降低成本,并拓宽产品的销售渠道。再说,全国已经有十几家玩具企业在开展网络营销活动,如果我们不尽快地利用网站这个新的武器,恐怕在不久的将来,就很难保住我们当前的地位。

三、项目建设的技术方案

企业电子商务网站分为两种类型:一是企业自己组建网站,并自己维护和管理;二是由中介机构建立、同时为许多企业提供电子商务平台的通用电子商务网站。后一类网站一般采用某种固定的电子商务模式,而一个企业在实际运作中,往往不会单纯使用一种固定的商务模式。因此,许多企业需要针对自身的具体情况,按照自己的需求定制电子商务网站。

(一)电子商务模式

电子商务模式有B2B、B2C等,如图3.3.1所示。

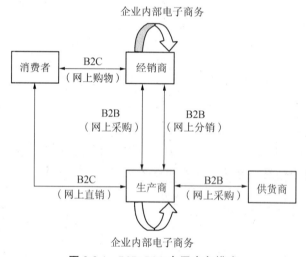

图3.3.1　B2B、B2C电子商务模式

从消费者的角度来看,足不出户就可通过B2C电子商务网站实现3A(Anytime,Anywhere,Anything——随时、随地、随意)购物,既方便,又提高了效率。如网上书店、网上商城、网上超市、网上订票、旅游服务、健康咨询等。

从生产商的角度来看,一方面可以通过B2C网站直接与消费者打交道,进行网上直销,另一方面也可以通过B2B网站与分销商打交道,进行网上分销,还可以通过B2B网站与供货商打交道,进行网上采购;同时利用企业内部电子商务进行内部物流、资金流、信息流的管理。网上直销由于减少了经销商的中间费用,从而可以让消费者享受到价格优惠,因此吸引更多消费者而使生产商获得更多利润,而且,生产商可根据消费者的购物信息了解市场需求,反过来调节生产,形成以消费需求为引导的生产机制,避免盲目生产,更好地占领市场,这对生产商的长久发展具有极其重要的价值。由于分销商位于不同的地理位置,网上分销可以方便地为各地的消费者提供送货服务、售后服务和直接服务。网上采购则简化了传统采购方式的多级流转方式,克服传统采购方式的许多弊病。

总之,生产商通过电子商务网站,与消费者、经销商、供应商之间实现产品的采购与销售以及信息的交流与共享,将采购、生产、销售和内部管理有机地联系在一起,可以将生产环节、订货环节和销售环节集成起来进行最优选择,从而大大提高效率、降低成本。

从经销商的角度来看,一方面,可通过 B2C 网站与消费者打交道,进行网上直销;另一方面也可以通过 B2B 网站与生产商打交道,进行网上采购;同时利用企业内部电子商务进行内部物流、资金流、信息流的管理。因此,经销商也可以通过电子商务网站与消费者、供应商之间实现产品的销售与采购以及信息的交流与共享,将采购、销售和内部管理有机地联系在一起,从而降低成本、增加利润。

(二) 大明玩具厂电子商务网站建设的技术方案

大明玩具厂一直采用传统的销售渠道进行产品销售,在全国各大城市设有分公司,在各城市的各大商场设有专柜,还有一批固定客户。由于已经形成了一个销售网络和客户群,因此,大明玩具厂具有建立电子商务网站的充分和必要条件。我们根据产品销售规模和投资能力认为,可以选择在一个较强的 ISP 电子商务平台上建立我们的电子商务网站,可以实现我厂的网站目标,投资少,见效快。

1) 网站的商务模式

大明玩具厂网站需要采用综合性的商务模式。既要采用 B2B 商务模式,也要采用 B2C 商务模式。大明玩具厂与供应商、商场之间的电子商务采用 B2B 模式;大明玩具厂与会员之间的电子商务采用 B2C 模式;大明玩具厂及各分公司之间的电子商务,还要采用企业内部电子商务模式。

2) 网站的体系结构

网站体系结构分为 3 层:

(1) 表现层 是网站前端,为用户提供与网站交流的界面,采用 DHTML 和 AspScrip 技术实现商品和信息的发布、信息查询、订单录入。

(2) 商务层 是网站后端,实现订单处理、支付结算、访问后台数据库等商务过程。

(3) 数据层 是网站后台数据库,包括产品信息、客户信息、订单信息等,采用 Microsoft SQL Server 实现商务数据管理。

3) 主要功能模块的设计

网站的主要功能模块有 3 块:

(1) 发布商品和服务信息 最简单的方法是用静态 HTML 页面,并且由于其不需要 Web 服务器的介入而具有效率高的优点。但静态 HTML 页面只能供客户浏览网站用,一个电子商务网站应该方便客户查询和订购商品,这就需要采用动态 HTML 页面,由 Web 服务器处理客户的查询和订购请求。

(2) 订单处理和库存管理 处理订单是商务站点的核心。订单处理和库存管理过程如图 3.3.2 所示。

(3) 支付与结算 消费者可以网上支付。网上支付采用招商银行一卡通方式。企业仍通过传统的银行支付与结算方式。

(三) 物流配送

网上订单的发货,原则上由当地的销售网点负责。送货可以利用第三方物流企业(如邮政系统),也可以由大明玩具销售网点自行送货。

四、项目建设和运行管理方案

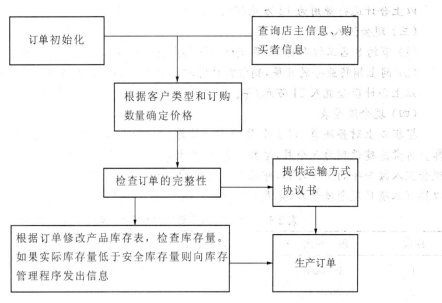

图 3.3.2 订单处理流程

(一) 项目的建设

项目建设由本厂销售部负责管理,由专业电子商务服务公司承包实施。

(二) 项目的运行管理

项目的日常运行管理由销售部成立网络营销小组(定员 2 人)具体负责,重大技术问题由黎明网络技术服务公司跟踪服务解决。

(三) 项目建设的预计工期

项目建设期为 3 个月。

五、投资概算

根据承包商和本部门工作人员的测算,本项目所需投资 30 万元,用途如下:

(一) 硬件部分投资概算

8 个异地销售网点,每个点一套终端设备,每套 1 万元,合计 8 万元;销售总部 2 台电脑及外围设备,合计 3 万元;小计 11 万元(形成固定资产)。

(二) 软件部分投资概算

应用程序开发和网页设计 12 万元,应用软件购置 3 万元,软件小计 15 万元。

(三) 其他一次性费用

销售总部宽带接入费 2 万,培训费用 2 万,小计 4 万元。

六、项目建设的财务分析

(一) 投资总额

上节已经分析,本项目投资总额 30 万元,在 3 个月内完成支付。

(二) 运行费用测算

运行费用包括以下几项:

(1) 2 个工作人员的工资福利,每年合计 5 万元;

(2) 服务器租赁费和宽带数据通信使用费,每年 4 万元;

(3) 小组日常办公和业务活动费等,每年 3 万元。

以上合计运行费用为12万元/年。

(三) 现金流入

(1) 节约8名工作人员,每年减少工资福利支出约16万元;

(2) 网上销售业务的开展,销售系统可增加利润5万元。

以上合计现金流入21万元/年。

(四) 现金流量表

根据以上财务测算,以3个月为1个计算期,项目运行寿命为5年,即20个计算期计算。再考虑建设期为3个月,总共就有21个计算期。在项目运行期间,每期的运行费用和现金流入按全年的1/4计算,即每期的运行费用为3万元,现金流入为5.25万元。据此可以编制本项目现金流量表(见表3.3.1)。

表3.3.1 大明玩具厂网站建设项目现金流量表　　　　　　　单位:元

期限	现金流出	现金流入	净流入	累计净流入
1	300 000	0	−300 000	−300 000
2	30 000	52 500	22 500	−277 500
3	30 000	52 500	22 500	−255 000
4	30 000	52 500	22 500	−232 500
5	30 000	52 500	22 500	−210 000
6	30 000	52 500	22 500	−187 500
7	30 000	52 500	22 500	−165 000
8	30 000	52 500	22 500	−142 500
9	30 000	52 500	22 500	−120 000
10	30 000	52 500	22 500	−97 500
11	30 000	52 500	22 500	−75 000
12	30 000	52 500	22 500	−52 500
13	30 000	52 500	22 500	−30 000
14	30 000	52 500	22 500	−7 500
15	30 000	52 500	22 500	15 000
16	30 000	52 500	22 500	37 500
17	30 000	52 500	22 500	60 000
18	30 000	52 500	22 500	82 500
19	30 000	52 500	22 500	105 000
20	30 000	52 500	22 500	127 500
21	30 000	52 500	22 500	150 000
合计	900 000	1 050 000	150 000	

$IRR = 4\%$

$NPV = 66\,575.74 \quad (i = 2\%)$

表 3.3.1 中现金流出一栏,第 1 期为项目建设投资,第 2 期到第 21 期为运行费用。现金流入就是网络营销所增加的额外利润与为原销售服务系统节约的人员费用之和。本项目所形成的固定资产(如电脑)5 年以后几乎没有价值,所以表中未考虑项目残值。

现金流量表最后两行给出了本项目经济效益评价指标 IRR 和 NPV 的具体数值。注意到表中每期是 3 个月时间,4 期合 1 年。因此,项目的内部报酬率(IRR)如果按年论,应该是 16%;在每期贴现率 $i=2\%$ 的情况下(即年贴现率 8%),本项目的净现值(NPV)为 66 575.74 元。表中最后一栏的累计净流入,在第 15 期由负变正,说明本项目在第 4 年第 3 个季度可收回全部投资。这都表明本项目从财务上看,效益较好,是可行的。

七、项目建设的不确定性分析

影响项目效益的不确定性因素很多,但不管是什么因素,最终都通过项目建设费用(投资)、项目运行费用和现金流入这 3 个因素对项目经济效益指标产生影响。为了描述这 3 个因素变动对本项目经济效益指标的影响,我们分别设每一个因素独立变动 10%,重新在 Excel 软件中测算本项目的内部报酬率 IRR 和净现值 NPV,结果见表 3.3.2。

表 3.3.2　大明玩具厂网站项目敏感性分析表

因素	变动量	IRR	NPV
投资	超 10%	3%	37 163.97
投资	节约 10%	5%	98 987.5
费用	超 10%	3%	18 483.5
费用	节约 10%	6%	114 668.19
现金流入	增加 10%	7%	150 737.52
现金流入	减少 10%	1%	−33 616.9
原方案指标值		4%	66 575.74

从表 3.3.2 中可以看出,本项目的效益对现金流入、运行费用和初始投资都比较敏感,在一定程度上表现出一般高新技术项目高收益和高风险并存的特征。在同样变化率的条件下,现金流入的变动对项目净现值和内部报酬率的影响最大;项目的年运行费用变动的影响其次。

这表明,要保证本项目在实施过程中的经济效益,首先要着重增加现金流入,根据本方案的设计,可通过精简原销售服务人员和增加网络营销的利润等手段来实现;其次,节约项目的运行费用,对提高经济效益的影响也非常之大。考虑本项目对运行费用的定义,包括了电信服务的收费和 ISP 服务费以及主机租赁费,这些费用随着技术进步的加快,将来肯定会降低的。从这个角度看,本项目实际经济效益可能要比我们测算的结果更好一些。

八、研究结论

本项目对提高我厂的客户服务和市场销售能力是很有帮助的,不仅可以提升我厂的企业形象、改善客户关系、扩大销售渠道、增强综合竞争能力,而且本身就是一个盈利项目。

从财务分析的具体数据来看:本财务内部报酬率为 16%,远远高于玩具行业近年来的基准收益率 8%;对本项目的投资需要 30 万元人民币,可在 3~4 年内全部收回。项目财务分析的净现值为 66 575.74 元人民币,远远地大于零,表明经济效益较高。

建设网站已经不属于高难度的事情,许多专业服务公司对执行此类项目已经驾轻就熟,我们可以采用技术外包的方式来加速项目建设,并减少技术风险。

因此,不论是从经济的角度,还是从技术的角度,本项目都是可行的,建议尽快上马。

【本章小结】

在开展电子商务项目时,进行电子商务项目可行性分析是非常必要和关键的。进行可行性分析不仅可以避免盲目性的投资,而且其过程和作用对于管理电子商务项目来说是至关重要的。可行性分析包括以下几种方法:PEST宏观环境分析、波特五力模型、SWOT分析。最后介绍了可行性研究报告的编制。

【应用案例】

共享汽车

如今的市场环境、消费者倾向等诸多因素,给予了共享汽车应运而生的可行性条件。共享汽车从诞生之初就备受关注,消费者、市场都希望这个行业能够发展起来。共享汽车之所以能够让大家充满愿景,除了市场需求因素之外,其也符合环境保护的发展趋势,因为未来的大部分共享汽车企业都会使用电动汽车来运营,一方面可以降低油耗成本,另一方面也是积极响应国家推行的绿色出行政策。目前来看,入场的以互联网公司居多,未来汽车巨头会不会插手该市场,目前还不可知。

从2018年年初就已经看出共享汽车市场可能会异常火热,但在整个市场中尤其是看不见的地方还有很多问题亟须解决。比如共享汽车企业的汽车来源、运营成本、市场管理、恶性竞争等,这些都是可能会影响市场发展的因素。目前还没有任何一家共享汽车企业可以盈利,主要原因包括场地资源费用、车辆费用以及线下运营费用等管理运营成本太高。

1) 停车位是个问题

在北京、上海等一线城市,停车是个难题。有用户反映,在北京一停车场使用某品牌共享汽车,需要先垫付该汽车在停车场300多元的停车费用,再将收据上传至共享汽车App进行报销。记者致电客服,客服称在公司专用停车网点取车和还车,将不收取任何停车费用。

但是部分网点,尤其是处于比较繁华和车源紧张地段的网点,取还车可能要收取服务费,这个服务费实质上相当于停车费,不会退还给客户,客户可以选择付费或者到其他网点取还车。目前整个市场只是在孵化阶段就存在停车问题,一旦像共享单车一样火爆全国,届时国内本就紧俏的停车位将面临更大的缺口。

2) 需要改善的问题

第一,要做到车、桩、位一体化,比如取车的时候车在充电,换车的时候要把充电插头再插上去,逐渐实现无人调度。第二,电动车的品质要提升,逐步智能化,但这需要一个发展周期。第三,就是线上运营,每一家公司现在都在摸索如何通过线上运营调动效率,把车辆的补给问题解决掉。针对现在车辆续航需要大量的调度问题,怎么能够通过智能化系统,实现提高与电商的匹配度、提高运行效率等,需要摸索出一套经验。第四,要提升对共享汽车的认知度。现在的共享汽车还是档次不够,续航、舒适性不够,若后续车辆品质上来了,可再逐步培养大家的出行习惯。第五,需要政府的一些政策支持。

思考题

1. 为什么要对电子商务项目进行可行性分析?
2. 可行性分析要考虑哪些因素?
3. 如何进行项目的可行性分析?
4. 可行性分析包括哪些内容?
5. 某企业拟建设一个局域网,估计需要一次性投资 22 万元,可在 1 个月内建成。建成后每月可能节约开支 5 000 元,网络的使用期限按照 4 年计算。以此为例写一份可行性研究报告。

实训内容

1. 分析共享汽车或分时租赁汽车行业的目标市场和宏观环境。
2. 试对共享汽车或分时租赁汽车行业编制可行性研究报告。

4 电子商务项目商业模式设计

【开篇案例】

一加手机

从大屏时代过渡到小屏时代,手机成为大家生活、出行、工作中必不可少的一个科技产品。从苹果、三星等外国手机,再到华为、OPPO、VIVO、小米等国产机,消费者的追求不断地发生着改变。而今,一加手机获得千万销量,这背后又有哪种因素在主导呢?在如今的DT时代我们不妨从大数据角度去了解下,这个新兴的品牌是如何迅速做大、做强的。

对于手机,最开始大家看重诺基亚的高质量、三星的屏幕、苹果的流畅度,以及后来VIVO、OPPO的拍照功能。当然,华为、小米手机出现之后,大家开始为"情怀"而追逐,而如今,在一加手机的高销量下,消费者追逐的热点又在哪里呢?

大数据的出现,让我们能够更加清晰地了解到市场的变化、掌握消费者的行为习惯。刚刚结束不久的2019年"618"就为我们提供了足够的数据量。而根据京东"618"的手机销售情况来看,今年最受大家欢迎的手机并不是Apple,而是国产手机中的一加,这款新兴的手机品牌,仅仅通过短短几年的时间,就一跃成为消费者最喜爱的产品。至于一加能够快速地获得消费者青睐的原因,与其自身的发展是相关联的。

1) 一加的模式与其他手机品牌并不相同

坚持"不将就"的产品理念,同时坚持"让好产品说话"是一加快速发展的重要原因,而且一加还开启了手机行业"不谈配置、不谈性价比,谈手感、设计、工艺"的先河,促使一大批追求个性的年轻消费者成为一加的忠实粉丝。

2) 更新速度慢,精心打造新产品

区别于其他国产机每年大批量更新,一加每年只推一至两款旗舰产品,并且旗舰产品都是经过精打细磨的,从而使其成为精品中的精品,在产品力上能够力压同期的产品,如今年所推出的全新旗舰一加7,就是这样的一款产品。通过大数据对市场进行分析并且根据消费者的人群画像来进行产品的设计,促使一加产品备受年轻消费者青睐。

3) 精准的市场分析和定位

一加的产品并不只是在国内受到众多消费者的追捧,在国外也备受瞩目。在印度,2018年一加开始超越三星成为第二大手机销售商。国外的消费市场可能比国内市场竞争度更大,这就需要对市场进行更加精准地了解和判断后,制定出更加详尽的营销方案。从最终的销量结果来看,一加对于印度市场的把控非常精准。这也不难看出大数据在其中扮演的角色。

小屏时代,每个人都离不开手机,而手机也成为我们产生数据、传递数据的一个必备工具。如今,各个行业的商家,尤其是互联网商家,都在期望通过手机获取更多的数据资源,而一加则通过大数据分析市场的变动、消费者需求,将自己的品牌推送出去从而实现高销量。

当然,一加的成功固然离不开其产品的质量、用心的设计,对于消费者画像的精准分析、对于市场的精细化区分,这些都是一加手机出奇制胜的绝招。

4.1 业务模式

影响一个电子商务项目绩效的首要因素是它的业务模式。电子商务的业务模式是电子商务项目运行的秩序,是指电子商务项目所提供的产品、服务、信息流、收入来源及各利益主体在电子商务项目运作过程中的关系和作用的组织方式与体系结构。它具体体现了电子商务项目现在如何获利以及在未来长时间内的计划。

4.1.1 战略目标

一个电子商务项目要想成功并持续获利必须在商业模式中明确战略目标,这种战略目标本质上表现为这一项目的客户价值,即企业必须不断向客户提供对他们有价值的、竞争者不能提供的产品或服务,才能保持竞争优势。换句话讲,客户价值的社会定位,即企业使命。如阿里巴巴的战略目标就是为中小企业提供一个销售和采购的贸易平台,让全球的中、小企业通过互联网寻求潜在的贸易伙伴,并且彼此沟通和达成交易。"让天下没有难做的生意"成为阿里巴巴的使命。按照迈克尔·波特的竞争优势理论,电子商务项目对客户提供的价值可以表现在产品(服务)差别化、低成本、目标集聚战略上。

1) 产品(服务)差别化战略

产品服务差别化战略主要表现在以下几个方面:

(1) 产品特征　公司可以通过提供具有与众不同功能的产品来增加与竞争者产品差别。拥有独有的特征是最普遍产品的差别化形式,使用互联网能够使公司为客户提供更好的产品。例如,Dell公司通过网络直销,为客户提供个性化计算机产品。

(2) 产品上市时间　公司率先将产品投向市场往往因产品是市场上唯一的,自然而然就使产品具有了差别性,进而可以获得丰厚的利润。电子商务的应用,可以使企业在产品的开发与设计、推广与分销等方面大大地缩短周期,取得产品的市场先机,从而战胜竞争对手。比如,网景公司曾经在线分发自己的浏览器软件,使它很快就能在市场上占据主导地位。

(3) 客户服务差别化　电子商务可以帮助公司更好地实施以客户为中心的发展战略。一方面,利用电子商务所提供的电子化服务,公司可以对出现故障的产品提供或快或慢服务来实现差别化,提高公司对顾客投诉的反应速度,有针对性地为顾客提供更周到的服务。另一方面,由于信息更加容易获取,公司可以为顾客提供大量选择商品的机会,从而使客户有更多的选择余地。公司提供的这种产品的多种组合形成了明显的差别化。

(4) 品牌形象　公司可以通过互联网来建立或强化自己的品牌形象,使客户感受到他们的产品是差别化的,进而建立和保持客户的忠诚度。谁拥有了客户,谁就拥有了未来。

2) 低成本战略

低成本战略是一种先发制人的战略,这意味着一家公司提供的产品或服务比客户在竞争者那里花费更少的金钱。这种成本的降低表现在生产和销售成本的降低上。一方面,公司通过电子商务方式与供应商和客户联系,大大提高订货和销货效率,使订货、配送、库存、销售等成本大幅度降低。另一方面,通过互联网,企业可以为客户提供更加优质的服务,甚至可以让客户通过互联网进行自我服务,大大减少客户的服务成本。其实,电子商务在减少公司的产品或服务成本的同时,也可以大大降低客户的交易成本。

3) 目标集聚战略

目标集聚战略是一种具有自我约束能力的战略。当公司的实力不足以在产业中更广泛的范围内竞争时,公司可以利用互联网以更高的效率、更好的效果为某一特定战略对象服务,往往能在该范围内超过竞争对手。比如,在竞争异常激烈的保险经纪行业中,有的保险经纪人利用互联网专门为频繁接触互联网而社交范围比较窄的研究、开发人员提供保险服务,从而取得了良好的经营业绩。

通过以上分析,对于电子商务项目的策划,需要考虑以下问题:

(1) 公司所运营的电子商务模式的核心价值是什么?

(2) 电子商务项目能够向客户提供哪些独特的产品或服务,使公司的产品或服务具有哪些独特的客户价值,差别化、低成本还是目标聚集?

(3) 对传统企业而言,要明确企业实施电子商务是为了生产受益、减少开支、改善客户关系还是支持传统商务?

(4) 电子商务能否为客户解决由此产生的一系列新问题?

4.1.2 目标用户

电子商务模式的目标用户一般指在市场的某一领域或地理区域内,基于这种商务模式建立网站的浏览者、建设者、使用者和消费者。电子商务项目业务模式的目标定位是提升网站流量、吸引客户的重要步骤,也是项目收入来源定位的重要基础目标。用户可以是广大个人用户,即通常所谓的网民;也可以是企业客户,即所谓的网商。对目标用户的划分,一方面要从地域范围划分,即判定用户的地理特征;另一方面还要从用户的性别、年龄、职业、受教育程度、生活方式、收入水平等人口学特征来划分。

进行电子商务案例的目标用户分析,需要回答以下几个问题:

(1) 电子商务项目网站的用户范围是哪些?具有什么特征?

(2) 电子商务项目的服务对象范围是哪些?具有什么特征?

(3) 对传统企业的电子商务项目而言,电子商务能够使公司接触到哪些范围的用户?是面向全球的用户还是一定地理范围内的客户?是面向商家还是面向消费者?这些用户具有什么特征?

4.1.3 产品或服务

当公司或网站决定了目标用户后,必须决定向这些用户提供什么样的产品或服务,如一家定位于大学生的互联网公司必须决定要满足大学生多少需求。该公司可以在基本的连接服务、聊天室、电影、音乐、游戏、网上教学、考研答疑等方面来选择要提供的服务内容。

电子商务突破了传统商业经营的产品和服务的范畴,使得产品和服务本身的存在形式更加多样化。借助电子商务,买卖双方可以开展纯粹的在线交易,也可以对传统产品和服务做必要的补充和支持,以提高原有产品或服务的价值。根据产品本身的形态和性质,可以把电子商务产品分为实体产品和虚体产品两大类。

1) 实体产品

实体产品是具有物理形态的物质产品。其网络营销主要表现为对传统产品进行在线零售或分销,如易趣网销售的产品涵盖了书籍、影像资料、手机、数码相机等标准产品和服装、化妆品等个性产品。该类产品本身与离线销售的产品无异,但网络延长了营业时间,拓宽了营业空间,可以向顾客提供24小时全天候订购服务与异地订购服务,在线运作拓宽了分销商的产品市场,丰富了分销商的营业模式,能令顾客在购物时感到更灵活、更便捷。通过网络销售该类产品的好处在于:网络能聚集来自各地的需求,这有助于使产品的库存维持在最低水平。

2) 虚体(无形)产品

虚体产品一般不具形态或具有需通过其他载体才能表现出来的一定形态。网络销售的虚体产品一般分为在线数字化产品、在线交互式服务、在线增强产品。

(1) 在线数字化产品　产品为能实现在线交付,必须是可数字化的。网络以一系列离散的比特(由0和1表示的)形式传输数字化的数据,也就是说,任何可数字化的信息产品都可通过网络直接交付给客户。软件、音乐、影像和新闻等都属此类产品。数字化产品的在线交付突破了传统交付形式在时间和空间上的局限,具有快捷、及时与低成本等优势。然而,由于数字化了的信息产品很容易在被复制后广泛传播,因此该类产品的生产商或经销商很难控制对其产品的所有权,网上的免费电影和音乐就是很好的证明。

(2) 在线交互式服务　在线交互式服务指那些在线完成的、作为核心利益的服务产品。其特征主要表现为该类服务质量的好坏程度依赖于储存的信息,并基于储存的信息完成供应商户间的沟通互动,如远程医疗、远程教育、网上金融证券交易等。由于传统服务本身具有无形性、同时性、异质性、易腐性,这类产品在生产与交付上会受到时间、空间与服务人员数量的限制,而网络可以减少这种限制。

(3) 在线增强产品　在线增强产品指那些为某一产品或服务增加的额外服务。它通常可归为三类:售前支持、售后支持和履行选项。它们能以较低的增量成本提高产品的差异化程度。

① 售前支持(Pre-sales Support):许多公司通过自己的网站向客户提供网上预订、产品选择指南等能促进产品购买过程增强的功能。

② 售后支持(Post-sales Support):产品的在线售后服务作为公司与客户间持续对话的一种形式,将会给产品与服务本身带来附加值,为公司创造更多的收入。一些公司通过自己的网站向客户提供例行的产品维修、软件升级、安装与使用在线演示、在线问答、客户投诉处理与反馈等服务,进而增加向客户交付的价值。

③ 履行选项(Fulfillment Options):增强产品的另一项增强形式是,它能显著提高产品的差异化程度并为顾客增加价值。网络技术的发展使企业越来越擅长收集个体者的信息,进而为每个客户设计个性化的产品、服务、信息和宣传媒介。如新加坡航空公司根据不同乘客的健康状况和宗教需求,提供多样化的机上食物。当乘客预订飞机时,公司先允许乘客根据自己的饮食习惯和口味偏好在不同食物类别中选择一种,用电脑记录下来,再将确认了该要求的登记卡打印出来,然后将此要求通过公司网络传输给餐饮服务部门。公司还会将常客的身份信息与饮食习惯连同其他相关数据永久地保存在客户数据库中。许多航空公司还规定,乘客可以选择现金支付或信用卡支付机票。企业通过对乘客提供此类选项服务,可以使顾客从纯粹的消费者转变为生产消费者。

4.1.4 盈利模式

电子商务项目策划中一个极为重要的部分是确定公司的收入和利润来源,即盈利模式。在现实的市场中,很多公司直接从其销售的产品或者从其提供的服务中获得收入和利润。但是,在电子商务市场中,由于互联网的特性,使公司利用互联网从事电子商务获得收入和利润的来源变得更加复杂。例如网络经纪电子商务模式公司的收入来自交易费、信息和建议费、服务费和佣金、广告和发布费等;一个采取直销模式的公司的收入则主要来自对客户的直接销售,还可以来自广告、客户信息的销售和产品购置费,也可以通过削减直接向客户提供服务的成本或减少配送环节来增加利润。

从为客户提供的产品或服务中获取利润的非常重要的一个环节是,对所提供的产品或服务正确地定价。在电子商务市场中,大多数产品和服务是以知识为基础的,这些产品一般具有高固定成本、低可变成本的特点,因而产品或服务的定价具有较大的特殊性,企业定价的目标不在于提高单位产品的利润率水平,而应更加重视产品市场占有率的提高和市场的增长。而且这种产品还具有能够锁定消费者的特点,使许多消费者面临着较高的转移成本,同时使已经在竞争中占有优势的公司不断拉大与其他竞争者的距离。

对于传统企业,在利用电子商务来创建、管理和扩展商业关系的过程中,可能很难计算其直接的收入和利润。但是,仍然可以分析其盈利模式,这种电子商务模式的盈利模式在很大程度上表现为电子商务对公司价值链结构的改变:基本活动中的信息处理部分,如商品信息发布、客户沟通、供应和分销商订单处理乃至支付都可以通过电子商务在网上完成,节约大量的成本,产生电子商务的收益递增利润;基本活动中的采购、进货、发货、销售等环节的物流活动,则可以通过第三方物流加以完成或通过提高信息化水平而提高效率,将大大减少企业的经营成本,因而产生经营成本降低收益;辅助活动中的人力资源管理和技术开发中的部分活动也都可以通过电子商务方式在网上完成,将会使企业的管理成本大幅度下降,产生管理成本降低的收益。

进行电子商务项目的收入和利润来源分析与策划,需要考虑如下问题:

(1) 电子商务项目的网站从哪些客户获得哪些收入?

(2) 对传统企业来讲,公司原有的收入来源是哪些途径?电子商务使公司收入来源产生了哪些变化?公司实施电子商务后有哪些新的收入来源?

(3) 电子商务对公司已具备的能力有哪些影响?

(4) 公司的哪些能力是其他公司所难以模仿的?

(5) 公司如何才能保持它的竞争优势?

(6) 公司在形成和保持这些竞争优势的过程中,需采用哪些营销战略?

4.1.5 核心能力

核心能力是相对稀缺的资源和有特色的服务能力,它能够创造长期的竞争优势。核心能力是公司的集体智慧,特别是那种把多种技能、技术和流程集成在一起以适应环境快速变化的能力。

电子商务可以快速地实现周期,对信息和联盟也具有很强的依赖性,而且要坚持不懈地改革商务活动的方式。因此,它需要有一种能综合考虑以上所有因素的分析工具,将公司的技术平台和业务能力进行集成。经过集成后的公司核心能力应该包括以下几个方面:

1) 资源

公司需要有形的、无形的以及人力资源支持来向客户提供有价值的一系列关键活动。有形资源主要表现在公司的网络基础设施以及电子商务的软、硬件建设水平。无形资源包括专利权、商誉、品牌、交易秘密、与客户和供应商的关系、雇员之间的关系以及以不同形式存在于公司内部的知识,例如含有重要客户统计数据的数据库以及市场研究内容。对于从事电子商务的公司来讲,无形资源往往包括公司自行设计的软件、客户的登录信息、品牌和客户群等。人力资源是公司员工具有的知识和技能,是知识资源的载体,在知识经济时代的作用更加突出。

2) 竞争力

竞争力是指公司将其资源转化为客户价值和利润的能力。它需要整合公司的多种资源。根据哈梅尔(G. M. Hamel)和普拉哈拉德(C. K. Prahalad)的观点,当公司遇到客户价值、竞争者差别化和扩展能力三个目标的时候,公司的竞争力是公司的核心能力。客户价值目标要求公司充分利用其核心能力加强其向客户提供的价值。如果公司在多个领域使用其竞争力,那么这种竞争力是可扩展的。例如,本田公司设计优良发动机的能力使它不仅能够向汽车,而且能够向摩托车、割草机和轮船提供发动机。

3) 竞争优势

公司的竞争优势来源于公司所拥有的核心能力。其他公司获得或模仿这些能力的难易程度决定了公司保持这些优势的难易程度。这些核心能力难以被模仿往往是由于在发展进程中处于领先或者这些核心能力的形成需要较长的时间,因此模仿者难以在短期内获得。进行电子商务项目的核心能力分析,需考虑以下几个问题:

(1) 公司拥有的能力是什么?

(2) 公司实施电子商务需要哪些新能力?

(3) 电子商务对公司已有的能力有哪些影响?

(4) 公司的哪些能力是其他公司所难以模仿的?

(5) 公司如何才能保持它的竞争优势?

(6) 公司在形成和保持这些竞争优势的过程中,采用哪些营销战略?

4.2 技术模式

4.2.1 技术模式主要内容

在所有的电子项目中,都需要合理规划其技术模式。电子商务的技术模式是支撑电子商务系统正常运行和发生意外时能保护系统,恢复系统的硬件、软件和人员配置系统的基础。因此,电子商务的技术模式主要分析电子商务的通信系统、计算机硬件系统、软件系统和其他专用系统。其主要内容如下:

(1) 企业电子商务采取哪种技术开发与应用模式?

(2) 公司电子商务应用的总体技术结构是什么?

(3) 公司电子商务应用中网络和通信系统的结构与技术水平。

(4) 公司电子商务系统中计算机硬件系统的配置情况。

(5) 公司电子商务软件的选择与应用情况。

(6) 公司商品扫描系统、支付刷卡系统、企业资源计划(ERP)、客户关系管理(CRM)、供应链管理(SCM)等专用系统的应用情况。

(7) 公司电子商务网站的安全解决方案和使用的安全技术。

(8) 公司电子商务的支付技术应用情况。

4.2.2 通信系统

通信系统是用以完成信息传输过程的技术系统的总称。现代通信系统主要借助电磁波在自由空间的传播或在导引媒体中的传输机制来实现。前者称为无线通信系统,后者称为有线通信系统。

通信系统的组成如下:

(1) 信息源 把各种可能的消息转换成原始电、光信号。例如语声、数据记录、麦克风、摄像机、光驱、软盘等。

(2) 发送设备 将原始电信号变换成利于在信道传输的信号。例如广播电台、电视发射塔、计算机通信口等。

(3) 信道 信号传输通道(传输媒介),例如空间、电线等。信道按传输介质可分为有线信道(有线通信系统中的电话线、电缆、光缆等)和无线信道(无线通信系统中的短波传播、微波中继、卫星通信与广播等)。按定义范围可分为狭义信道(只包含传输媒质)和广义信道(除包含传输媒质外,还包含发送和接收设备)。

(4) 接收设备 在接收信号时恢复相应的原始信号。例如收音机、电视机、计算机通信口等。

(5) 受信者 将原始电信号转换成消息。例如喇叭、TV显像管、显示器等。

(6) 噪声源 信道中噪声及通信系统其他各处(如发送和接收设备)产生的噪声、干扰等。

4.2.3 计算机硬件系统

所谓硬件系统,是指构成计算机的物理设备,即由机械、光、电、磁器件构成的,具有计算、控制、存储、输入和输出功能的实体部件。

1) 运算器

计算机硬件中的运算器主要功能是对数据和信息进行运算和加工。运算器包括以下几个部分:通用寄存器、状态寄存器、累加器和关键的算术逻辑单元。运算器可以进行算术计算(加减乘除)和逻辑运算(与或非)。

2) 控制器

控制器和运算器共同组成了中央处理器(CPU)。控制器可以看作计算机的大脑和指挥中心,它通过整合分析相关的数据和信息,可以让计算机的各个组成部分有序地完成指令。

3）存储器

顾名思义,存储器就是计算机的记忆系统,是计算机系统中的记事本。但和记事本不同的是,存储器不仅可以保存信息,还能接受计算机系统内不同的信息并对保存的信息进行读取。存储器由主存和辅存组成,主存就是通常所说的内存,分为 RAM(随机存取存储器)和 ROM(只读存储器)两个部分。辅存即外存,但是计算机在处理外存信息时,必须首先经过内外存之间的信息交换才能够进行。

4）输入设备

输入设备和输出设备都是进行人机互动的关键设备。鼠标、键盘等输入设备的出现,给计算机带来了天翻地覆的变化。现有的鼠标主要有两类:光电鼠标和机械式鼠标。使用鼠标,我们可以很方便地在计算机屏幕上进行坐标的定位,可以很好地操作图形和处理软件,为人类提供了最大的便捷。键盘也是一类非常重要的输入设备,计算机大部分的指令都是通过键盘输入来进行的。

5）输出设备

输出设备也是计算机人机互动的关键设备,它的特点是可以将计算机的信息以画面的形式展现出来,具有很好的直观性。常见的输出设备有显示器、打印机、语音和视频输出装置等。

4.2.4 计算机软件系统

计算机的软件系统是指计算机在运行的各种程序、数据及相关的文档资料。计算机软件系统通常被分为系统软件和应用软件两大类。系统软件能保证计算机按照用户的意愿正常运行,为满足用户使用计算机的各种需求,帮助用户管理计算机和维护资源、执行用户命令、控制系统调度等任务。软件系统分为两大类,虽然各自的用途不同,但它们的共同点是都存储在计算机存储器中,以某种格式编码书写的程序或数据。

1）系统软件

系统软件负责管理计算机系统中各种独立的硬件,使得它们可以协调工作。系统软件使得计算机使用者和其他软件将计算机当作一个整体而不需要顾及底层每个硬件是如何工作的。一般来讲,系统软件包括操作系统和一系列基本的工具(比如编译器,数据库管理,存储器格式化,文件系统管理,用户身份验证,驱动管理,网络连接等方面的工具)。具体包括以下四类:各种服务性程序,如诊断程序、排错程序、练习程序等;语言程序,如汇编程序、编译程序、解释程序;操作系统;数据库管理系统。

2）应用软件

应用软件是为了某种特定的用途而被开发的软件。它可以是一个特定的程序,比如一个图像浏览器。它也可以是一组功能联系紧密,可以互相协作的程序的集合,比如微软的 Office 软件。它也可以是一个由众多独立程序组成的庞大软件系统,比如数据库管理系统。较常见的有:文字处理软件如 WPS、Word 等;信息、管理软件;辅助设计软件如 AutoCAD;实时控制软件如极域电子教室等;教育与娱乐软件。

软件开发是根据用户要求建造出的软件系统或者系统中的软件部分的过程。软件开发是一项包括需求捕捉、需求分析、设计、实现和测试的系统工程。软件一般是用某种程序设计语言来实现的。通常采用软件开发工具进行开发。不同的软件一般都有对应的软件许可,软件的使用者必须在同意所使用软件的许可证的情况下才能够合法使用软件。从另一方面来讲,某种特定软件的许可条款也不能够与法律相抵触。

4.2.5 其他专用系统

其他专用系统是指在电子商务应用中所使用的商品扫描系统、支付刷卡系统、企业资源计划(ERP)、客户关系管理(CRM)、供应链管理(SCM)等专用系统。

4.3 经营模式

电子商务项目的经营模式是公司面向客户,以市场的观点对整个商务活动进行策划、设计和实施的整体结构。它包括如何让客户知晓并认同企业的电子商务商业模式,如何实现公司的电子商务商业模式,以满足客户需求。

经营模式与业务模式是密切相连的,电子商务业务模式具体体现了电子商务项目如何获利以及在未来长时间内的计划,注重对整体环节的设计和具体路径的选择。经营模式则主要是考虑如何开展具体的商务活动以实现商业模式的各环节设想,促进预经济目标的达成。这不仅包括选择各环节的具体合作者、协作者、协作方式、分成法、经营的工具、手段、方式、方法,还包括非业务模式环节的市场开拓、广告宣传事宜。经营模式将商业模式主体化、动态化、丰富化、灵活化、具体化。

进行电子商务项目的经营模式策划,需要进行以下几个方面的分析:

(1) 公司采用何种策略和方式推广自身的业务模式,来扩大客户规模?

(2) 客户搜寻商品和服务信息的渠道与方式有哪些?商品展示采取什么方式?客户与公司的信息交流采取什么方式?

(3) 商务咨询洽谈的方式与途径是什么?交易订单签约方式是电子化的还是纸质的?

(4) 交易的货款支付采取何种方式?具有什么特点?商品的物流配送采取什么方式?具有什么特点?公司提供什么样的电子化服务方式?

4.4 组织管理模式

4.4.1 电子商务的组织与人力资源管理

电子商务的组织:随着电子商务的发展,企业组织形态也随之演进,并呈现出不同的特征。依次经历了实体企业、虚拟企业、企业电子商务、电子商务企业的演进过程。人力资源管理,是指一个组织对人力资源的获取、维护、激励、运用与发展的全部管理过程与活动。一般来说,良好的人力资源管理,有助于为组织达到既定的目标,协助组织完成发展规划,有效地运用人员的能力与技术专才,提高组织成员的工作气氛且激发员工的潜能,满足组织成员的自我实现感与增加成员的工作成就感,协助企业负责人做出正确决策。

一方面来说,有效的人力资源管理可以避免不必要的人才流失带来的负面影响,正确的管理方式可带动员工积极性和创造性,提高企业工作效率,为企业赢得竞争优势和条件。另一方面来讲,在一切经营活动范围中应以提高经济效益为目标。而电子商务能够合理利用资源,分配管理的空间和人力,这恰恰提高和实现了企业在人力资源管理中的价值,使之达到一定的目的。具体来讲:

(1) 节约了大量资源成本 以往企业为管理人员设置部门和机构,任何事情都是上层领导决定,后通知各部门员工,消息还要通过各级部门向下属传达。这一过程,既浪费了人力,又浪费时间,企业产出的效率低下。电子商务的出现令企业可以直接通过在网上设置网点和权限来供本企业员工的交流,任何员工都可以方便地了解到全面的管理信息,大大削减了时间的浪费,从而提高了工作效率;有时员工也可以向上级提供些建议或意见,这样,上下级之间的交流就会方便而且快捷,管理信息的准确性和可靠性也可相对提高。上述为企业内部商务的提升和电商带来的便捷。

(2) 防止出现人为的错误管理信息 以员工为导向的这种企业管理模式,使得员工的流动性大,队伍不稳定,进而使得人力资源管理与市场出现波动,企业文化和员工的向心力和忠诚度下降,更加为员工的跳槽提供了机会,对企业管理埋下隐患。所以在整个管理的具体执行中商务文件的处理主要由网络提供、计算机来完成,防止出现人为的错误管理信息,避免一些不必要的损失。同时计算机处理加速在一定程度上也为企业降低了成本。在内外交流中商业文件传递速度提高,错漏损失减少,文件处理速度大大提高。下设结构都由电商网络控制,形成全规模的一体化经济时代。

(3) 加深员工对企业的信任 企业在网上设立主页、域名网址等实质是形成了一种无形资产,类似于商务权。其他的员工可以了解企业较全面的情况,并且在不断的业务往来中加深了对企业和领导的信任。这往往达到的是一种无形的效果,虽然不能作为标准来确认,但也恰恰反映了这一点。

(4) 促进企业之间的交流 通过企业与企业之间的网上交流,相互可以迅速收到、发送和反馈管理信息。企业人力管理必须立足于员工,因此了解员工需求和想法,可以提高企业电商的管理。

(5) 给企业带来更优的收益 虽然电子商务应用在购销、生产等诸多方面,但是在企业管理方面也必不可少,企业在员工管理尤其是在制度管理方面要有足够的运转,管理者可以更好地利用网络为企业带来更优的收益。

4.4.2 业务管理

业务管理是指对公司经营过程中的生产、营业、投资、服务、劳动力和财务等各项业务按照经营目的执行有效的规范、控制、调整等管理活动。业务管理是企业系统运行的中心环节,上游至采购供应,中游至生产储备,下游至产品服务等,都在业务管理的流程中实现,企业的业绩也由此直接产生。因此,业务管理是决策实施与企业执行力推动的关键。业务管理是日常人员管理的集中体现,在日常管理中应以考核办法为准则,加强与员工的沟通,加强团队凝聚力也是一名部门经理在业务管理方面的有效办法。

4.4.3 服务与客户关系管理

服务管理是指企业为了建立、维护并发展顾客关系而进行的各项服务工作的总称,其目标是建立并提高顾客的满意度和忠诚度,最大限度地开发利用顾客。客户关系管理是企业选择和管理有价值客户及其关系的一种商业策略,要求以客户为中心的商业哲学和企业文化来支持有效的市场营销、销售与服务流程。客户关系管理借助一定的信息技术和互联网技术,为客户提供多种交流渠道,为企业提供全方位的管理视角,最大化客户的收益率。

4.5 资本模式

4.5.1 风险投资型资本模式

风险资本的投资活动一般分为五个连续的步骤:

第一步是交易发起,即风险资本家获知潜在的投资机会。

第二步是投资机会筛选,即风险资本家在众多的潜在投资机会中初选出小部分进一步分析。

第三步是机会评价,即对选定项目的潜在风险与收益进行评估。

第四步是交易设计,即如果评价的结果是可以接受的,风险资本家可以与企业家一起确定投资的数量、形式和价格等。

第五步是投资后管理,即在交易完成后风险资本家要与企业家签订最后合同,并进入投资后管理阶段。这一阶段的内容包括设立控制机制以保护投资、为企业提供管理咨询、募集追加资本、将企业带入资本市场运作以顺利实现必要的兼并收购和发行上市。风险资本的投资模式是在高度的信息不对称和信息不完全环境中形成的。它在理论上涉及多方面的问题,在实践中有多样的变种。下面仅从实际应用的角度分析投资活动过程。

1) 交易发起

在交易发起阶段,风险资本家面对的是一个内容十分宽泛的投资机会选择范围,通常遇到的问题是潜在投资机会因规模太小而可见度低。在这种情况下,风险资本家与企业之间的中介扮演了十分重要的角色,它向风险资本家和需要投资的企业提供信息服务。

风险资本的投资机会获取方式主要有三种,第一种是企业家主动提出投资申请,并提供相应的商业计划。大约1/4的投资机会是通过这种方式获取的。第二种方式是推介,即通过其他风险资本家、银行或投资中介者(机构)推荐介绍。在风险资本家获取的投资机会中,有大约50%是通过推介获取的。在推介方式中,有一种被称为"辛迪加"的方式越来越普遍。在这种方式下,一位风险资本家作为某个企业的主要投资人,向其他风险资本家推介,让其他风险资本家参与进来,进行联合投资。辛迪加的优势是能够联合多个风险资本家进行投资,使个体风险资本家的投资组合更多样化,降低了投资风险。同时,由于投资管理的责任大部分由牵头的风险资本家承担,使其他风险资本家免去了大量烦琐的管理事务。投资机会获取的第三种方式是风险资本家主动搜寻潜在的投资机会。风险资本家经常会主动寻找那些处于创业阶段或急需扩张资金的企业。他们主要通过非正式的业内网络、参加贸易洽谈会、展览会、科技专业学术会等方式掌握即时的科技、商业动态,并寻找潜在的投资机会。当风险资本家要选择自己投资的科技领域或为所投资的企业选择管理人员时,通常采用上述积极主动的搜寻方式。在这种情况下,风险资本家在某些部分充当了企业家的角色。

2) 投资机会筛选

一个独立的合伙制基金一般有 6~10 位专业人员,他们要从大量的投资机会中选择一部分进行深入研究,其中只有被认为是最有投资价值的极小部分项目被选中进入下一步评价。由于可供筛选的项目太多,而基金的人力又有限,基金一般选择与自己熟悉的技术、产品和市场相关的项目。投资机会筛选过程中一般要考虑以下四个方面的问题:

(1) 投资规模与投资政策　投资规模的选择是一个规模效益与风险分散的平衡问题。如果单项投资的规模过小,整个基金的管理成本就会上升,出现规模不经济的问题。但如果规模太大,单项投资的成败会决定整个基金的收益,则基金的风险太高。风险资本家要从上述两方面的平衡中确定合适的投资规模。由于他们的风险偏好和基金规模不同,因此能确定的合理规模也有差异。另外为了克服上述两方面的矛盾,越来越多的风险资本家采用辛迪加式的投资政策。多家风险资本联合对规模较大的项目进行投资。

(2) 技术与市场　多数风险资本在进行机会筛选时会把技术与市场作为选择标准之一。从某种意义上说,风险资本投资的不是一个企业,而是一种技术或市场的未来。因此,他们必须对项目所涉及的技术和市场有深入的了解。由于他们不可能了解所有的技术,因此在项目筛选时只能考虑自己熟知的领域内的技术。风险资本家一般倾向于新兴技术而非成熟的技术。

(3) 地理位置　对地理位置的考虑主要是从方便管理出发。投资一旦发生,风险资本家就要和企业家保持经常性的接触。从时间和费用两方面考虑,风险资本家希望选择离自己较近的项目,一般倾向于选择位于主要城市附近的项目。然而,随着通信技术的发展,地理位置方面的考虑正趋于淡化。

(4) 投资阶段　风险企业对风险资本的需求发生在企业生命周期的不同阶段。据 1988 年的统计可知,种子投资和创业投资占整个风险资本总投资的 12.5%,而扩张性投资和后期投资占 67.5%。这表明多数风险资本的投资发生在企业具有一定规模以后,但这并不说明这两类投资在项目数量上的差异,因为种子投资和创业投资所需的资本额一般较小。

3) 机会评价

传统的公司财务理论认为,投资者寻求的回报应与该项投资的非分散性风险有关。投资所需获取的报酬应与无风险的长期利率成正相关,同时报酬也随股票市场预期的报酬率与长期利率之差同方向变化。因此,标准的投资评价方法是以现金流现值和分红现值作为基础。但是,这种方法显然不适用于风险资本的投资评估。对一个处于发育早期、充满不确定性的企业进行未来现金流的预测是不现实的。同时,这种企业几乎没有现金分红,投资者的报酬体现在退出时的股份增值中。由于风险资本投资的是未来的增长机会,期权理论为风险投资项目的评价提供了一个极好的理论工具。风险投资的多阶段特征使投资者拥有现在投资或稍后投资的选择权利。当第一次投资发生后,投资者没有义务作后续投资,但有权利在获取进一步的信息后进行后续再投资。由于后续投资是一种权利而非义务,投资者在企业未来的价值增值中拥有一个有价期权。

用期权定价方法评价风险资本的投资已有大量的理论研究和少量的实际应用。但是,绝大多数风险资本家是依据对企业商业计划的主观评估来做出投资决策的。主观评估的过程一般包括三个步骤：因素评价、收益风险评估和投资决策。因素评价中有收益因素和风险因素的评价。收益因素主要是市场前景和产品新意，前者是最重要的；风险因素主要是管理能力和环境适应能力，其中管理能力是最重要的。通过对各个因素的分析，风险资本家获得该项投资的预期收益和预期风险，然后依据自己的风险偏好，在对比分析各个项目的这两项指标后做出投资决策。

4) 交易设计

风险资本家做出投资决策后，必须和企业家一道设计出一个双方都可以接受的投资合同。从风险资本家的角度看，设计投资合同有三个方面的用途：

(1) 合同设定了交易价格，即风险资本家的风险投资可以换取的股份数量。

(2) 合同设定了对风险投资的保护性契约，它可以限制资本消耗和管理人员工资，也可以规定在什么样的情况下风险资本家可以接管董事会，强制改变企业管理，通过发行股票、收购兼并、股份回购等方法变现投资。保护性条款还可以限制企业通过其他途径筹集资金，避免股份摊薄。

(3) 通过一种被称之为"赚出"的机制设计，合同可以将企业家所取得的股份与实现企业目标挂钩，激励企业家努力工作。

合理的交易设计对风险资本家取得既定的目标收益率具有重要意义。风险资本家通过多种机制激励企业家努力工作和提供准确信息。常用的机制包括分阶段投资和可转换财务工具。这些机制使资本家与企业家之间能够合理分配权利和义务。它是风险资本市场治理结构的重要内容。

风险投资，尤其是企业发育早期中风险投资的一个重要特点是其投资的多阶段性，即将一项投资分解为几期进行。分阶段投资给予了风险资本家一种期权，对企业家形成了一种激励。但是，它也可能引起投资上的短视，或者引起过度投资。在第一期投资发生后，作为内部人的企业家或风险资本家可能会为了说服外部人（其他投资者）进行投资而提供误导信息。这就产生了在多阶段投资决策中如何构造合理的合同的一个理论问题。Admati 和 Pfleiderer(1994)将代理理论应用于连续决策中，成功地构造出了一个理论模型来探讨风险投资的合同问题。在一个两阶段投资模型中，他们假设企业通过两种模式获取外部投资：其一是企业家主导型，即企业家是唯一的内部人，企业家在两个阶段分别独立向外部投资者寻求投资；其二是风险资本家主导型，即企业家和风险资本家都是内部人，由风险资本家做出第一阶段的全部投资和第二阶段的部分投资后，企业家和风险资本家共同寻求第二阶段的其他投资。经研究得出了五个方面的结论：第一，在企业家主导型筹资中不存在信息均衡的合同，信息不对称和企业家的误导动机不可能因合同的完善而消失；第二，如果企业家与投资者之间的不对称存在于均衡的合同中，次优的投资决策可以在第二阶段退出；第三，风险资本家主导型筹资中的最优合同是主风险资本家在各个投资阶段保持固定比例的股份，它可以消除风险资本家的误导性动力；第四，在固定股份比例合同存在的情况下，风险资本家的回报与后续投资阶段的股份定价无关，因此，风险资本家没有动力去扭曲股份价格，这为风险资本帮助企业进行后续融资提供了理论上的合理性；第五，风险资本家作为内部投资者可以在某种程度上降低代理成本。

5) 投资后管理

交易设计完成并签订合同后，风险资本家的角色从投资者扩张到合作者，他们通过在董事会中的席位影响企业的决策，通过在产品市场、原料市场和资本市场上的优势帮助企业发展。不同的风险资本家对企业正常管理活动的参与程度差别较大。总的说来,大多数风险资本家不倾向于过多涉及企业日常管理,但在出现财务危机或管理危机时,风险资本家会进行干涉,直至更换企业管理队伍。在投资退出阶段,风险资本家也会扮演十分积极的角色,他们会直接指导企业的收购兼并和股票发行上市。

风险资本家参与企业管理的程度受多种因素影响,其中最主要的因素包括企业高级主管的经验与技能、企业所处的发育阶段、企业所采用技术的创新程度,以及企业高级主管与风险资本家在企业发展目标上的一致性。美国的资料表明,风险资本家将大约一半的工作时间用于所投资企业的投资后管理。平均每人负责9个企业,每个企业每年平均耗费110个小时。风险资本家在投资后管理中做得最多的两项工作是帮助企业筹集资金和提高管理能力。前者是风险资本家运用自己在资本市场上的联系和技能为企业的进一步发展筹集资金;后者是通过在市场上寻找和吸收高素质的经理人员、及时更换不称职的企业主管来实现。由于多数风险资本家认为管理是决定投资成败的关键因素,因此提高企业的管理能力成为他们在投资后管理中最重要的工作。

4.5.2 传统投资型资本模式

由于我国政策法规的限制,城市基础设施中可供选择的投融资基本模式有两种:传统政府投融资模式和市场化投融资模式。

1) 政府投融资模式

政府投融资是指政府以实现调控经济活动为目标,以政府信用为基础筹集资金并加以运用的金融活动,是政府财政的重要组成部分。政府投融资主体是指经政府授权,为施行政府特定的建设项目,代表政府从事投融资活动具备法人资格的经济实体,其形式是按《中华人民共和国公司法》组建的国有独资公司。政府投融资主体以政府提供的信用为基础,以政策性融资方式为主,辅之以其他手段进行融资。资金来源渠道主要有两类:一是政府财政出资;二是政府债务融资。

政府投融资模式的核心在于:建设项目投资、建设、运营的"三位一体",全部由政府或政府组建的国有独资公司包揽,是单一的国有所有制经济在城市基础设施建设的具体体现。政府投融资模式最大的优点就是能依托政府财政和良好的信用,快速筹措到资金,操作简便,融资速度快,可靠性大。缺点主要有:一是对政府财政产生压力,受政府财力和能提供的信用程度限制,融资能力不足;二是不利于企业进行投资主体多元化的股份制改制,施行法人治理结构。

2) 市场化投融资模式

市场化投融资是指企业以获取盈利为目的,以企业信用或项目收益为基础,以商业贷款、发行债券股票等商业化融资为手段,筹集资金并加以运用的金融活动。非国有独资的公司制企业是市场化投融资的主体。市场化投融资主体的融资又分为企业信用融资和项目融资。企业信用融资是以企业信用为基础进行的各种融资活动;项目融资是以合资成立的股份制项目公司为主体,在政府的支持下,以项目本身收益为基础进行的商业融资活动。主要融资渠道有:(1)私募发起人、发行股票等股权融资;(2)依托企业信用发行企业债券;(3)国内商业银行的商业性贷款;(4)项目融资,包括 BOT、BOOT、BOO、PPP、PPT 等;(5)留存收益(利润)等内源融资。

市场化投融资模式的核心在于：将建设项目中的投资、建设、运营分开，即允许多元化投融资主体存在，多方参与建设，多方参与运营，谁出资谁收益。这是多元市场化的所有制经济在城市基础设施建设中的具体体现。市场化投融资最大的优点是可以吸引更多的投资者参与项目建设，减轻对政府财政的依赖，实现投融资主体多元化。缺点主要有：(1)融资速度慢，融资量越大操作程序越复杂。(2)企业信用融资受企业信用程度所限，融资能力不确定；项目融资往往都是针对大型建设项目，需要政府大量的政策支持才能保证有足够多的稳定现金流，形成相应的融资能力。(3)可靠性相对较差，操作环节多，任何一个环节出现问题，都会导致整个融资计划失败。

值得指出的是，鉴于两种投融资模式各自的缺点和不足，二者组合取长补短，发挥各自优势。国际上又出现了将这种二者优势相结合的新型投融资模式——PPP模式。PPP模式是指政府与企业之间为提供公共基础设施、公共产品服务等达成的合作安排，这种安排通常是在风险共享、分担融资的情况下可达到的最合理成本控制。PPP方式在全球公共基础设施和其他公共产品服务领域的运用日益广泛，采用PPP方式不仅是在投资结构上的突破，更重要的是与我国目前的融资方式相比，能带来其他的效益，如引进新的专业技术、提高服务质量或水平、获得项目创新的机会、降低项目成本等。因此，目前各国政府都广泛采用结合本国国情的PPP模式进行基础设施建设。

4.5.3 电子商务公司之间的并购

并购的内涵非常广泛，一般是指兼并和收购。兼并又称吸收合并，即两种不同事物，因故合并成一体。在电子商务行业中指两家或者更多的独立企业，合并组成一家企业，通常由一家占优势的公司吸收一家或者多家公司。收购是指一家企业用现金或者有价证券购买另一家企业的股票或者资产，以获得该企业的全部资产或者某项资产的所有权，或对该企业的控制权。与并购意义相关的另一个概念是合并，它是指两个或两个以上的企业合并成为一个新的企业，合并完成后，多个法人变成一个法人。

分析中国电子商务行业的主要并购案例，可以看到三大特征：

(1) 大公司和知名公司在并购活动中扮演着积极的角色　腾讯和阿里巴巴都在电商领域进行了多次并购交易。这些大公司的并购，主要是出于两个目的：扩张商业版图，将触角不断延伸到互联网边界的新领域；在优势领域强化实力，为防御未来的竞争冲击构建护城河。

(2) 投资金额普遍不大　单笔交易规模通常在 4 000 万～6 000 万美元。如 2012 年 9 月苏宁以 6 600 万美元收购母婴类垂直电商网站红孩子，这与国外同行同期进行的并购规模比较相去甚远。2012 年，亚马逊曾宣布将以 7.75 亿美元现金收购 Kiva Systems，以获得其仓库机器人技术。2011 年，eBay 宣布将以 24 亿美元的高价格收购 GSICommerce，后者提供一整套电商、数字营销工具，其服务为众多大型零售商所使用。

(3) 投资主体呈现多元化的趋势　以前未曾涉足电子商务的传统零售企业也加入了战局，比如国美电器、沃尔玛和中国动向等。一个很重要的原因在于，传统零售店的线下实体店的销售业绩日益受到网络零售店的冲击，国美电器、苏宁电器被迫发力于电商，并希望在该领域也能建立起类似其线下零售的行业地位，而合理并购是快速提升竞争能力的一条捷径。

4.6 信用管理模式和风险管理模式

4.6.1 信用管理模式

所谓信用管理模式,是指企业在信用管理工作过程中以什么样的形式进行信用管理工作,如何规定各部门在信用管理工作中的职能权限以及各部门之间的协调关系,如何设置信用管理工作人员及相关人员的岗位职责,以发挥信用管理最大的功效。信用管理模式的演变与人们认识的信用管理工作分不开,每一次对信用管理深入认识后,信用管理工作者都对信用管理模式提出了新的要求。信用管理模式大概经历了以下五个过程:第一阶段,无信用管理概念的阶段;第二阶段,财务职能阶段;第三阶段,销售、财务建立协商机制阶段;第四阶段,独立信用管理部门阶段;第五阶段,全面信用管理模式阶段。

随着企业信用管理理论与实践的发展,我国比较流行的企业信用管理模式主要有以下三种:

1) 销售型

信用管理工作主要由销售部门负责。纯粹的销售型几乎没有明确的信用制度,出货和回款的信用管理完全由业务部门自己负责,没有职能部门参与。这种管理模式风险较大,适合于公司业务高速增长的跑马圈地时期。但如果本行业属于萧条时期,采取销售型的信用管理就很危险了。

2) 财务型

信用管理职能隶属于财务部,独立性很强,权威性较大,但完全按照制定的规章制度来进行。虽然会减少风险,但同时也会阻碍销售的发展。当公司的业务到达一定规模,要达到高质量的经营,这时以财务型为主的信用管理比较适合。

3) 均衡型

这是介于销售型和财务型之间的信用管理,企业愿意承受一定的风险,销售主管有权审批一些特殊情况,企业希望在风险与发展之间找到平衡。

4.6.2 风险管理模式

全面风险管理是相对于风险管理而言的。风险管理主要是指企业在生产经营过程中对可能发生风险的一种管理,这种风险具有单一性、片面性、针对性的特点。全面风险管理则是指企业在整个经营管理活动中对所有可能产生的风险因素进行检测、预防,将风险控制在一定范围,降低风险对企业生存发展产生的威胁。全面风险管理具有预防性、动态性和全面性的特点,是企业所有员工共同参与、共同防范的一种风险管理模式。

1) 内容

全面风险管理涉及的内容相对全面,凡是对企业经营目标相关的影响因素均属于全面风险管理的内容。对于企业而言,在经营管理活动中就需要根据风险影响因素确立应对措施;全面风险管理存在于整个经营管理活动当中,通过管理确保企业战略目标的实现;全面风险管理包含企业管理理念、风险管理文化的构建。全面风险管理具体内容有风险因素的分析、风险对策的制定、风险危害的识别、风险能力的提升等。

2）特点

预防性特点,全面风险管理与风险管理相同,预防性是其最基本的特点。通过全面风险管理能够提前预测企业经营管理当中可能面临的风险因素,并根据预测制定对应的解决措施,降低风险危害程度。动态性特点,全面风险管理具有动态特点,这种管理理念与企业战略目标以及经营管理紧密关联,存在于企业整个生产、经营管理活动中。同时,全面风险管理会根据企业经营管理当中的风险变化而随时调整风险应对措施,以实现对风险的动态管理。全面性特点,全面风险管理的最主要特点体现在"全面",所谓全面主要是指风险管理存在于经营管理活动的所有方面,包括企业战略目标制定、内控机制建设、监管体系完善、经营活动等内容。

【本章小结】

电子商务项目商业模式是电子商务项目的重要环节。本章以电商行业的业务模式基础,举例说明电子商务与其他传统企业的不同之处,接着对电商运行技术模式进行了系统性分析。本章后面部分着重介绍了电子商务商业模式下的经营与组织管理、资本模式、信用与风险管理模式,并对其进行了深入的探讨。

【应用案例】

花＋

已经步入工作岗位的高林,近些日子观察到,身边的女同事们都订起了鲜花,办公室桌上百花争艳。女同事们在休息时间剪剪花换换水,着实为枯燥的工作日增添了好心情。

随着移动互联网的快速发展,人们养成线上消费的习惯,电商朝着如生鲜、母婴等垂直领域细分市场。鲜花电商可以说是生鲜的一种,行业的痛点在于如何把控鲜花品质和完善供应链,保证能够给到消费者满意的用户体验。那么,今天从产品运营的角度,以花＋为例,来分析如何在产品同质化的鲜花电商领域做到脱颖而出?

1）崛起的背景

鲜花行业一直以来受人们的关注并不高,以前我们只会在节日庆典或婚庆市场较多的接触鲜花,借助鲜花来表达人们的喜悦、爱慕等感情。以 Roseonly 和野兽派为代表的鲜花公司主营高端鲜花,而花＋和花点时间则倡导在日常生活中订阅鲜花。

从用户需求来看,随着中国经济的发展人们的可支配收入增长,物质文明富足后人们更加追求精神层次的愉悦,消费升级带动人们追求更有品质的生活,女权意识觉醒、女性消费力的壮大等社会背景将鲜花电商的发展推向了时代的风口。

另外从供给侧来看,有需求必将衍生供给,资本助力鲜花生成规模的扩大,同时引进海外鲜花的品种与运作经营模式均提高了鲜花供给的能力,而近些年全国长中短途物流体系的搭建和完善为鲜花运输提供了可能。

2）商业模式

（1）经营模式　花＋定位日常鲜花订阅服务,创新了"包月订花、按周送花"的模式,颠覆了传统鲜花的消费模式,根据用户购买的鲜花品类随机派送,用户收到鲜花当日才能得知鲜花的种类,这种随机模式增加了用户的惊喜和期待,迎合了用户的精神需求。然而这种模式也有个问题是如果收到的花没有达到用户的预期,那么会招来差评和投诉甚至用户流失,所以,这种模式如何趋利避害也是产品需要思考的问题。

(2) 产品形态　目前主要的销售渠道有微信公众号 H5 版本、小程序、App、京东和淘宝的品牌店铺。微信公众号是最早开始销售的地方,现阶段还是最主要的渠道,结合微信公众号推文展开鲜花销售推荐。App 也以图文形式展现,应属于内容型产品。产品的整体视觉风格简洁色彩明快,以各种美丽的鲜花为背景,给用户呈现了美的盛宴,利于增加用户停留时长。但目前 App 板块还比较简单,内容主题规划不完善,首页以套餐产品为主排版销售风格偏重,小程序还暂不支持购买,微信和京东天猫等店铺都会在一定程度上受到平台的局限。同时,现阶段仍以品牌自营为主,想要做强做大,终需要做连接者,往平台的方向发展,这点可以借鉴花田小憩,引进花艺师和相关自媒体人入驻,为平台增加内容,如小红书的内容电商模式。也可以做线下的连接者,将线下的花店聚合在平台上,成为真正的超级鲜花平台,线上线下联动,全方位为用户打造鲜花消费的良好体验。

(3) 业务模块　主要有售卖鲜花套餐和周边、鲜花知识、用户社区等几大板块,缺乏专题类的内容板块,例如家具装饰、植物学堂、婚庆典礼、鲜花故事、花语解读等。展示形式可增加短视频全方位展示花的美丽,以及如何使用鲜花点缀生活空间。文字介绍可增加每种鲜花花语和精神寓意,除花束以外增加鲜花＋周边的打包套餐。未来从品牌定位"传递美好生活方式"入手还可以拓展更多日常生活相关的产品。

(4) 需求场景　任何产品的诞生均源于需求的存在,那么订阅鲜花的需求场景又有哪些呢？根据之前的文章提到,场景可按人、时间、地点来划分,除了办公室白领,还有家居装饰、店铺美化、赠送亲友、婚庆典礼、恋人赠花等细化场景分类做好精细化运营,从花＋目前的产品分类,并从不同用户的需求场景出发推荐相关主题花束,用户仅根据图片、价格、类别订阅,难以精准匹配需求场景。

思考题

1. 以你熟悉的电子商务交易平台为例,说明其管理模式包括哪些内容?
2. 说说在进行电子商务项目的目标用户分析时,应着重考虑哪些问题?
3. 说说在进行电子商务项目的收入和利润来源的分析与策划时,主要考虑哪些问题?
4. 以你熟悉的电子商务平台为例,说明其技术模式包括哪些内容?
5. 以你熟悉的电子商务平台为例,说明其经营模式包括哪些内容?

实训内容

结合"互联网＋鲜花"项目拟订商业计划,并进行需求识别调研和撰写"互联网＋鲜花"项目商业模式设计方案。

5 电子商务项目设计

【开篇案例】

随着人们生活方式的转变,电子商务在社会零售中所占的比例逐步上升,不少个人创业者也会以电商作为重要的支点。在这其中,电商网站可以说是电商行业必不可少的首要工具,其设计也是业界最为关注的焦点命题之一。

电商设计对网站来说有三方面的重要性,一是用户的需求、二是网站的特点、三是网站的营销性,这三方面直接影响到电商设计。为了让网站能够受到用户喜欢和转化,你要在开始准备新网站的设计时,以及在进行过程中,学会考虑网站内容、布局等因素。

1) banner 图对用户要有一个吸引点

电商网站 banner 不仅仅是装饰,更是用来表达品牌特殊性的,所以 banner 的设计一定要有特色风格,要跟产品属性和用户审美观相匹配,要让用户清晰了解到,我家网站是卖什么产品的,这些产品有哪些气质。

2) 元素设计对用户要能吸引注意

在电商网站设计中,并不是所有设计都是亮点,而是网站中必须要有几处能够第一时间吸引用户注意的创意元素,毕竟如果到处都是创意元素会让用户找不到核心。电商网站设计要包含企业的形象设计、产品设计、功能展示等,这些内容都是帮助企业树立良好形象,赢得用户喜欢的重要条件。

3) 电商网站的排版和布局

电商网站设计的内容大部分与产品和服务相关,所以在展示时也要将主打产品和核心服务放在最重要的位置,这样用户就可以一眼了解到网站的产品和服务,同时也可以了解到产品是不是自己要买的。内容的排版和布局要使标题明确。网站分类清晰,可以让用户很方便地就找到自己想要的产品。

4) 电商网站做好导航栏目

很多用户在逛商场的时候没有明确目标,即使刚开始是带有目标,其间可能有变故,所以电商网站的导航设计相当重要,要保证用户浏览任何页面时,都能轻松找回导航栏目,帮助用户随时跳转到想去的页面。

5.1 电子商务项目功能需求设计

功能需求规定开发人员必须在产品中实现软件功能,用户利用这些功能来完成任务,满足业务需求。功能需求有时也被称作行为需求。功能需求描述是开发人员需要实现什么。产品特性,是指一组逻辑上相关的功能需求,它们为用户提供某项功能,使业务目标得以满足。对商业软件而言,特性则是一组能被客户识别,并帮助客户决定是否购买的需求,也就是产品说明书中用着重号标明的部分。客户希望得到的产品特性和用户的任务相关需求不完全是一回事。一项特性可以包括多个用例,每个用例又要求实现多项功能需求,以便用户能够执行某项任务。

功能需求代表着产品或者软件需求具备的能力,一般是管理人员或者产品的市场部门人员负责定义软件的业务需求,以提高公司的运营效率或产品的市场竞争力。所有的用户需求都必须符合业务需求。需求分析员从用户需求中推导出产品应具备哪些对用户有帮助的功能。开发人员则根据功能需求和非功能需求设计解决方案,在约束条件的限制范围内实现必需的功能,并达到规定的质量和性能指标。

企业的电子商务可以划分为 B2B、B2C 等模式,尽管具体到某个企业,可能因为产品和服务的不同,其需求也千差万别,但是几种典型的商务模式的业务和功能需求都有一定的共性。了解这些典型需求,能够帮助具体企业进行电子商务项目分析,总结项目的需求。

5.1.1 B2C 的电子商务零售项目的基本需求设计

B2C 的电子商务项目是目前比较成熟的一种电子商务模式,也是服务于个体消费者的零售企业应用最为广泛的一种电子商务模式。支持这种电子商务模式的电子商务项目应当满足消费者购买过程中的各种需求,帮助消费者更好地做出购物选择,它一般应具备以下这些功能:

(1) 注册功能 该功能包括用户注册、注册用户信息查询、修改和注销。消费者必须注册后才能应用系统平台购物。

(2) 动态信息展示 项目能够将企业销售的最新商品信息、市场动态及时传达给用户,方便用户了解最新商品和动态。网站管理员通过管理界面对动态信息进行相应的添加、删除、修改等操作,保证信息的及时性和实效性,而商品管理由企业管理员和销售员共同负责。

(3) 用户反馈 通过该项目,用户可以将顾客对公司的意见或建议及时反馈给公司网站管理员和企业管理员,再由管理员对相应的用户信息进行回复,改进服务质量,了解市场需求和顾客的购买倾向,调整经营策略和方向。

(4) 企业信息查询 销售企业信息包括企业简介、业务范围、联系方式、具体商品、企业资质等信息。用户可以对这些信息进行查询。

(5) 商品信息显示 用户通过该项目能够方便地查看销售企业所提供的所有上架商品以及其他服务信息,所有商品均可以进行查询(查询包括各种方式),方便用户选购,用户可以给某销售企业或所有销售企业留言,预约订购某服务或商品。

(6) 订单管理 用户通过平台选购商品后即可通过订单提交给该商品的销售企业,销售企业业务员对订单进行相应的处理,处理结束后则可即时通知相应的工作人员进行配送等处理,用户还能查看、修改和撤销订单。

(7) 汇总统计功能 项目可以按照各种条件对相关数据进行统计和汇总,统计出所有反馈信息,供销售企业参考。统计的条件包括统计会员地域范围,统计商品点击率,统计不同类别商品的销售数量,统计不同时间、季节的销售情况。这些统计还可以进行交叉分析。

(8) 用户管理系统 对用户进行身份识别,方便对用户进行管理,可以进行奖励和惩罚,甚至包括注销该用户,保证商务活动正常有秩序地进行。

（9）销售企业界面　销售企业要有自己的企业页面，以便用户能够购买特定企业的商品，也便于企业推销自己的品牌、树立企业的风格与形象。

（10）公告板功能　公告板是提供给系统管理员和管理委员会发布系统信息和公共信息的地方。发布的信息，按照发布时间先后显示，此外可以对自己发布的信息进行管理和删除。

（11）留言板功能　留言板是提供给会员、系统管理员、管理委员会、商户管理员留言和发表意见以及互相交流的地方。留言者可以管理自己的留言，系统管理员也可以对违规的留言进行管理，但只能删除留言，不能更改内容。

（12）客服中心　为顾客进行网上购物提供帮助信息，并开展售后服务。

（13）实现比较购物　和同类产品比较，帮助用户进行购买决策。

（14）商品的评估　对商品进行评估，查询其他用户对商品的评估和意见。

（15）电子购物车　实现现实中超市的购物车功能。

（16）电子支付　能够通过网络付款。

（17）电子拍卖　能够进行电子拍卖；对有些产品能以拍卖的方式进行销售。

（18）广告管理　能够发布和管理网络广告。

（19）商品库存管理　能够对商品库存进行管理。

（20）产品跟踪　能够跟踪产品销售情况。

（21）外部接口　和物流配送系统建立接口，和银行之间建立接口。

从目标系统的构成上看，B2C 的电子商务项目至少包括以下三个部分：一是商品管理子系统，主要功能是进行商品信息管理和发布；二是交易子系统，主要负责处理订单、完成支付环节；三是客户管理或客户关系管理子系统，主要对客户的信息进行管理。

5.1.2　B2B 电子商务项目的基本需求设计

B2B 电子商务项目必须能够准确地反映现实世界的商务活动，实现企业之间各种商务流程，给各种企业的营销管理提供一种利用国际互联网进行营销的手段和方法，以解决商品信息流通慢、信息不准确和流通面狭小的问题。B2B 电子商务项目旨在为企业提供一个简捷、合理、方便、公正、公平和公开的交易方式，并且适当解决企业资金及经营状况不清、影响企业的经营决策等现实存在的问题。B2B 电子商务项目的企业内部管理需要把企业内部的各业务人员（主要有系统员、销售员、采购员、财务等）的权限划分清楚，不得越权操作。另外，B2B 电子商务项目还应具备拍卖、招标和智能搜索引擎的功能。

基于这些需求，B2B 电子商务项目至少需要实现以下功能：

（1）网上客户的注册与管理　该功能包括用户注册，注册用户信息查询、修改和注销。各类人员必须在注册后才能应用项目平台购物，可以检查注册信息，包括客户上传的资质和资信评价。

（2）会员权限管理　该功能包括网上客户的内部业务人员角色分配及其业务管理包括登录时身份及角色的验证，会员的"采购员"可主动参与"自由求购"模式的业务活动；会员的"采购员＋审批员"可参与"拍卖"模式的业务活动；会员的"销售员＋审批员"可参与"反向拍卖"模式的业务活动。

（3）商品信息的分类录入和发布　让商家在网上录入和发布自己商品的信息，包括商品的促销和特卖信息的录入和发布。

(4) 网上在线信息的查询、统计和管理　该功能包括会员基本信息的查询(公司的名称、地址、资金等情况),某种商品的信息(商品名称、计量单位、数量、单价等)查询和商品统计等。

(5) 网上商务流程的管理　网上采购、求购、销售、退货、付款和物流配送等商务处理过程的管理,实现商业流程管理的网络化。

(6) 网上拍卖、招标的管理　商家可以提出拍卖或招标申请和登录到拍卖场、招标场中参加拍卖或投标。

(7) 网上电子签证的识别及认证　支持商务安全的电子签证的识别,保证交易的不可否认性。

(8) 网上在线支付的安全和管理　实现在线支付的安全和管理等。

(9) 网上重要信息和交易信息的加密和保密　对网上重要信息和交易信息进行加密,做到交易的保密性。

(10) 网上物流配送方式的最佳选择建议　根据用户提供的信息自动生成物流配送方式供用户选择。

(11) 网上留言、公告、短信及邮件等辅助信息交流手段的运用　利用网络辅助信息交流手段和客户进行沟通。

这样,B2B的电子商务平台既可以促进业务流程自动化、降低生产成本、提高企业整体效益,又保障了电子商务的安全可靠。

5.1.3　企业信息门户的基本需求设计

企业信息门户是电子商务项目的一个重要组成部分,而企业在设计和开发电子商务项目之前,只能对企业业务活动和数据流程进行分析,很难完整提出有关信息门户的用户需求,所以在项目需求分析中,必须考虑这一典型需求。一般而言,企业信息门户网站的需求主要包括以下内容:

(1) 企业基本信息发布　企业向外发布企业的基本信息,使外界对企业有一个基本的了解。

(2) 企业动态与新闻　发布企业的最新动态和新闻,让企业员工和外界对企业的当前发展状况有清楚的认识。

(3) 企业产品和服务　向用户介绍企业的产品和服务,使用户对企业提供的产品和服务类别有一个大体的认识。

(4) 企业产品信息目录与导航　方便用户查找商品信息。

(5) 搜索与索引　帮助用户尽快搜索到相关的信息。

(6) 电子邮件与客户反馈　接受用户的反馈意见,改进企业的产品和服务。

(7) 用户访问统计　对用户的访问进行统计,识别用户的特点,为对用户展开个性化服务提供方便。

(8) 网站访问分析与统计　可以对相关数据进行统计和汇总,统计出所有可能的反馈信息,供销售企业参考。

(9) 个性化服务　对用户展开个性化服务,提高用户的满意度。

(10) 电子社区　通过电子社区把用户联系到一起,使用户感到网站就是他们的家和社区,用户就会经常登录网站。

(11) 相关链接　方便用户通过网站找到他们需要的其他资源,让用户登录网站就能找到企业销售产品和服务的所有信息和资源。

5.2　电子商务项目信息结构的设计

一个电子商务项目应该包括哪些信息内容、具备什么样的功能,以及采取何种表现形式,并没有统一的模式。不同形式的项目及其项目的内容实现功能、经营方式、建站方式、投资规模也各不相同。一个功能完善的电子商务项目可能规模宏大,耗资百万元,而一个最为简单的电子商务项目也许只是将企业的基本信息搬到网上,将项目作为企业信息发布的窗口,甚至不需要专业的人员来维护。一般来说,电子商务项目设计与企业的经营战略、产品特性、财务预算以及当时的建站目的等因素有着直接关系。

5.2.1　项目主题及风格策划

1) 项目的主题

项目的主题也就是项目的题材,是项目设计开始首先遇到的问题。项目题材千奇百怪,只要想得到,就可以把它制作出来。而针对电子商务项目来说,特定项目的主题可以说已经是确定下来的,但都离不开以下几个方面:公司的基本情况介绍、公司产品介绍、网上交易、用户交互等。不同行业的企业建立项目的主题定位又不一样,不过一般都会遵循以下几个原则进行:

(1) 主题要小而精　定位要小,内容要精。如果想制作一个包罗万象的站点,把所有认为精彩的东西都放在上面,那么往往会事与愿违,给人的感觉没有主题、没有特色。虽样样有,但样样都很肤浅,因为你不可能有那么多的精力去维护它。项目的最大特点就是新和快,目前最热门的电子商务项目都是天天更新甚至几小时或几分钟更新一次。最新的调查结果也显示,网络上的"主题站"比"万全站"更受人们喜爱,就好比专卖店和百货商店,如果只是需要买某一方面的东西,肯定会优先选择专卖店。

(2) 题材由企业的产品来决定　比如说卖衣服企业建立的电子商务,除了在网页内有介绍产品分类、详细资料等信息外,还可以设置一些衣服购买常识、衣服的保养注意事项等信息栏目。这样,也可以从某种程度上提高项目的可信任度。

(3) 题材不要太滥或者目标太高　如果题材已经确定,就可以围绕题材给项目起一个名字。项目名称,也是项目设计的一部分而且是很关键的一个要素。例如"电脑学习室"和"电脑之家",显然是后者更简练;"笛乐园"和"MIDI 乐园",显然是后者更明晰;"儿童天地"和"中国幼儿园"显然是后者更大气。和现实生活中一样,项目名称是否正气、响亮、易记,对项目的形象和宣传推广也有很大影响。下面是关于项目名称的一些建议:

① 名称要正:其实就是要合法、合理、合情,不能用反动的、色情的、迷信的、危害社会的名词语句。

② 名称要易记:最好用中文名称,不要使用英文或者中英文混合型名称。另外,项目名称的字数应该控制在六个字(最好四个字)以内,四个字的也可以用成语。字数少具有适

合其他站点链接排版的优点。

③ 名称要有特色：名称平实就可以被接受，但如果能体现一定的内涵，给浏览者更多的视觉冲击和空间想象力，则为上品。如音乐前卫、网页陶吧、e 书时空等在体现项目主题的同时，能突出特色之处。

（4）定位项目的 CI 形象　所谓 CI(Corporate Identity)，意思是通过视觉来统一企业的形象。一个杰出的项目，和实体公司一样，需要整体的形象包装和设计。准确的、有创意的 CI 设计，对项目的宣传推广有事半功倍的效果，简单地说就是形成一种自己的独特风格。具体做法如下：

① 设计项目的标志(Logo)：就如同商标一样，标志是站点特色和内涵的集中体现，看见标志就让大家联想起站点(见图 5.2.1)。标志的设计创意来自项目的名称和内容。

② 设计项目的标准色彩：项目给人的第一印象来自视觉冲击，确定项目的标准色彩是相当重要的一步。不同的色彩搭配会产生不同的效果，并可能影响到访问者的情绪。

图 5.2.1　网站的 Logo 示例

③ 设计项目的标准字体：和标准色彩一样，标准字体是指用于标志、标题、主菜单的特有字体。一般国内中文网页默认的字体是宋体。为了体现站点的与众不同和特有风格，可以根据需要选择一些特别字体。例如，体现专业可以使用粗仿宋体，体现设计精美可以用广告体，体现亲切随意可以用手写体等。

但必须说明的是，如果使用的不是操作系统自带的默认字体，则建议做成图片的形式，避免用户在没有安装相应字体的情况下不能正确显示，而且这类特有字体做成的图片也不适宜太多，能达到相应的效果即可，太多则会影响用户的浏览速度。

④ 设计项目的宣传标语：项目的宣传标语可以说是项目的精神、项目的目标，可以用一句话甚至一个词来高度概括，类似实际生活中的广告金句。例如：某品牌咖啡的"味道好极了"；某 IT 公司的"给你一颗奔腾的心"等。

2) 项目的风格策划、创意设计

项目的整体风格策划及其创意设计是人们最希望掌握的，也是最难以学习的。难就难在没有一个固定的程式可以参照和模仿。给定一个主题，任意两个人都不可能设计出完全一样的项目。那么如何设计一个和普通项目有区别的站点，就必须学习项目整体风格策划的一些基本步骤与创意设计的基本知识。

树立项目风格。风格是抽象的，是指站点的整体形象给浏览者的综合感受。这个整体形象包括站点的 CI（标志、色彩、字体、标语）、版面布局、浏览方式、交互性、文字、语气、内容价值、存在意义、站点荣誉等诸多因素。例如：人们觉得网易是平易近人的，迪士尼是生动活泼的，IBM 是专业严肃的，这些都是项目给人们留下的不同感受。

风格是独特的，是站点不同于其他项目的地方。通过或是色彩，或是技术，或是交互方式的不同，让浏览者明确分辨出这是你的项目。风格是有人性的。通过项目的外表、内容、文字、交流可以概括出一个站点的个性、情绪，是温文儒雅，是执着热情，是活泼易变，还是放任不羁。你可以用人的性格来比喻站点，像诗词中的"豪放派"和"婉约派"。

有风格的项目与普通项目的区别在于：普通项目你看到的只是堆砌在一起的信息，你只能用理性的感受来描述，比如信息量大小、浏览速度快慢，但浏览过有风格的项目后你能有更深一层的感性认识，比如站点有品位，是和蔼可亲的，是老师，或是朋友。简而言之，风格就是与众不同。要使项目具有独特的风格,需要:明确项目的服务对象;明确设计的想法与目的;加强印象效果和艺术特色,追求不同艺术效果使之形成特有的风格;树立项目风格的步骤。

5.2.2 项目内容策划

企业电子商务项目的内容策划至少要考虑以下三个方面:一是要把企业的特点或者说是本企业特有的信息展示出来;二是要清楚认识到用户所期望浏览和了解的信息;三是要能让各类搜索引擎更多地收录到本站信息中。

(1) 确保网页内容能显示出本企业的特点　当前在互联网上各行各业都有不少杰出的电子商务项目代表,要想在众多的电子商务项目中脱颖而出,就一定需要建立一个有自己特色的电子商务项目。这个特色尤其是指内容方面,切记要避免整个项目的内容都是从互联网上转载过来,否则这个项目可能不长久。下面以乌镇旅游官方项目为例说明一下(见图5.2.2)。

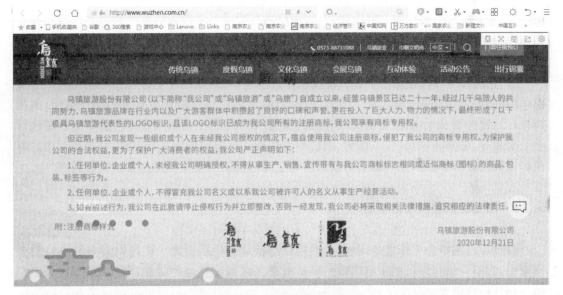

图 5.2.2　乌镇旅游官网

从以上图中可以看出,乌镇旅游电子商务项目针对本身的特点,在内容策划上分为传统乌镇、度假乌镇、文化乌镇、会展乌镇、互动体验、活动公告、出行锦囊等。这些都是与乌镇旅游密切相关的信息内容,是其他旅游类电子商务项目所没有的。

当然,项目内容要突出企业的特色并不意味着别的项目有的信息内容就不要有,只是应该要有所侧重,不要照搬全抄。

(2) "确解用户之意,切应用户之需"是最重要的　一个项目的重要性一般依次为市场需求及目标用户理解、产品(服务)开发、技术市场推广。项目要专注用户体验永远不能夸大市场推广的炒作,项目的核心在于用户体验与产品(服务价值)。市场推广是输血,一个项目不能永远靠输血,主要还是要靠项目的价值与产品发展。

目前,在中国(也包括国外)大大小小的企业项目中存在着非常严重的通病,即项目中的内容怎么想怎么写,全然不顾访问者感受如何。正确的观念是:访问者真正需要的是什么,就紧紧围绕这种需求展开。以客户为中心,以客户想了解的信息为标题并做相应链接,点击后出现解决问题的内容。客户在最短的时间内可以得到想得到的信息。此外,每一个相关页面中尽可能出现鼓励访问者点击在线订购的词语。

(3) 搜索引擎营销导向的项目内容策略 搜索引擎营销导向的项目内容策略就是在制定和实施项目内容策略时,在保证用户获取有效信息的基础上,应进一步考虑搜索引擎检索信息的特点,使项目尽可能多的网页被搜索引擎收录,并且在相关检索结果中获得好的表现,这种表现包括网页的排名位置及摘要信息与用户检索关键词之间的相关性等。根据搜索引擎营销的目标层次原理,经过这样优化设计的网页才能通过搜索引擎营销获得理想的效果。

搜索引擎营销导向的项目内容策略主要包括下列几个方面的含义:

① 项目内容是项目的基本组成部分,也是有效的项目推广资源。无论什么项目,如果期望通过搜索引擎获得潜在用户,就应将项目内容策略与搜索引擎营销原理结合考虑。

② 项目内容建设在确保用户获取有效信息的基础上,还应考虑到搜索引擎检索的特点,为搜索引擎索引网页信息提供方便,获得尽可能多的被搜索引擎收录的机会。

③ 应重视每个网页的内容设计,因为用户通过搜索引擎检索结果中的网页标题和摘要信息来判断是否有必要进一步点击进入项目,并且可能是通过任何一个被搜索引擎收录的网页进入项目,而且不仅仅是项目首页,任何一个网页都有可能为项目带来潜在用户。

④ 有效的项目内容是一个项目赖以生存的基础,尤其是含有丰富核心关键词的文字信息,是项目内容策略的灵魂。一个有效的关键词,远远胜过许多华而不实的图片信息,从项目推广运营的意义上说,项目的美观性远远没有项目的核心关键词重要。很多企业在进行项目策划时,通常将项目功能、结构、项目运营和推广等方面作为主要内容,很少对项目内容进行全面、深入的规划,尤其缺乏将项目内容建设与搜索引擎营销思想紧密结合起来。

5.2.3 项目栏目规划及目录设计

设计项目的中心工作之一,就是设置项目的板块和栏目设计。栏目的实质是项目的大纲索引,索引应该将项目的主题明确地显示出来。在制定栏目的时候,要仔细考虑、合理安排。划分栏目需要注意的是:尽可能删除与主题无关的栏目;尽可能将项目最有价值的内容列在栏目上;尽可能方便访问者的浏览和查询。

在圈定企业项目的主要目标访客群体后进行项目整体结构及栏目设计。信息结构的设置能否符合访客的使用习惯将在很大程度上影响项目的实际功效。整体架构要合理,要从设计与功能方面加以考虑,要考虑以后的可扩展性、可升级性。

1) 项目栏目规划

项目栏目结构与导航奠定了项目的基本框架,决定了用户是否可以通过项目方便地获取信息,也决定了搜索引擎是否可以顺利地为项目的每个网页建立索引。因此项目栏目结构被认为是项目优化的基本要素之一,项目栏目结构对项目推广运营将发挥至关重要的作用。项目结构要求结构简单、层次清晰、导航明晰、方便浏览。

项目栏目须兼具以下两个功能,两者不可或缺。

(1) 提纲挈领,点题明义 网速越来越快,网络的信息越来越丰富,浏览者却越来越缺乏浏览耐心。打开项目如果超过 10 秒,用户还找不到自己所需的信息,项目就有可能被浏览者毫不客气地关掉。要让浏览者停下匆匆的脚步,就要清晰地给他们项目内容的"提纲",也就是项目的栏目。

项目栏目的规划,其实也是对项目内容的高度提炼。即使是文字再优美的书籍,如果缺乏清晰的纲要和结构,恐怕也会被淹没在书本的海洋中。项目也是如此,不管项目的内容有多精彩,缺乏准确的栏目提炼,也难以引起浏览者的关注。

因此,项目的栏目规划首先要做到"提纲挈领,点题明义",用最简练的语言提炼出项目中每一个部分的内容,清晰地告诉浏览者项目在说什么,有哪些信息和功能。记住:主题栏目个数在总栏目中要占绝对优势,这样的项目可显出专业化、主题突出,容易给人留下深刻的印象。

(2)指引迷途,清晰导航　项目的内容越多,浏览者也越容易迷失。除了"提纲"的作用之外,项目栏目还应该为浏览者提供清晰直观地指引,帮助浏览者方便地到达项目的所有页面。

项目栏目的导航作用,通常包括以下四种情况(见图 5.2.3)。

图 5.2.3　中国制造网导航系统

① 全局导航:全局导航可以帮助用户随时浏览到项目的任何一个栏目,并可以轻松跳转到另一个栏目。通常来说,全局导航的位置是固定的,以减少浏览者查找的时间。

② 路径导航:路径导航显示了用户浏览页面的所属栏目及路径,帮助用户访问该页面的上下级栏目,从而更完整地了解项目信息。

③ 快捷导航:对于项目的老用户而言,需要快捷地到达所需栏目,快捷导航为这些用户提供直观的栏目链接,减少用户的点击次数和时间,提升浏览效率。

④ 相关导航:为了增加用户的停留时间,项目策划者需要充分考虑浏览者的需求,为页面设置相关导航,让浏览者可以方便地去到所关注的相关页面,从而增加对企业的了解,提升合作概率。

成功的栏目规划,还是基于对用户需求的理解。对于用户和需求理解得越准确、越深入,项目的栏目也就越具吸引力,能够留住越多的潜在客户。

2) 目录设计

为了实现信息的有效传递,也为了便于项目的更新和维护,站点的目录设计结构十分重要。主次分明、脉络清晰的站点结构使访问者对项目内容一目了然,便于获取所需信息。同时,规划合理的目录结构对于项目所有者来说,可以在以后的内容更新和维护中,节省大量时间和精力。

项目的目录结构是指建立项目时创建的路径,它们通常是一个个的文件夹。大部分初学者在刚接触网页开发的时候,并不太了解合理目录结构的重要性,可能把所有的网页都放在了根目录下面,然后在经过一段时间的学习和实践之后,会发现这种方式容易给后期的项目维护造成不便,当然网页命名也是很重要的一部分。先来看看一个好的项目目录设计应该是什么样的,见图5.2.4。

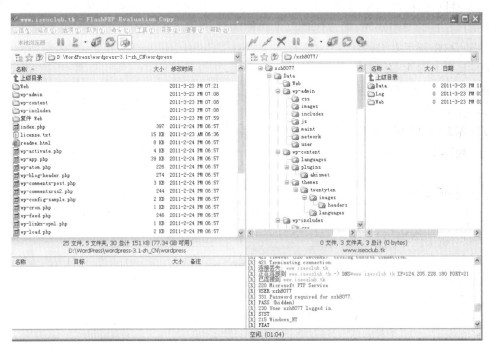

图 5.2.4　项目目录结构示例

在建立目录结构的过程中,应注意下面几个问题:

(1) 合理安排文件的目录　不要将所有文件都放在根目录下。有的项目为了方便,将所有文件都放在根目录下。这样做造成的不利影响有以下两点:

① 文件管理混乱:常常搞不清楚哪些文件需要编辑和更新,哪些无用的文件可以删除,哪些是相关联的文件,这会影响工作效率。

② 上传速度慢:服务器一般都会为根目录建立一个文件索引。如果将所有文件都放在根目录下,那么即使只上传更新一个文件,服务器也需要将所有文件再检索一遍,建立新的索引文件。很明显,文件量越大,等待的时间也越长。

所以,建立尽可能减少根目录的文件存放数。

(2) 按栏目内容建立子目录　子目录的建立应首先按主菜单栏目建立。例如,网页教程类站点可以根据技术类别分别建立相应的目录,像 Flash、JavaScript 等企业站点可以按公司简介、产品介绍、价格在线订单、反馈联系等建立相应的目录;其他的次要栏目,如类似新闻、友情链接等内容较多、需要经常更新的,可以建立独立的子目录;而一些相关性强、不需要经常更新的栏目,如关于本站、关于站长、站点经历等,可以合并放在一个统一的目录下。

所有程序一般都存放在特定的目录下,例如 CS 样式表放在 CSS 目录下。为便于维护管理,所有需要下载的内容也最好放在一个目录下。

(3) 在每个一级目录或二级目录下都创建独立的 images 目录 每个站点根目录下都有一个 images 目录。初期进行主页制作时,人们习惯将所有图片都存放在这个目录里。可是后来发现很不方便,当需要将某个栏目打包供网友下载或者将某个栏目删除时,图片的管理相当麻烦。经过一段时间发现,为每个主栏目建立一个独立的 images 目录是最方便管理的,而根目录下的 images 目录只是用来放在首页和展示一些次要栏目的图片。

(4) 目录的层次不要太多 一般目录的层次不超过 3 层。原因很简单,为了维护管理方便。

(5) 不要使用中文目录网络,使用中文目录可能对网址的正确显示造成困难。也不要使用过长的目录名,尽管服务器支持长文件名,但是太长的目录名不便于记忆。尽量使用意义明确的目录,如可以用 Flash、DHTML、JavaScript 来建立目录,也可以用 1、2、3 来建立目录,但是哪一个更明确、更便于记忆和管理呢? 显然是前者。随着网页技术的不断发展,利用数据库和其他后台程序自动生成静态网页越来越普遍,项目的目录结构也将升级到一个新的结构层次。

5.2.4 导航设计

在页面中,项目导航条的位置一般在接近顶部或网页左侧的地方,它为用户提供直观的指示,让用户知道现在所在项目的位置。

导航条所占的位置大多是被用户第一眼所关注到的,它的样式设计往往也代表了整个页面的设计风格。一个项目导航设计对提供丰富友好的用户体验有至关重要的作用,简单直观的导航不仅能提高项目易用性,而且方便用户找到所需要的信息,可有助于提高用户转化率。

1) 导航设计易用性问题

项目的导航,包括顶部、底部和侧面的导航都应该尽可能地对用户友好、易用,保证用户想看到的尽可能地在显眼位置。导航里的各要素应该反映出各个目录和子目录以及各个主题之间的逻辑性、相关性,帮助用户找到主要相关内容。

(1) 辅助导航 为用户提供一个直观的指示,让用户知道现在所在项目的位置,每一级位置的名称都有链接可返回,在每一个网页都必须包括辅助导航以及左上角的项目功能标识。

(2) 项目 Logo 链接 每一个出现的项目 Logo 都要加上回到项目首页的链接,因为用户已经习惯了点击项目 Logo 作为回到项目首页的方法。

(3) 导航条的位置 主导航条应该在接近顶部或网页左侧的位置,如果因为内容过多需要子导航时,要让用户简单地分辨出哪个是主导航条,哪个是某主题的子导航条。

（4）联系信息　进入"联系我们"网页的链接或者直接呈现的详细联系方式都必须在项目的任何一个网页中可以找到。

（5）导航使用的简单性　导航的使用必须尽可能的简单，避免使用下拉或弹出式菜单导航。而事实上，站在搜索引擎的角度来看，下拉菜单、弹出式菜单以及用Flash制作的菜单都很难被搜索引擎的"爬虫"识别出来，也不利于项目的搜索推广。如果没办法一定得用，那么菜单的层次不要超过两层。

（6）网页指示　应该让用户知道现在所看的网页与现在所看网页的相关网页是什么，例如通过辅助导航"首页＞新闻频道新闻全名"对所在网页位置进行文字说明，同时配合导航的颜色高亮，可以达到视觉直观指示的效果。

（7）已浏览网页的指示　最简单的可以通过已点击超链接后的变色显示。如果是不在同一网页的超链接网页，可以在其他位置显示用户已浏览过的内容。

（8）登录出入口　登录入口和退出登录出口要在全项目的每一个网页都可以找到，让用户进入任一网页都可以登录和退出。

2）导航设计功能性问题

导航的功能设计可以提高或降低整个项目的表现，功能完善的导航可以让用户快速地找到他们想要的东西，否则就会"赶走"用户。

（1）导航内容明显的区别　导航的目录或主题种类必须清晰，不要让用户困惑，而且若有需要突出主要网页的区域，则应该与一般网页在视觉上有所区别。

（2）导航的链接必须全是有效链接　无论是一般导航还是有下拉菜单的导航，里面的所有文字都应该是有效的链接。

（3）准确的导航文字描述　用户在点击导航链接前对他们所找的东西有一个大概的了解，链接上的文字必须能准确描述链接所到达的网页内容。

（4）搜索导航结果　搜索的结果一定不要出现"无法找到"，这会让用户很失望。如果无法精确找出结果，搜索功能应该实现对错字、类似产品或相关产品给出一个相近的模糊结果。

3）导航设计的测试

一个测试导航的方法就是去使用竞争对手以及其他一些项目的导航记录下哪些是你喜欢的，哪些是你不喜欢的，并对任何的异常现象进行简单记录。做完这些工作后再回到自己的项目对比同样的流程，这样就会找到一些提高项目导航的方法。

上面的方法当然还不够全面，不能只依赖个人用户经验，可以发动身边不同年龄和不同互联网应用水平的用户，了解和不了解你项目的用户，到项目"独自走一下"，并回访或让他们记下一些问题或意见。完成以上工作后相信你可以很好地优化项目导航，改善用户体验。

5.2.5　链接设计

一个好项目的基本要素是用户进入后，都可以方便快捷地找到与本项目相关的信息，其中要借助于相关的站点，所以做好引导工作是很重要的。超文本这种结构使全球所有接入Internet的计算机成为超大规模的信息库，链接到其他项目轻而易举。在设计网页的导引组织时，应该给出多个相关项目的链接。

项目的链接结构是指页面之间相互链接的关系，它建立在目录结构基础上，但可以跨越目录。形象地说,每个页面都是一个固定点,链接则是在两个固定点之间的连线,一个点可以和一个点连接,也可以和多个点连接。更重要的是,这些点并不是分布在同一个平面上,而是存在于一个立体的空间中,如果将其画成示意图表,就像一个拓扑结构图。

研究项目链接结构的目的在于,用最少的链接,使得浏览最有效率。一个电子商务项目,内容丰富、容量巨大,因此必须设计合理的链接关系,否则,有些内容就可能很少有机会与浏览者见面。关于链接结构的设计,在实际的网页制作中是非常重要的一环。采用什么样的链接结构将直接影响到版面的布局。例如,主菜单放在什么位置,是否每页都需要放置,是否需要用分类框架,是否需要加入返回首页的链接。在链接结构确定后,再考虑链接的效果和形式,是采用下拉菜单,还是用 DHTML 动态菜单等。

随着电子商务的推广,项目之间的竞争越来越激烈,对链接结构设计的要求已经不仅仅局限于可以方便快速地浏览,而更加注重个性化和相关性。例如,在爱婴主题项目里,在 8 个月大的婴儿营养问题页面上,需要加入 8 个月大婴儿的健康问题链接、智力培养链接,或者是有关奶粉宣传的链接,以及图书和玩具的链接。因为服务不可能到每个栏目下去寻找关于 8 个月大婴儿的信息,来访者可能在找到需要的问题后就离开项目了。如何能留住访问者,是项目设计者必须考虑的问题。

5.3 项目的三个重要设计

5.3.1 网页可视化设计

网页可视化设计包括网页版面设计、网页色彩设计等方面的内容。现在比较流行使用 Dreamweaver 等软件来进行网页的可视化设计,但无论是网页版面设计还是网页色彩设计,都应该要遵守以下几个设计原则:

(1) 网页命名要简洁 由于一个项目不可能由一个网页组成,它有许多子页面。为了能使这些页面有效地被连接起来,网页设计者最好给这些页面起一些有代表性的而且简洁易记的网页名称。这样既有助于以后方便管理网页,又会在向搜索引擎提交网页时更容易被别人索引到。在给网页命名时,最好使用自己常用的或符合页面内容的小写英文字母,这直接关系到页面上的链接。

(2) 确保页面的导览性好 不要主观地认为用户和项目开发人员一样了解该企业项目,所有的用户在寻找信息方面总会存在困难,因此他们需要所浏览的企业项目的支持,以便有很强的结构感和方位感。一般来说,项目应提供一个关于本站点的地图,让用户知道在哪里以及能去哪里。

(3) 网页要易读 这就意味着需要规划文字与背景颜色的搭配方案。注意不要使背景的颜色冲淡了文字的视觉效果,也不应该用太复杂的色彩组合,让用户很费劲地浏览网页。此外,网页的字体、大小也是需要考虑的因素。

(4) 合理设计视觉效果 视觉效果对于网页来说是相当重要的成分,它主要体现在网页结构和排版上。要用表格来布局网页,不要把一个项目的内容像做报告似的,一二三四地罗列出来,要注意多用表格把项目内容的层次性和空间性突出显示,使人一眼就能看出项目的重点所在。不要在页面上填满图像来增加视觉趣味,应尽可能多地使用彩色圆点,它们较小并能为列表项增加色彩活力。此外,彩色分隔条也能在不扰乱带宽的情况下增强图像感。

(5) 为图片添加文字说明　给每幅图像加上文字说明,在图像出现之前就可以看到相关的内容,尤其是导航按钮和大图片更应该如此。这样一来,当网络速度很慢不能把图像下载下来时或者用户在使用文本类型的浏览器时,照样能阅读网页的内容。

(6) 不宜使用太多的动画和静态图片　要确定在进行网页设计时是否必须要用 Gif 或 Flash 动画,如果可以不用,就选择静止的图片因为它的容量要小很多。如果不得不在项目上放置大量的图像,最好使用图像缩微图,把图像缩小版本的预览效果显示出来,这样用户就不必浪费时间去下载他们根本不想看的大图像。不要使用横跨整个屏幕的图像,要避免用户横向滚动屏幕。此外,还要确保动画、静态图片和网页内容有关联,它们应和网页浑然一体,要表现出一定的网页内容,而不是空洞的。

(7) 页面长度要适中　一个长页面的传输时间要比较短页面的传输时间长,太长的页面传输会使用户在等待中失去耐心,而且为了阅读这些长文本,浏览者不得不使用滚动条。虽说绝大部分现实中的网页都使用上了垂直滚动条,但太长的滚动条仍然不受用户的喜欢。如果有大量基于文本的文档,比如产品的使用说明书、产品的增值软件、企业的合同等,可以提供下载的形式,以便企业用户能离线阅读,从而节省宝贵的时间,或将所有关键的内容和导航选项置于网页的顶部。

(8) 整个页面风格要一致　项目上所有网页中的图像、文字,包括背景颜色、区分线、字体、标题、注脚等,要统一表现风格,这样用户在浏览网页时会觉得舒服、流畅,会对该项目留下深刻的印象。

(9) 不要滥用尖端技术　在网页开发中,要适当地使用新技术,但不要过多地使用最新的项目开发技术,因为企业电子商务项目的主流用户关注更多的是项目中有无有用的内容和企业是否有提供优质服务的能力。使用最新和最棒的技术可能会打击企业部分用户访问项目的兴趣和积极性,因为如果用户缺乏合理使用新技术的经验,加上用户系统太慢而导致在访问项目期间崩溃,那么他们将不会再来。另外,最新的项目开发技术还存在用户浏览器的版本支持问题,有些较低版本的浏览器还不能支持当前最新的项目开发技术。

5.3.2　数据库设计

数据库设计是指在一个给定的应用环境中,从用户对数据的需求出发,研究并构造数据库结构,使之能够有效地存储数据,满足用户的各种应用需求的过程。

1) 关系型数据库的基本概念

(1) 关系型数据库　关系型数据库通常包含下列组件:客户端应用程序(Client)、数据库服务器(Server)、数据库(Database)。客户端应用程序和数据库服务器之间用数据库的标准语言 SQL 语言进行指令的发送和反馈。

现在比较流行的大中型关系型数据库有 Oracle、SQL Server、Sybase、IBM、DB2、Informix 等,常用的小型数据库有 Access FoxPro 等,现在个人用户比较常用的主要是基于 MS SQL Server 和 Access 的数据库。

(2) 主键　能够唯一地标识数据表中的每个记录的字段(或者多个字段的组合)称为主键。

(3) 关系　在关系数据库中,组织各数据项之间关系,关系是表之间的一种连接,通过关系,我们可以更灵活地表示和操纵数据。

(4) 视图　表中存放着数据库中的数据,直接打开表可以看到表中的数据,但有时表中的字段太多,我们只需要查看某几个字段的数据,有时候只需要查看某几行记录的数据,有时候又需要同时查看好几个表的数据,或需要对好几个表中的某些有关联的数据进行查看。这时如果通过打开一个又一个的表来进行查找将会非常费力,我们可以用"视图"来方便地解决这些问题。

视图是查看数据表中的数据的一种方式。视图是一种逻辑对象,是一种虚拟表。通过视图,可以将散落在多个表中的数据以一种更简明、更直观、更符合需求的样子展示出;用户可以非常方便地用视图来检索数据库中的数据。一个视图是一个用于指定数据库中一个或多个表中行和列的 SELECT 语句。

(5) 存储过程　存储过程是指封装了可重用代码的模块或例程。存储过程可以接受输入参数、向用户返回结果和消息、调用 SQL 语句并且返回输出参数。

(6) E-R 图　E-R 图为实体-联系图,用来描述现实世界的概念模型。构成 E-R 图的基本要素是实体型、属性和联系,其表示方法为:

实体型用矩形表示,矩形框内写明实体名;属性用椭圆形表示,并用无向边将其与相应的实体连接起来;联系用菱形表示,菱形框内写明联系名,并用无向边分别与有关实体连接起来,同时在无向边旁标上联系的类型($1:1$、$1:n$ 或 $m:n$)。

2) 数据库设计的基本原则

(1) 数据库设计的基本规则范式　构造数据库必须遵循一定的规则,在关系数据库中,这种规则就是范式。范式是符合对某一种级别的关系模式的集合。

① 第一范式(1NF):第一范式的第一个要求是数据表不能存在重复的记录,即每个表应存在一个关键字。第一范式的第二个要求是每个字段都不可再分,即已经分到最小。主关键字段应达到下面几个条件:

主关键字段在表中是唯一的。

主关键字段中没有复本。

主关键字段不能存在空值。

每条记录都必须有一个主关键字。

主关键字是关键字的最小子集。

满足 1NF 的关系模式有许多不必要的重复值并且增加了修改其数据时疏漏的可能性。为了避免这种数据冗余和更新数据的遗漏,就引出了第二范式(2NF)。

② 第二范式(2NF):如果一个关系属于 1NF,且所有的非主关键字段都完全依赖于主关键字,那么称之为第二范式。

例如:一个库存商品信息表有四个字段(商品编号、存放货架号、商品数量、厂家地址),这个库符合 1NF,其中"商品编号"和"存放货架号"构成主关键字,但是因为"厂家地址"只完全依赖于"商品编号",即只依赖于主关键字的一部分,所以它不符合 2NF。存放货架号不同的相同编号商品,其厂家地址是一样的,容易导致数据冗余;其次存在更改厂家地址时,如果漏改了某一记录,就会导致数据不一致性;同时,如果某个编号的商品卖完了,那么这个厂家地址就丢失了。

我们可以用投影分解的方法消除部分依赖的情况,而使关系达到 2NF 的标准。从关系中分解出新的二维表,使每个二维表中所有的非关键字都完全依赖于各自的主关键字。

我们可以将刚才的这个表分解成两个表,一个存放商品的存放信息(商品编号、存放货架号、商品数量),另一个存放商品的厂家信息(商品编号、厂家地址),这样就完全符合2NF了。

③ 第三范式(3NF):如果一个关系属于2NF,且每个非关键字不传递依赖于主关键字,这种关系就是第三范式。从2NF中消除传递依赖,就是3NF。例如:有一个表存放客户的等级及折扣信息(客户编号、客户姓名、客户等级、折扣额度),其中客户编号是关键字,此关系符合2NF,但是因为客户等级决定折扣额度,这就叫传递依赖,它不符合3NF。我们同样可以使用投影分解的办法将这个表分解成两个表,一个表存放客户等级信息(客户编号、客户姓名、客户等级),另一个表存放客户等级和折扣额度的对应关系(客户等级、折扣额度)。

一般情况下,规范化到3NF就满足需要规范化程度更高还有更多的规则,感兴趣的读者可以自行查阅数据库设计的相关书籍。

(2) 电子商务项目数据库设计的基本原则

如果数据库设计达到了完全的范式规则,那么把所有的表通过关键字连接在一起时,不会出现任何数据的复本。范式规则的优点是明显的,它避免了大量的数据冗余,节省了空间,并能够保持数据一致性,但它把信息放置在不同的表中,增加了操作的难度。同时把多个表连接在一起进行查询,要付出的性能代价也是巨大的。

事实上,随着计算机硬件的发展,数据库设计上要留一点冗余,多占用一点数据库空间。在电子商务项目的数据库设计上,为了保证系统的扩展性,尤其是在日后增加某项新功能时,为了将程序的改动控制在一个较小的范围,或为了提高查询效率,违反范式规则也是很常见的。一般情况下,第一范式是必须遵守的,而第二、第三范式则可以根据实际的应用选择最有效的方法。

总结以上内容,数据库设计的基本原则如下:

① 真实性:正确反映数据与数据(信息与信息)之间的层次逻辑关系。

② 准确性:对进入数据库的数据有一个有效性检查。

③ 完整性:对数据库中的数据进行非逻辑操作和相应的错误处理。

④ 实用性:满足应用功能需求,满足系统对性能的要求。

3) 基于UML的数据库设计

对关系数据库来说,目前比较常用的设计方法是采用E-R图,但越来越多的人开始采用UML类图进行数据库设计。相比较而言,UML类图的描述能力更强,不仅可以对数据表建模,还可以对触发器和存储过程等建模。在基于UML的面向对象系统分析完成后,我们已经得到了类图,进而可以方便地采用类图进行数据库设计。我们可以用类图来描述数据库,用类描述数据库表,用类的操作来描述触发器和存储过程。UML类图用于数据库建模可以看成是类图的一个具体应用。

4) 数据模型与对象模型的关系及转换

一般来说,可以将对象模型中的类映射成表,将类的属性映射成表的一个字段,而对象之间的关系在数据库中是通过使用外键来实现的。

(1) 把类映射成表 简单的系统,一般直接把类一对一地映射到表。类的对象的实例就映射为表中的各行。类到表的映射中比较复杂的问题是如何用数据表来表达类的继承关系。

(2) 把类的属性映射成表的字段　一般可以把类的属性直接映射成表的一个字段,但要注意特殊情况。另外需要重点关注的是,在系统中唯一地标识一个对象非常重要,可以将对象标识映射为表的主键。

(3) 关系的实现　在对象模型和数据模型之间进行映射时,不仅要将对象映射到数据库中,还要将对象之间的关系进行映射。

5.3.3　移动端设计

1) 电子商务项目移动端设计原则

良好完善的用户购物流程和优化的购物体验是赢得消费者的关键之一。电子商务从PC端过渡到移动终端的过程中,并不是简单的移植就能满足消费者的需求,移动终端和PC端始终拥有着本质区别。在使用场景和时间维度截然不同的条件下,移动电子商务设计需要依据其本质差别,合理量化交互设计,因地制宜改善用户体验。这里仅针对手机端的交互设计进行分析。

电子商务项目移动端在设计当中面临如下挑战:

(1) 空间狭小　在传统的电子商务网站中搜索商品时可以根据不同需求和维度进行查找,由于PC端界面空间比较充裕,搜索和筛选的选项便不展开,方便用户单击。但是手机端由于可操作区域小为了达到这些功能,不得不将其隐藏归纳,来获得更好的移动体验。

(2) 排版方式单一　例如,PC端的淘宝网站首页可以用图文混排方式显得高端大气,商品、价格及字体可以很有节奏地展示,提升用户的感官体验。但是在移动端,这种排版的样式难以同时展示图片的多种信息。同时混排样式也少了很多可能性,所以鉴于这种排版方式的难度,需要根据事先规划来进行排版。

(3) 有限的支付方式　PC端的支付通常可以通过多种方式进行,而且用户在支付流程的操作过程中,相对方便。而移动端的支付方式需要因地制宜,这里所说的有限的支付方式,指的是有效的支付方式不足。因为在移动端支付的过程中受应用环境因素和输入的方式影响,我们不能将多种方式都罗列出来,而是要找到最有效且实用的支付方式。由此可见,电子商务项目移动端需要在解决这些问题的情况下,采用更适合手机的操作模式,引导消费者完成购物体验。

电子商务项目移动端设计体验原则包括两个设计方向:

① UCD(User-Centered Design),以用户为中心的设计。简单地说,就是始终围绕以用户为中心的设计原则,在产品设计、开发等阶段以满足用户需求为出发点,以提高用户感受体验为方针,全方位地进行设计。用户可以清晰地感受到这种设计方式所带来的愉悦感,同时根据用户的反馈和意见进一步优化。可以说,一个好的UCD设计可以让用户感觉不到上手难度,并能体验到良好的人机交互体验。所以,在电子商务项目移动端设计中,关注用户感受、使用习惯,可以有效地提高用户满意度,并从各方面解决问题。

② CCD(Conversion-Centered Design),以转化为中心的设计。转化率,是衡量网站内容对访问者的吸引程度及商户所要达到宣传效果的一种标准。以转化率为中心的设计就是用合理的交互设计方法引导用户体验,逐步完成网站所要达到的预期目的。作为一个移动电商网站,必须引导用户完成希望的交易流程,从选择商品到支付购买,这种带有强烈的商业目的的模式,可以利用用户心理,驱动用户完成交易活动。当然,转化率的提高和多种因

素有关,这里只涉及从交互设计层面来提高转换率。

电子商务项目移动端设计要运用多种设计原则,因为不是每一种设计方法都能够做到100%完美,要考虑多种因素,分析设计出适合商户和用户的交互方案。交互设计早已在20世纪80年代就诞生了,人们一直在摸索创新。随着科学技术的发展,交互体验逐步被理论化、被发现挖掘。所以,即便你了解了很多设计方法,也并不是全部,最好的一定是下一个。那么结合案例,深刻了解我们该如何将已有的设计思想融入电子商务项目的移动端设计当中。

2) 电子商务项目移动端的首页设计

通常,人的第一印象决定了大部分主观感受,首页除了需要具有传达网站形象、清晰网站架构的基本要素外,最重要的是还要用来帮助用户找到他们想要的东西。

电子商务项目移动端首页一般包含Logo、导航、促销、类目列表和页脚等几个模块。还可能包含商店位置指引、促销邮件等其他定制功能,这些需要根据不同情况开发设计。就基础功能而言,有效地利用交互设计提高用户对网站的第一印象,能够减少跳出率的发生。

在构建电子商务移动端网站之前需要分析自己的定位,审视自己的角色,可以通过本身不同的商户定位因地制宜地定制、优化移动端网站首页。从宏观上分析自己所处位置,是初步发展的小型电子商务网站,还是已经拥有一定用户基础的大型电商?根据定位的不同,移动电商首页的侧重点也会有所取舍。

如果你是一个稳步发展的小型商户,首要解决的问题,一是通过移动电子商务网站提供额外流量更多的用户,二便是提高网站的口碑。一个商户良好的电商发展趋势便是拥有稳定的用户基础,而合理的设计能够在一定程度上促进改善用户量,从实际上获得更多的访问量和订单。

"世界真正的神秘性在于可见之物,而不在于看不见的东西。"可见人常常是以一种"以貌取人"的眼光来看待事物,真正能停留下来分析内在因素的人少之又少,电子商务运用人性弱点的案例早已屡见不鲜。对于商户来说,首页促销图片的运用能在一定程度上抓住用户的眼球。对于小型商户来说这点影响是巨大的,这是减少用户跳出率的关键之一。

无论是App还是移动网站,导航的地位对于电子商务来说尤为重要,引导用户发现所需商品才是电子商务移动端设计优化所在。移动端屏幕寸土寸金,生搬硬套传统PC网站的导航是不可能的,需要重组导航内容、整理核心,将有价值的功能合理呈现。引导用户查找信息,理清整个网站结构,同时优化网站的转化率。

作为一个完整的网站导航至少应该包括首页、分类、购物车、账户主页四个部分。其中,按其重要程度从高到低依次为:分类、购物车、账户主页、首页。由此可见,首页导航设计是以转化率为中心,从而帮助用户发现所需要的商品来完成购物流程。电子商务移动端网站的首页导航一般位于网站顶部,通过全局导航的方式使得用户在不同的页面可以方便地进行跳转查找,优化页面访问层级,减少用户操作次数。导航的设计思想是化繁为简,其通常位于整个页面较醒目的顶部区域。合理运用层级优化的方法,在梳理层次的同时可以更有效地节约使用空间。以图标代替文字的导航表现手法也颇为常见,但这里需要一些辨识度较高的图标进行标示,而那些不常用的分类目录一般以文字最优。

好的设计在于隐藏。但隐藏并不是在降低用户识别度的情况下而产生的,一个好的导航交互设计需要有以下几点:功能完善、简明扼要、可扩展性、节省空间等。这些设计在实际运用当中有着意想不到的效果,甚至可以说在有限的区域当中开辟了新的用武之地。

3) 电子商务项目移动端的商品列表设计

当用户被你用心设计的网站首页吸引时,用户的购物流程已经开始。电子商务移动端网站的核心其实还是商品,从古至今交易都是"天下之货,交易而退,各得其所",琳琅满目的商品如何呈现、如何表示都是有讲究的。为什么超市中尿布要和啤酒放一起,为什么想买的商品都触手可及?同样,电子商务移动端的商品列表呈现不仅仅是你表面上看到的那样简单,背后还隐藏着交互设计和数据挖掘的思想。

电子商务项目移动端商品的呈现方式一共分为以下两种:

(1) 列表呈现方式　商品列表能为用户提供更多的基本信息,包括商品图片、名称、评价、商品列表、促销内容等,具有良好的可扩展性。清晰规整的商品信息可以方便主观目的型用户通过商品的基本信息来综合查找。根据商户所要达成目的的不同,商品列表的展示内容也有所不同。

就如 Walmart 商品列表所示,商品价格位于每列的第二行,均靠左展示。这样做的好处是:其一,保留了商品价格的可扩展性,使得在一行中拥有足够区域显示商品原价和促销价格;其二,突出价格,同时根据用户在移动端的操作习惯,居左显示,避免了拇指的遮挡,让整个移动体验更加流畅,主要内容都显示在视觉可关注的范围之内。

同样,在商品列表当中凸显促销信息也颇为重要。诱人的折扣、最新商品、热卖商品这些都是引导用户点击的营销方式。冲动型用户关注的是什么?往往刺激视觉感官的方式会诱发用户的购买欲望。

最后,我们发现在商品列表中增加立即购买按钮,能够使商品的点击量提升 47%。可见提高用户体验,可以引导用户提高购物的转化率。

(2) 图片呈现方式　如图 5.3.1 所示,商品图片呈现方式以商品为主,价格为辅,能够拥有列表模式的大部分内容。商品图片的呈现方式使用户获得了更多的视觉感官体验,以商品为中心,通过商品来吸引用户促进购买欲望。在这里我们要关注一点,因为以图片为主题,所以整个呈现页面要干净整齐,突出重点。通常移动端的图片会以两列的形式展示,有些商户会为图片配以标题说明,文字排版整齐,这样使得整个页面显得流畅。

图 5.3.1　Walmart 商品图片呈现方式

总之,这两种方式各有自己的优点,并相辅相成。

大致明晰了商品的成列方式之后,我们只是从形式上来优化电子商务移动端商品列表,但商品呈现的核心作用是什么呢?引导用户参与购买行为,如果在移动网站中完成了如上步骤,那么只完成了一小步,并没有从商品上出发,而用户最终的购买对象还是商品。所以,一个好的商品列表页面,还需要具备以下几点:

① 帮助用户发现:主观目的型用户为了达成购买需求,在发现商品过程中,会根据自己的主观意愿通过搜索和分类进行查找。

搜索作为移动电商的核心功能之一,其重要程度可想而知。搜索功能用户随时随地都可能用到,移动网站会将它置于一个相对醒目的位置。用户只需要输入想要查询的关键字就可以缩小查找范围。结合手机的使用环境和维度,尽可能简化手机端的输入方式。以用户为中心,使用搜索建议的方法,用户只需要输入几个开头字母,搜索框下部自动出现接下来可能需要输入的完整信息。电子商务移动端在设计当中所面临的挑战是输入方式困难,前人虽然对虚拟键盘进行了诸多优化用户体验、功能的方案,但是在手机端最理想的手势操作便是点击。搜索建议其实早在 PC 端中都得到了完整的体现,像 Google 搜索、输入邮箱时的常用邮箱提示等。这些早已在 PC 用户体验方面得到了良好的效果验证,而移动端更加需要这样的功能。

淘宝网作为中国最大的网络零售商圈,最近几年不断关注用户体验,图 5.3.2 便是一个简单的用户搜索建议。当输入"女装"之后,网站自动列出以女装开头的所有及相关搜索选项,这种做法大大降低了用户的输入难度,帮助用户去发现商品。

同样,商品目录分类也是不可或缺的。部分用户需清楚自己想要购买的商品属于哪一分类,按照网站上所列出的分类列表进行多级查找,从而找到目标商品。这种方式和直接搜索的区别在于用户不太明确自己的购买目的,但可以通过目录分类找到或者启发购买意图,所以最终呈现的商品比较满足用户期望。纵观所有的电子商务网站,均采用面包屑导航的方式来完善查找路径,移动电子商务也不例外,但考虑到移动端的局限性需要适当的优化层级结构,并节省空间、提高用户体验。

② 帮助用户比较:商品成列琳琅满目,在电子商务移动端商品列表设计当中不可能对每一个发布的商品做到公平地展示,所以在移动设计体验当中要提供用户多种排序方法来帮助用户对商品进行比较。常见的排序方式有:按字母 A—Z或 Z—A、按价格由高到低或由低到高、按人气销量、按最新商品、默认排序等。

图 5.3.2 淘宝网搜索示例

③ 帮助用户回忆:在电子商务移动端商品列表设计当中,每页商品的加载具有一定数量限制,为了提供流畅的用户体验,用户在浏览商品的过程中可以通过翻页的形式继续浏览商品。一般商品加载有两种方式:一是无限向下滚动浏览更多商品;二是翻页查看商品。在移动端的运用中显然无法选择第一种方式,无限加载虽然在 App 中颇为流行,但在移动网页的设计时需要考虑更多。无限加载的优势:在大量无目的地浏览时,给用户带来无阻断的浏览体验,不需要再去点翻页。劣势是无法看到页脚信息,回溯困难,页面负载过大,所以我们需要舍去一些新思路回归本源,翻页的本质就是帮助用户回忆,寻找记忆中的商品。

商品列表翻页的展示形式包括上一页、下一页、当前页码和总页数,这四项构成了翻页的基本结构。当然,要帮助用户回忆浏览过的商品靠这四项是不够的。举一个简单的例子,用户在浏览商品的过程中,突然想要对比一下第4页的相关商品,若一页页的回溯显然太过烦琐,传统PC网页当中的做法为在当前页面的前后增加多个页码。然而这种方式在空间有限的移动端使用可能性相对较低,考虑到手指可点击区域最少为40像素×40像素的大小,也不适宜将页码过多展示,那么到底如何办呢?可以将当前页码和总页数总结为下拉框的展示形式,使其具有更多的可回溯空间,帮助用户回忆,用户可以方便快速地选择所要到达的页面。

还能帮助用户回忆的方法是建立用户浏览历史记录列表或者添加到愿望清单,移动网站可以为用户在浏览商品过程中提供加入愿望清单的入口,自动记录其浏览过的商品,这些都将为用户回忆提供帮助。

4) 电子商务移动端的商品详情设计

完成了首页和列表页的设计后,则进入了商品详情页的设计。商品的详情页设计主要需要展现以下几项内容:第一,商品属性,要符合用户某些需求,引起用户兴趣;第二,用户状态,希望了解更多信息,对比内心期望标准;第三,用户可能完成操作,加入购物车、加入愿望清单、继续浏览。

当然,作为商户肯定希望用户马上加入购物车、结算支付完成购物行为。但是,在商品详情的设计中不可避免地需要考虑引导成功和失败的比例,如何将整个购物流程通过详情设计趋于理想化呢?

了解商品属性并合理优化。商户网站中存在的数据一般包括如下几个部分:商品细节图片展示、商品标题、商品详情、评价、相关属性操作以及最终加入购物车。可见,商品详情的内容有很多,在移动端的优化设计中需要对这些信息进行整合,将用户想要知道的信息首先呈现在目光所及之处。

利用用户心理满足用户需求。我们需要分析了解用户状态,他们希望在商品详情页面获得什么?作为一个用户,进入商品详情页面时,第一眼会关注商品图片细节的展示,商品图片质量的好坏决定了用户是否继续阅读以下其他内容。接着,就是关注简单明晰的商品详情,用来对比内心期望。最后,用户会通过商品评价来证实商品的可信度。这一整个用户心理流程主导了用户的购买趋势。

通过适当支付流程入口促进趋向交易。对于商户而言,商品详情页最重要的便是添加到购物车的入口,必须做到简单明了,用户可以很直观地知道接下来如何操作,从而完成接下来的工作。

下面我们结合案例来具体分析一下,如何设计一个体验良好的移动电子商务详情页面。图 5.3.3 所示的是 Walmart 商品详情页面,作为国外最受欢迎的移动电商之一,Walmart 拥有许多值得我们借鉴的地方。

(1) 商品图片置于顶部　用户进入商品详情页面的感官方式便是观看精致的图片细节轮播图,利用这种方式首先在视觉上吸引用户。人是视觉动物,第一眼的重要性使得用户会继续耐着性子看完接下来的其他详情。一般这种轮播图以较为突出的大图展示,通过额外的功能点击放大来获得更好地查看细节的体验。

(2) 通过折叠面板整合更多的信息　移动端相比于PC端信息更需要分类整合,通过运用折叠面板的形式来隐藏并容纳更多的内容,合理运用动画帮助用户梳理层级关系,仿佛详情内容是藏在面板里面一样。吸引买家检查商品描绘细节,产生购置愿望,提高商品成交的转化率。

(3) 利用用户评价增加可信度 依据心理学分析,一些低廉的、免费的、促销的商品在一定数值范围内会降低用户的可信程度,用户会对其是否物有所值产生怀疑。商品评价的重要性就体现出来了,用户更容易相信其他用户的选择,同时这也是商户口碑的体现。

(4) 更多的选择 用户进入商品详情页面可完成的操作是加入购物车、加入愿望清单、继续浏览,这些都是在设计中给用户提供的选择。其中最优的当然是加入购物车,但是,如何正确引导从而降低用户直接跳出的概率呢?其一,就是加入愿望清单,可能用户现在不需要购买,没准以后有可能需要,愿望清单帮助用户回忆。其二,向用户推荐商品,引导用户从一个商品详情到达另一个,如果当前商品不中意,那换一个试试?

电子商务移动端商品详情的设计模式多种多样,将商户需求和用户体验多方面结合才是最优的解决方案。

5) 电子商务移动端的购物车设计

购物车的设计,来自生活中逛超市的概念,将喜欢的商品"挑好选好"陈列在购物车中,再一股脑地进行支付,这种设计理念大大提高了支付效率。

图 5.3.3 Walmart 商品详情页面

用户通过购物车逻辑选择进入购物车时,购物车的功能便不只是存放商品这样简单了,还需要分析其展现逻辑。既然购物车的概念是从生活中逛超市的行为当中提出来的,那么可以分析一下,当我们在结算的过程中需要参考一些什么?一般,用户会看看买了哪些东西,要付多少钱。这个计算的过程在现实生活中很麻烦,但是在网站中就相对简单了许多。在移动端的设计中,购物车的设计做到简单明晰即可,不需要再更多地去影响支付结算流程的这条主线。

购物车商品列表需要明晰。一般包括商品图片、商品名称、商品单价、商品属性和一些操作内容,包括删除商品、修改数量等。购物车商品列表不需要花哨,不需要更多的信息,一切为了干净干脆地进入结算流程。此外,将以前的商品列表的数据进行分析,哪些是必需的,哪些是可以去掉的,同时还要考虑移动端设计因素简化明了的操作流程。

(1) 依据移动端优化商品展现逻辑 购物车商品列表展现逻辑必须简单清晰,要能清晰地区分展示内容和操作内容。展示内容中需要包括商品的图片、名称及单价,用来提示用户购买了什么。操作内容主要提供用户购物车所必要的一些功能,包括移除商品、加入愿望清单和修改数量等。

(2) 依据移动端趋于支付结算 购物车的最终目的还是将用户引导进入商品结算流程。当我们去收银台结算之前肯定希望统计一下相关费用。在购物车页面中,需要清晰地列出商品的总计、小计及颇为引人注目的支付按钮。我们会将这个模块放置于页面顶部来提醒用户支付,或是如 Walmart 一样当购物车商品列表过长时,首页都有提示支付的模块。减少用户上下滑动的操作,自始至终是为了更方便地结算。

【本章小结】

电子商务项目设计是项目在开始进行程序代码开发之前的关键步骤。在项目设计时,要把握好以下几个方面:电子商务项目内容设计的流程、电子商务项目信息结构的设计。同时,还需要对项目进行页面的网页可视化设计、数据库设计、移动端设计。最后,介绍了电子商务项目设计的一些常用的技术。

【应用案例】

黑龙江北纯农产品开发有限公司构建京东智联云农场

2019年6月,黑龙江北纯农产品开发有限公司正式与京东智联云签订京东智联云(北纯)农场合同,京东智联云全面开放基于国家新一代人工智能开放创新平台的技术能力,提供基于京东 NeuHub 平台的人工智能、区块链、大数据、云计算、AIoT 等底层产品能力,帮助黑龙江北纯农产品开发有限公司在智能生产、智能流通、智能营销三大方向全面链接京东平台供应链资源,打造消费者信赖的杂粮品牌。

1) 智能生产,助力标准化、智能化升级

2019年9月,京东智联云(北纯)农场完成450亩杂粮的信息化改造,包括黑豆、红小豆、高粱、荞麦等11种农作物,建设了智能农场管理平台(AI人工智能)、农场大数据分析决策平台、云计算、物联网等内容。

黑龙江北纯农产品开发有限公司配置了无线综合气象监测站,用来采集作物种植的气象环境指标,包括土壤水分、温度、盐分、降水量、光照强度等,定时将监测到的气象数据通过无线网络发送到监测平台及管理人员的手机上。同时,每个气象站设有摄像头,每15分钟对农作物进行定点拍照,将采集到的数据自动上传至大数据平台精准监控作物的生长。在积累大数据的同时,实时查看远程监控视频,利用360°无盲区高清图像了解作物生长态势,判断作物的整体长势情况及受灾情况。通过将土地、设施、人员和种植过程进行精确记录和数字化管理,规范农场环境、种子育苗、化肥农药使用、加工仓储包装、农产品流通等全流程,实现农场的实时环境监测、农事行为操作标准化记录、全面运程管理与控制、基于大数据的智能预警和预测,让基地管理更加标准化、规范化和高效便捷。

2) 智能流通,区块链防伪追溯技术提升品牌附加值

经过3年多的探索和实践验证,京东区块链防伪追溯平台已有10亿级的追溯数据链,700余家合作品牌商,6万种以上商品入驻,逾600万次的消费者售后追溯查询。消费者在京东购买的北纯杂粮已支持区块链技术全程追溯信息查询,每件商品都有唯一的溯源码。消费者在购买北纯杂粮后,扫描商品的区块链溯源二维码,便可以查询到农产品从产地到餐桌每个环节的确切信息。从生产、检验检测、加工到货运、派送等环节,各种设备自动化采集的信息都会写入区块链账本,谁产生信息,谁签名认证,信息来源均可查证,为品牌提升溢价和创新销售模式提供了有力支撑。同时,京东商城为北纯公司的可溯源商品提供了搜索列表,并提供可溯源商品专属的品质标识、视频直播溯源专区、京东生鲜可溯源商品专区等专属权益,溯源商品的销售额相比同期明显提升20%以上。

3) 智能营销,"AI+大数据"助推精准投放营销资源

在品牌智能营销方面,依托京东消费大数据资源及个性推荐算法,基于京东智联云营销云平台,根据全网消费数据制定"互联网(杂粮)产业大数据用户画像",为京东智联云(北纯)农场建立以覆盖全国高端用户为目标的用户资源池。在此基础上进行用户属性分析,根据销售区域占比、用户画像细分、复购关联分析,实现精准营销,实现"千人千面"的精准营销推荐机制,引导北纯公司更好地利用营销资源做合理投放。

通过大数据计算,京东分析了销售区域占比并得出了合理的省份销售方向:杂粮主要销往消费能力较高的省市,如北京、广东、江苏、上海、黑龙江,以及人口较密集的河北、山东等,80%以上的份额由前11个省市贡献;从增幅来看,在四川和江苏的销售额增长迅速。根据此项数据,京东制定了线上的营销投放策略:朋友圈、今日头条、腾讯新闻等新媒体引流资源渠道,重点针对北京、广东、江苏、上海、湖南、河北、山东、湖北、浙江、河南、安徽等重点省市投放,帮助北纯全面提高品牌营销效率15%。

思考题

1. 一般的B2B电子商务项目需要实现哪些业务功能?
2. 电子商务项目移动端在设计当中面临哪些挑战?
3. 结合某一具体电商平台说说企业电子商务项目的内容策划包括哪些内容?
4. 网页可视化设计包括网页版面设计、网页色彩设计等方面的内容,请结合具体案例说说可视化设计应遵守哪些设计原则?

实训内容

1. 试对智能农场管理平台项目进行栏目规划和内容设计。
2. 试对智能农场管理平台项目进行移动端设计。

6 电子商务项目实施计划

【开篇案例】

某市电子政务信息系统工程,总投资额约 500 万元,主要包括网络平台建设和业务办公系统开发。通过公开招标,确定工程的承建单位是 A 公司,按照有关法律的要求与 A 公司签订了工程建设合同,并在合同中规定 A 公司可以将机房工程这样的非主体、非关键性子工程分包给具备相关资质的专业公司 B,B 公司再将子工程转手给 C 公司。

在随后的应用系统建设过程中,监理工程师发现 A 公司提交的需求规格说明书质量较差,要求 A 公司进行整改。此外,机房工程装修不符合要求,需要 A 公司进行整改。A 公司的项目经理小丁在接到监理工程师的通知后,拒绝了监理工程师对于第二个问题的要求,理由是机房工程由 B 公司承建,且 B 公司经过了建设方的认可,应追究 B 公司的责任,而不是自己公司的责任。对于第一个问题,小丁把任务分派给程序员老张进行修改。此时,系统设计工作已经在进行中,程序员老张独自修改了已进入基线的程序,小丁默许了他的操作,老张在修改了需求规格说明书后采用邮件的方式通知了系统设计人员。

在合同生效后,小丁开始对项目计划进行编制,而后启动项目。由于工期紧张,甲方要求提前完工,使总经理比较关心该项目,经常询问项目的一些进展情况。在项目汇报会议上,小丁给总经理递交了进度计划,公司总经理在阅读进度计划以后,对项目经理小丁提出任务之间的关联不是很清晰的问题,要求小丁重新处理一下。新的计划出来后,在实施过程中,由于甲方的特殊要求,需要项目提前 2 周完工,小丁再次更改了项目进度计划,项目最终按时完成。请描述小丁在合同生效后进行的项目计划编制工作。同时思考假设你被任命为本项目的项目经理,对本项目的管理有何想法,同时本项目有哪些地方需要改进?

6.1 范围计划

6.1.1 项目范围的概念

电子商务项目的计划编制,是项目运作的重要内容。一份周密的项目计划,是实施项目解决方案的重要依据,具有非同小可的意义。一般来说,电子商务项目计划编制工作包括范围计划、进度计划、费用计划、质量计划、人力资源计划、沟通计划、风险计划和采购计划等 8 个方面计划的编制。

项目范围(Project-Scope)包括项目的最终成果或服务以及实现该成果或服务所需要做的各项具体工作。项目范围是制订项目计划的基础。项目范围的确定,就是为成功地实现项目的目标而规定必须完成的工作任务。

6.1.2 项目范围的界定

项目范围的界定,就是将主要的项目可交付成果分解为较小的且易于管理的单元,即形成工作分解结构(Work Breakdown Structure,WBS)。

界定项目范围,通常要考虑项目交付物(产品或服务)、工作任务、作业规范和产品说明。

(1) 产品范围　确定产品或服务中应包含有哪些功能和特征。

(2) 任务范围　确定为了交付具有一定特征和功能的产品或服务,应做哪些工作。

(3) 作业规范　确定怎样完成上述工作,如何做才能实现项目的目标。

(4) 产品说明　确定项目产品或服务所包含的具体细节是什么。

由此可见,项目范围的定义要以组成它的所有产品或服务的范围为基础。这是一个从一般到具体的层层深入的过程。即使某一个项目只提交某单一产品或服务,也可能需要层层分解,因为该产品或服务本身可能包含一系列要素,每一要素有其各自的组成部分,每个组成部分又有其各自独立的范围。例如一个企业的电子订单系统包括硬件、软件、培训和实施等4个组成部分。

6.1.3 工作分解结构

1) 工作分解结构的概念和作用

工作分解结构(WBS)是项目所有细目等级树,所有的细目构成了整个项目的工作范围。WBS的最底层的工作细目称为工作包。

影响WBS详细程度与等级多少的因素一般有3个:一是项目的复杂程度;二是团队成员的成熟度,即工作经验多寡、工作能力高低和责任心大小;三是预期的进度和预算的控制水平。

显然,对同一个电子商务项目,可以建立不同的WBS。图6.1.1是某企业内部网建设项目的WBS。

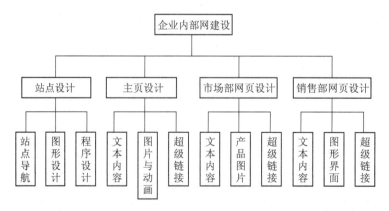

图6.1.1　按产品进行组织的企业内部网项目的WBS示例

一般来说,一个项目的WBS作用如下:

(1) 明确和准确说明项目的范围。

(2) 为各独立单元分配人员,规定这些人员的相应职责。

（3）针对各独立单元，进行时间、费用和资源需要量的估计，提高时间、费用和资源估算的准确性。

（4）为计划、预算、进度计划和费用控制奠定共同基础，确定项目进度测量和控制的基准。

（5）将项目工作和项目的财务账目联系起来。

（6）便于划分和分派责任。

（7）确定工作内容和工作顺序。

（8）估算项目整体和全过程的费用。

2）制订 WBS 的方法

制订 WBS 的方法通常有类比法、由上至下法、由下而上法等几种。

（1）类比法　类比法是指用一个类似项目的 WBS 作为起点。比如某 IT 企业曾经开发过很多软件项目，为客户设计过多种类型的软件。每当接到一个新的设计软件的任务时，就要为新的设计方案制订 WBS。在设计新的 WBS 时，项目组成员总是根据以往的经验来开始新的工作，以过去设计的软件设计项目的 WBS 作为新的软件项目范围定义和成本估算的起点。他们所用的方法就是类比法。

（2）由上至下法　由上至下的 WBS 构建方法为常规方法，就是从项目最大的任务开始，逐步将它们分解成下一级的多个子项。如图 6.1.1 中描述的企业内部网项目任务，就是分解到第 3 层的各个细目的。

（3）由下而上法　由下而上法要让项目组人员一开始就尽可能地确定项目有关的各项具体任务，然后再将各项具体任务进行整合，并归总到一个整体活动或 WBS 的上一级内容当中。例如，可能会有一个小组的人来负责企业内部网项目的 WBS 的制订工作，在列出详细的工作任务之后，他们对所有工作进行分类。这样他们就可以将这些详细的工作归入上一级的大项中。

6.1.4　项目范围计划的编制

项目范围计划包括范围说明书和范围管理计划，并带有详细依据。

1）范围说明书

范围说明书是在项目参与人之间确认或建立一个项目范围的共识，作为未来项目执行的文档基准。范围说明书详细说明了为什么要进行这个项目，明确了项目的目标和主要的可交付成果，是项目团队和客户（任务委托者）之间签订协议的基础，是未来项目实施的基准。并且随着项目的不断进展，可能需要对范围说明书进行修改和细化，反映项目本身和外部环境的变化。在实际的项目实施中，不管是对主项目还是子项目，项目管理人员都要编写其各自的项目范围说明书。

2）范围管理计划

范围管理计划是描述项目范围如何进行管理，项目范围怎样变化才能与项目要求相一致等问题的，包括对可能发生范围变更的原因、频率和变更量的评估，对变更的分类以及对实施变更的程序规定等，也应该包括对一个项目范围预期的稳定而进行的评估（比如：怎样变化、变化频率如何及变化了多少）。范围管理计划也包括对变化范围怎样确定，变化应归为哪一类等问题的清楚描述。

6.2 进度计划

6.2.1 项目进度计划的含义及其重要性

进度计划就是根据项目的活动定义、活动排序及活动持续时间估算的结果和所需要的资源进行的进度计划安排,其主要任务是确定各项活动的起始和完成日期、具体的实施方案和措施。通过进度计划的编制,使项目实施过程成为一个有机的整体。

实践表明,从达到项目范围、时间和成本要求等方面来看,许多电子商务项目是失败的。电子商务项目的管理者经常说,按时交付项目是他们最大的挑战之一。进度问题是项目生命周期内造成项目冲突的主要原因。进度问题如此普遍,部分原因是资源的临时变更,比如团队成员的临时调离,有时在范围和进度方面主、客观原因超出限度等。

6.2.2 项目进度计划的编制过程

1) 任务分解和责任分配

编制项目进度计划,首先必须对任务进行分解,并向项目成员分配工作责任。大型复杂的电子商务项目的工作任务分解,就是要建立一个 WBS。

例如,同心食品厂需要在 30 天内建成一个网站。经研究,该网站建设项目的任务可分解为网站规划、图片资料收集、数据库结构设计、数据库开发、文本编制、网站宿主选择、网页设计、网站调试、网页上传,在线测试等 10 项具体活动。任务分配如表 6.2.1 所示。

表 6.2.1 同心食品厂网站建设项目任务分解和责任分配

活动编号	活动名称	任务的详细说明	负责人
1	网站规划	依据合同和甲方的补充要求,对网页数量、内容、网站运行方式进行总体安排	黎 明
2	资料收集	拍摄本厂的产品图片,收集企业的图片、文字宣传资料、通信地址和联系人名单、汇款账号等,收集有关宿主的资料	张 强
3	数据库结构设计	对公司的数据库进行结构上的设计	黎 明
4	宿主选择	选择国内一流的 ISP,购买虚拟主机空间,洽谈服务条款和价格	许 杰
5	文本编制	设计网页内容结构,编写产品说明、企业简介、服务承诺书、问题与解答和其他网页上的文字内容	李西文
6	数据库开发	设计和开发产品数据库和网上登记、查询、订货、反馈系统	黎 明
7	网页设计	根据文本和图片设计网页,要求美观大方,浏览便捷	张 强
8	网站调试	包括网页链接、数据库功能测试、数据图片、文字的衔接	张 强
9	网页上传	将调试好的网页传送到 ISP 服务器上,利用企业原来的域名和账号	李西文
10	在线测试	从互联网上登录本网站,检查预定的各项指标,是否符合要求,如有问题,分析解决	黎 明

2) 活动工期估计

当项目任务分解成活动并将每项活动的责任分配到人之后,每项活动的责任人就可以根据他的经验和可以得到的资源来估计完成本项活动所需要的时间。例如,对表 6.2.1 来说,工期估计的结果如表 6.2.2 所示。

表 6.2.2 同心食品厂网站建设项目活动工期估计表

活动编号	活动名称	负责人	时间估计/天	备注
1	网站规划	黎 明	1	
2	资料收集	张 强	2	
3	数据库结构设计	黎 明	1	
4	宿主选择	许 杰	3	
5	文本编制	李西文	5	
6	数据库开发	黎 明	22	都需要助手 2 人
7	网页设计	张 强	5	
8	网站调试	张 强	2	
9	网页上传	李西文	1	
10	在线测试	黎 明	1	
合计			43	

电子商务的活动工期是一个可变的因素。例如数据库开发这个活动,有人可能需要 3 个月,但换另外一个人操作,可能只需要 3 个星期。另外,同样的活动,一个人去做与 3 个人去做,工期可能明显不同。因此,活动工期的估算,必须与可获得的资源数量和必须要达到的质量标准联系在一起,而不同资源的使用,不同的质量标准,对应于不同的成本。

3) 确定工作先后关系

在某项活动开始前必须结束的那些活动称为该项活动的紧前活动,在某项活动结束以后才能开始的那些活动叫做该项活动的紧后活动。如表 6.2.2 中的网页上传,必须在网站调试以后进行,所以网站调试是网页上传的紧前活动,而在线测试就是网页上传的紧后活动。

紧前活动和紧后活动的客观存在,规定了项目任务中各项活动的先后次序。

对可以同步进行的活动,如安排同步进行,就可以缩短整个项目的工期。例如,对于表 6.2.2 中的各项活动,如按照表中顺序安排,项目工期就需要 43 天,这就不符合合同约定的"30 天之内"的工期要求。但考虑数据库开发(持续时间最长)可以与其他活动同步进行,工期就可以大大缩短。

4) 绘制甘特图

在活动顺序大体确定之后,可以采用甘特图(Gantt Chart)来对项目执行计划做一个简易的安排。例如,对上述同心食品厂网站建设项目来说,根据对它的活动顺序的安排和表 6.2.2 提供的活动工期,可以绘制它的甘特图如图 6.2.1。图 6.2.1 中的上方数字表示时间(天数),左侧是各项活动的名称,右侧棒线的长度表示活动的持续时间。

有了每项活动的工期,又有了各项活动的总体安排,项目的总体工期估计就是一件比较容易的事情了。从甘特图(图6.2.1)上可以看出,同心食品厂网站建设项目的计算工期是29天,符合计划工期(30天之内)的要求。

活动	负责人	2	4	6	8	10	12	14	16	18	20	22	24	26	28	30
网站规划	黎 明	■														
资料收集	张 强	■														
数据库结构设计	黎 明		■													
宿主选择	许 杰			■■												
文本编制	李西文			■■■												
数据库开发	黎 明			■■■■■■■■■■■■												
网页设计	张 强						■■■									
网站调试	张 强													■■		
网页上传	李西文														■	
在线测试	黎 明															■

图 6.2.1　同心食品厂网站建设项目进度计划甘特图(计算工期为 29 天)

6.2.3　网络计划的应用

目前项目进度计划多采用网络计划方法,运用这一方法有助于明确反映各活动之间的逻辑关系,有利于项目执行过程中各工作之间的协调和控制。

1) 绘制网络图的原理及图例

下面依然以上述同心食品厂网站建设项目为例来说明。

绘制网络图可使用两种不同的规则。一种是用节点或方框表示活动,称为节点法(Activity On The Node, AON),又叫单代号法;另一种形式是用箭头表示活动(Activity On The Arrow, AOA),称为箭头法,又叫双代号法。为便于理解,以下以节点法为例。

(1) 活动的表示　每项活动在网络图中用一个框表示,对该项活动的描述都写在框内,如图 6.2.2 所示。给每个框指定一个唯一的活动号。在图 6.2.2 中,活动"宿主选择"给定的活动号是"4"。

(2) 活动之间逻辑关系的表示　活动之间有先后次序关系,这种关系用箭头线表示。箭头线表明哪些活动在其他活动可以开始以前必须做完。连接活动框的箭头表示先后次序的方向。一项活动只有在通过箭头与它联系的所有前面的活动完成后,才能开始。如图 5.2.3 所示,只有在"网页调试"活动完成后"网页上传"才能开始。

图 6.2.2　用方框表示活动　　　　　图 6.2.3　活动之间先后次序的表示

有些活动可以同时进行。例如,图 6.2.4 中的"数据库结构设计"与"资料收集"可以同时并行。当有并行的活动出现时,必须等所有的并行活动全部结束,箭头指向的后续活动才能开始。如图 6.2.4 中的"数据库开发"必须在"数据库结构设计"与"资料收集"工作都结束后才能开始,"网页调试"必须在"数据库开发"和"网页设计"都结束时才能开始。

图 6.2.4 是同心食品厂网站建设项目用节点法绘制的完整的网络图,注意图中附加了负责人姓名。

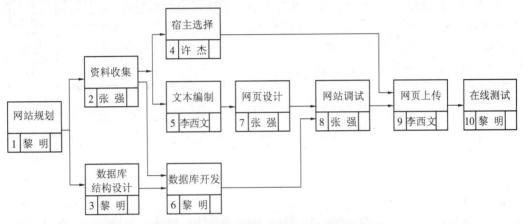

图 6.2.4　同心食品厂网站建设项目网络图

2）网络计划中的参数计算

（1）活动工期的估计与表示　活动工期估计一般在图框的右下角表示出来,如图 6.2.5。

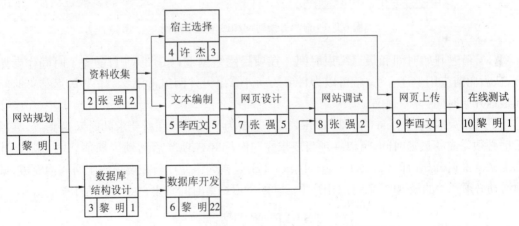

图 6.2.5　附有活动工期估计的网站建设项目网络图

（2）最早开始时间和最早结束时间　在为每项活动设定预计工期后,以项目预计开始时间为参照点,就可以为每项活动计算出最早开始时间与最早结束时间。

最早开始时间（Earliest Start Time, ES）是活动能够开始的最早时间,可以在项目的预计开始时间和所有紧前活动的工期估计基础上计算出来。最早结束时间（Earliest Finish Time, EF）是活动能够完成的最早时间,可在某项活动的最早开始时间加上该项活动的工期估计计算出来的。即

$$EF = ES + 活动工期估计$$

ES 和 EF 是通过正向计算得到的,即从项目开始沿网络图到项目完成进行计算。在进行这些正向计算时必须遵守一条规则:

规则1:某项活动的最早开始时间必须相同或晚于直接指向这项活动的所有活动的最早结束时间中的最晚时间。

图6.2.6是利用网络图计算同心食品厂网站建设项目最早开始时间和最早结束时间的例子。该图中节点的左上角为该活动的最早开始时间,右上角为该活动的最早结束时间。计算特点是正向计算,即从左到右依次进行。项目预计开始时间记为0,这样,最早的活动"网站规划"可以开始的时间就为0,由于它的预计工期为1天,它最早能在1天后完成。当"网站规划"在第1天完成时,"资料收集"和"数据库结构设计"就可以开始了。"资料收集"的预计工期为2天,所以它的 ES 为第1天,EF 为第3天。

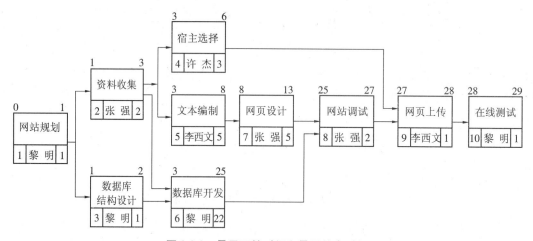

图 6.2.6 最早开始时间和最早结束时间

(3) 最迟开始时间和最迟结束时间　在项目网络图上,如果以项目的完工时间作参照点,从后向前应用上述方法,就可以为每项活动计算出另外两组重要参数值:最迟结束时间和最迟开始时间。

最迟结束时间(Latest Finish Time,LF)是指为了使项目在所要求的时间内完成,某项活动必须完成的最迟时间,可以在项目要求完工时间和各项紧后活动工期估计的基础上计算出来。最迟开始时间(Latest Start Time,LS)是指为了使项目在要求完工时间内完成,某项活动必须开始的最迟时间,可以用这项活动的最迟结束时间减去它的工期估计算出,即:

$$LS=LF-工期估计$$

在项目网络中,LF 和 LS 可以通过反向推算得出,即从项目完成沿网络图到项目的开始进行推算。在进行这类计算时,必须遵守另一条规则:

规则2:某项活动的最迟结束时间必须相同或早于活动直接指向的所有活动最迟开始时间的最早时间。

图6.2.7是在图6.2.6的基础上绘制的。它应用"规则2"将各项活动的最迟开始时间和最迟结束时间计算出来,并且分别在节点方框的左下角和右下角标注出来。

在图6.2.7中,计算过程从右向左,逆向进行。由于整个项目的要求完工时间为30个工作日,因此,最后一项活动"在线测试"的最迟结束时间为第30天,由于"在线测试"的预计工

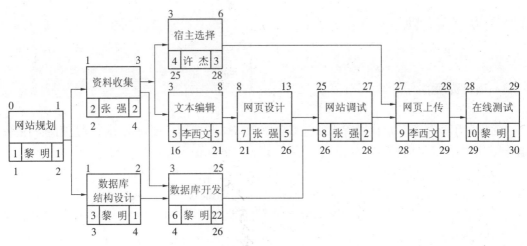

图 6.2.7 最迟开始时间和最迟结束时间

期为1天,所以这项活动的最迟开始时间应为第29天。为了使"在线测试"在第29天开始,"网页上传"完成的最迟时间应是第29天。如果"网页上传"的LF是第29天,那么它的LS是第28天,因为它的预计工期是1天。

(4) 总时差　总时差是指在不影响项目总进度的前提下,每项活动可以延迟的时间。总时差可以用活动的最迟结束(开始)时间减去它的最早结束(开始)时间算出,即等于最迟结束时间与最早结束时间的差值,或最迟开始时间与最早开始时间之间的差值。

$$总时差 = LF - EF \quad 或 \quad 总时差 = LS - ES$$

(5) 关键路径　在大型网络图中,从项目开始到项目完成有许多条路径,就像从南京到北京有许多条路可以走一样。如果20人同时从南京出发,每个人都沿着不同路径到北京,只有在最后一个人到达后他们才能完成聚会,这最后一人就是走最长路径(花费时间最多)的人。在项目网络图上,只有最长(花费时间最多)的活动路径完成之后,项目才算结束。这条在整个网络图中最长的路径就叫关键路径(Critical Path)。

确定关键路径的一种方法是找出那些具有最小时差的活动。所有这些活动构成的路径就是关键路径。

图 6.2.8 是同心食品厂网站建设项目的标明关键路径的网络图。

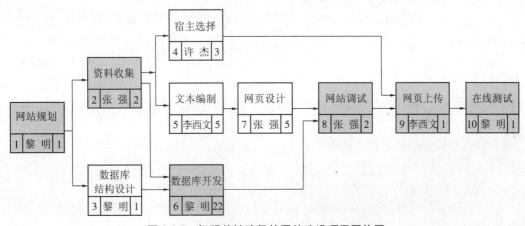

图 6.2.8　标明关键路径的网站建设项目网络图

6.3 费用计划

6.3.1 项目费用的构成

项目费用是指项目形成过程中所耗费的资源成本与费用。项目费用计划包括项目的资源计划、成本估算等内容。

1) 项目直接费用

项目直接费用是指与项目的形成有直接关系的那部分费用。也就是说,费用的发生与项目是直接对应的。电子商务项目的直接费用包括人工费、材料设备费、委托加工制作费用、其他直接费等。

(1) 人工费 即项目工作包的人员工资、福利费和劳动保护费。

(2) 材料和设备费 在项目实施过程中直接从事工程所消耗的、构成项目工程实体或有助于工程形成的各种材料、结构件、设备(如计算机、交换机等)的实际费用以及摊销及租赁费用。

(3) 委托加工制作费用 包括部分软件设计、设备制作的外包费,安装调试相关的费用。

(4) 其他直接费用 即在项目实施过程中直接发生但未包括在上述费用中的其他费用。例如,项目可能需要一些专用的仪器、设备和工具,这些专用器具可能并不常用,可以租用这些器具,支付租金。

2) 项目管理费用

项目管理费用指为组织、管理项目所发生的费用支出,为项目的间接费用,主要包括:

(1) 人工费 指项目执行单位管理人员工资及按规定提取的职工福利费和劳动保护费。

(2) 固定资产使用费 指项目执行单位行政管理部门使用固定资产的折旧费、修理费和租赁费。

(3) 工具用具使用费 指项目执行单位行政管理部门使用低值易耗品摊销及不属低值易耗品的工具、器具等的购置和维护费。

(4) 办公费 指项目执行单位行政管理部门发生的办公用品购置费、邮电费、报纸杂志费、水电费等。

(5) 差旅交通费 指项目执行单位管理人员、职工因出差、调动工作的差旅费、住勤补助费等。

(6) 保险费 指项目运行管理人员使用财产、车辆等的保险费用。

6.3.2 项目费用计划应考虑的因素

1) 质量对项目费用的影响

项目质量是指项目交付物的质量。一般交付物质量要求越高,使用性能越好、越可靠,但建造费用越高。

2) 工期和进度对项目费用的影响

项目费用由直接费用和间接费用组成。一般工期越长,项目直接费用越低,间接费用越高;反之,工期越短,项目直接费用越高,项目间接费用越低。

项目费用与项目进度也有关。一般情况下,项目的进度越快,项目费用越高。例如,为了加快进度,要激励员工们节假日加班,必须多付一些薪水。

3) 价格对项目费用的影响

对企业商务电子化项目来说,人力资源的价格、电子设备和器材的价格是影响项目费用的主要因素。在做费用预算时,应做好人力资源、电子设备和器材的价格预测。一般来说,计算机类电子设备在配置水平不变的情况下价格变动趋势向下,而人力资源的价格变动趋势总是向上。

4) 管理水平对成本的影响

管理水平对项目成本的影响是显而易见的,高的管理水平可以有效地节约成本。

6.3.3 项目费用的估算

费用估算是项目计划中的一个重要组成部分。要进行费用计划编制,首先要进行费用估算。费用估算涉及确定完成项目活动所需资源的费用计算。费用估算方法主要有以下几种:

1) 经验估算法

进行估计的人应有专门知识和丰富的经验,据此提出一个近似的数字。这种方法是一种最原始的方法,是利用类似项目的费用对现在的项目所需的费用进行的一种近似的猜测,所以,又称为类比法,亦是一种专家评价法。它对要求很快拿出一个大概数字的项目是可以的,但对要求详细的估算显然是不能满足要求的。此种方法主要适用于机会研究,可以作为提出项目任务和考虑投资的参考。

2) 规模费用估算法

这是一种传统估算方法。它利用基本的数学知识以过去为根据来预测未来。它的基本方法是利用规模和费用图。如图 6.3.1 所示,图上的线表示规模和费用的关系,图上的点是根据过去类似项目的资料描绘的,根据这些点描绘出的线体现了规模和费用之间的基本关系。这里画的是直线,但实际上也可能是曲线。费用包括不同的组成部分,如材料、人工和运输费用等。这些都可以有不同的曲线。项目规模知道以后,就可以利用这些曲线找出费用各个不同组成部分的近似数字。

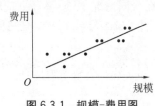

图 6.3.1 规模-费用图

这里要注意的是,如果项目周期较长,还应考虑到今后几年可能发生的通货膨胀、材料涨价等因素。做这种费用估算,前提是有过去类似项目的资料,而且这些资料应在同一基础上,具有可比性。

3) 参数模型估算

参数模型估算是一种建模统计技术,利用项目特性计算项目费用。模型可以简单,也可以复杂,视情况而定。软件开发中的功能点分析也是参数估计的一种例子。这种方法的准确性依赖于可以计量的参数和模型的可测量性。

4) 利用项目管理软件估算

利用某些项目管理软件进行项目费用估算,能够考虑许多备选方案,方便、快捷,是费用估算的一种发展趋势。

5) WBS 全面详细估算

即利用 WBS 方法,先把项目任务进行合理的细分,分到可以确认的程度,如某种材料、某种设备、某一活动单元等,然后估算每个 WBS 要素的费用。

以上介绍了 5 种费用估算的方法。在实际应用中还可将几种方法结合起来使用。例如,对项目的主要部分进行 WBS 详细估算,其他部分则按过去的经验进行估算。

6.4 质量计划

6.4.1 项目质量和质量计划

项目质量是对项目交付物的品质要求。项目质量要求的高低,与项目成本和项目进度关系密切。电子商务项目质量计划,就是确定与电子商务项目相关的质量标准并决定达到标准的方法,它是项目计划中的重要组成部分之一。

项目质量计划应结合项目其他计划(如费用计划和进度计划)一同编制,因为质量计划中规定的质量标准的高低以及达到质量要求标准的方法必然会影响到项目的实施成本和进度等方面。

6.4.2 质量计划的作用及一般要求

1) 质量计划的作用

(1) 质量计划可以作为一种工具,当用于项目组织内部时,应确保项目要求纳入质量计划;在合同情况下,质量计划应能向其顾客证实具体的特定要求已被充分阐述。

(2) 编制并执行质量计划,有利于实现规定的质量目标和全面、经济地完成合同的要求。

(3) 质量计划编制过程实际上是各项管理和技术工作协调的过程,这将有助于提高管理效能。

(4) 质量计划可作为质量审核、评定和监督的依据。

2) 编制质量计划的一般要求

(1) 在编制质量计划时应处理好与质量手册、质量管理体系、质量策划的关系。

(2) 当一个组织的质量管理体系已经建立并有效运行时,质量计划仅需涉及与项目有关的那些活动。

(3) 为满足顾客期望,应对项目或产出物的质量特性和功能进行识别、分类、衡量,以便明确目标值。

(4) 应明确质量计划所涉及的质量活动,并对其责任和权限进行分配。

(5) 保证质量计划与现行文件在要求上的一致性。

(6) 质量计划应由项目组织的技术负责人主持,由质量、技术、工艺、设计、采购等有关人员参加编制。

(7) 质量计划应尽可能简明并便于操作。

6.4.3 质量计划的编制方法

1) 收益/成本分析

质量计划编制过程必须权衡成本与收益。收益指项目各项工作做得好,满足质量要求,减少返工,提高生产率,降低成本,提高项目干系人的满意程度。成本是一项综合性的消耗指标,它与产值、收入、利润等经济指标密切相关。成本支出水平是项目管理水平的体现。

通过收益/成本分析,可以有效揭示成本与其他经济指标的关系。如分析产值与质量的关系可知:质量提高可以降低返工率或减少残次品,这就意味着有效总产量增加,单位成本降低。

2) 质量管理计划

质量管理计划说明项目管理团队将如何实施其质量方针。用 ISO9000 的话来说,就是要说明"项目质量体系",实施质量管理的组织结构、责任、程序、过程和资源。质量管理计划为项目总体计划提出了依据。

3) 质量管理计划实施说明

该说明要非常具体地说明各种问题的实际内容以及如何在质量控制过程中加以衡量。举例而言,仅仅说明符合计划进度要求不行,还必须指出各项目活动是必须准时开始,还是只需按时完成就行;或者指出各项目活动全都需要测量,还是只需测量某些可交付成果就行。如果只测量某些可交付成果,则应指明是哪些可交付成果。

4) 核对表

核对表具体内容因行业而异,其用途是检查和核对某些必须采取的步骤是否已经付诸实施。核对表是一种有条理的工具,可简可繁。

6.5 人力资源计划

6.5.1 人力资源计划的概念和编制原则

项目人力资源计划是通过科学的分析与预测,对项目实现过程的人力资源管理工作做出整体安排,以确保在环境变化的条件下,项目组织能够获得必要数量、质量和结构的人员,并使组织和个人都能够同等地得到利益,从而实现目标的过程。

项目人力资源计划的编制,一般应按照以下原则来进行:

1) 整体性

编写人力资源计划时,必须以项目总体目标为依据,以实现项目总体目标为中心。人员的招聘、考核、培训、激励等工作都应符合总体目标的要求,其各部分工作应为总体目标做出各自的贡献。

2) 灵活性

任何计划都是面向未来的,而未来总是充满变数,因此人力资源计划必须具有一定的灵活性。在编写时应充分考虑到电子商务项目目标实现过程中组织内外部环境可能发生的变化,并制订出相应的措施来应对这些变化,从而保证计划的合理性和有效性。

3) 双赢

编写人力资源管理计划时,应考虑使组织和个体都得到利益,即人力资源计划一方面要创造良好的环境,充分发挥组织中每个人的主观能动性;另一方面也要切实关心组织的每个成员在物质、精神和职业发展等方面的需求,帮助他们实现个人目标。

6.5.2 制订组织规划

项目人力资源计划的首要任务是制订组织规划。组织规划的主要内容包括三个方面:
(1) 组织结构选择。
(2) 确定各单位的分工协作及报告关系。
(3) 确定集权与分权程度及权力分配。

制订电子商务项目的组织规划要从项目的实际情况出发,一般应综合考虑四种影响因素:一是项目性质及复杂程度;二是组织不同单位之间各种信息沟通和报告关系;三是不同技术人员之间的联系或衔接关系;四是项目母体组织结构类型和劳动人事方面的规章制度。

6.5.3 项目人员配备计划

人员配备对于项目组织而言是一项十分重要的工作。合理的人员配备不仅可以降低人力资源成本,而且有利于充分地挖掘人力资源的潜力,提高项目组织的工作效率。特别是对于企业电子商务项目来说,选择合适的项目团队成员对项目的成功是非常关键的。

1) 人员配备过程

项目人员配备过程分工作分析和人员选配两个步骤。

(1) 工作分析　人员配备计划的首要工作是工作分析。工作分析是通过分析项目的类型来确定需要的项目成员的数量及担当的职责。工作分析的最后结果是形成工作说明书与工作规范。工作说明书是工作分析的书面文件之一,是一种说明岗位性质的文件,包括职责定义与说明,即每个工作岗位的内容和权限等。工作规范主要是根据工作说明书中所规定的岗位职责,说明对担当该岗位工作的人员的特定知识、能力和个性特征等方面的规范化要求。

(2) 选配人员　选配人员是指根据工作说明书和工作规范,对每个岗位所需人员的获得及配备做出工作安排。

2) 人员选配计划的原则

(1) 目标性原则　人员配备计划应以实现项目目标为中心,即项目组织的一切人员的配备必须为实现项目目标服务。根据实现项目总体目标所需完成的工作要求,合理配备人力资源,以保证项目目标的实现。

(2) 人尽其才原则　在人员配备计划中,必须充分考虑每一位组织成员的经验、知识、能力、兴趣、爱好和需求,并深刻理解各岗位及工作的性质和要求,使得团队成员能充分地发挥自己的聪明才智。

（3）专业性原则　亚当·斯密提出了劳动分工原则。这一原则一直是人员配备的基本原则。按照劳动分工的原则，进行岗位划分时要充分使工作岗位的内容尽量地专业化。如同心食品厂网站建设项目，按照专业分工的原则，张强从事他擅长的网页设计工作，而黎明从事其擅长的数据库开发工作。这样，项目的人员分工才有效率。

（4）灵活性原则　由于项目目标的实现过程中会发生许多意想不到的变更，比如项目团队成员的突然撤离，或者材料的延误等不可预测因素的存在，运行中的项目也会发生变更，因此项目组织成员工作的安排要求具有较大的灵活性，有时需要安排一人兼任多个岗位或完成跨组织的工作等。

6.5.4　项目人员的招聘与培训计划

项目团队成员的招聘是项目人力资源管理的一项重要工作，这项工作的好坏关系到项目的成败。因为项目的各项工作都是由人来完成的，若没有招聘到合适的项目成员，就无法保证项目目标的实现。项目人员招聘的目标就是力求保证项目团队能获得完成项目目标所需的人力资源。

培训可以弥补招聘工作的不足。有些人员在社会上不一定能招到，或者招聘的成本太高，在这种情况下，对企业内部的人员进行培训，再将他充实到项目团队，也不失为一种可行的选择。即使是招聘来的合适的人员，在上岗前和岗位中也应根据项目进展中的具体情况，经常开展培训工作。所以，培训计划是项目人力资源管理计划中的重要内容。

编制培训计划一般包括 5 个步骤：一是评估培训的需求；二是确定培训的目标；三是选择恰当的方法；四是安排培训的时间；五是评价培训的效果。

6.6　沟通计划

6.6.1　沟通计划的概念

沟通计划（Communications Planning）就是确定项目利益相关者信息交流和沟通的要求，即确定何人、何时需要何种信息及如何传送给信息需求者。项目沟通计划涉及项目全过程的沟通工作、沟通方法、沟通渠道等各个方面的计划和安排。

6.6.2　项目沟通

1）项目沟通的内容

项目沟通包括人际沟通和组织沟通两方面的内容。人际沟通强调的是人与人之间沟通的技巧性，组织沟通则是这些技巧在组织结构之间的综合体现。人际沟通主要包括如何认识和把握沟通中的受体，了解各种人际沟通的形式和媒介的优劣势，从而熟练运用人与人之间沟通的技能，如倾听、非言语沟通、口头表达等。

组织沟通则主要讨论特定的组织环境下的沟通形式，包括纵向沟通、横向沟通、团队沟通、会议沟通、会见和面试、冲突处理、谈判技巧、跨文化沟通等。人际沟通是沟通的基石,人际沟通所采用的一切沟通形式,本身就为沟通提供了广泛的媒介。组织沟通是对人际沟通的应用和发展,它既研究了组织沟通的规范性、程序性等科学的内容,又结合个体和情景考察了管理沟通的风格和模式。

2) 项目沟通的方式

(1) 会议　会议是促进项目团队建设和强化团队成员的期望、角色以及对项目目标投入的工具。在项目执行期间召开各种类型的会议,是项目沟通的主要渠道之一。最常用的项目会议有三种类型:一是情况评审会议;二是解决问题会议;三是技术设计评审会议。客户和项目承担人通常会在签订的合同中明确对定期的情况评审会议和特定的技术评审会议的要求。

(2) 书面沟通　人员的书面沟通一般是在项目团队中使用内部备忘录。在确认决策和行动时,一张备忘录或一封信件,面对面会谈或电话交流的笔录,可能比个人的记忆力更合适一些。当以备忘录来确认口头沟通时,应该给其他不包括在这次沟通中但又需知道这条信息的人一份副本。另外,如果一个项目团队成员离开项目,则候补人员需对有关以前行动和决策的沟通记录有所了解,这时书面沟通就更重要了。

(3) 口头沟通与面对面沟通　人员的口头沟通可以是面对面的,也可以通过电话进行。它可以通过有声邮件或电视会议等方式实现。通过口头沟通,可以以一种更准确、便捷的方式获得信息。这种沟通为讨论、澄清问题、理解和即刻反馈信息提供了手段。面对面的沟通同时提供了一种在沟通时观察身体语言的机会,即使是电话沟通也能让听者听出语调、声音的抑扬变化和声音的感情色彩。身体语言与语调变化是丰富口头沟通的重要因素。与电话沟通相比,面对面的沟通可以更好地加强人员的沟通。

(4) 利用软件辅助沟通　尽管信息技术公司通常使用许多类型的硬件和软件来改善沟通,但他们仍需要调整已存在的系统来适应一个项目环境的特定的沟通需要。许多公司开发自己的系统,市场上也有这样的产品供使用,如 Involv、Mobile Manager 和 CSI Project,用以辅助公司进行企业范围内的项目沟通。在 20 世纪 90 年代后期,许多其他产品被开发出来或被改进,用来解决提供快速、便利、连贯和最新的项目信息这一问题。Microsoft Project 98 也有许多改善项目沟通管理的功能。

6.6.3　提高沟通绩效的要点

在企业电子商务项目中,经常出现以下这样的情况:客户在检查项目阶段成果时,指出曾经要求的某个产品特性没有包含在其中,并且抱怨说早就以口头的方式反映给了项目组的成员,但项目经理却一无所知,而那位成员解释说把这点忘记了;或者,某程序员在设计评审时描述了他所负责的模块架构,然而软件开发出来后,客户发现这和客户所理解的结构大相径庭……这些问题都是由于沟通引起的,沟通途径不对导致信息没有到达目的地。

为了提高项目沟通的绩效,人们总结出以下几条经验:

1) 项目经理高度重视

有人认为,项目经理最重要的工作之一就是沟通,通常花在这方面的时间应该占到全部工作的 75%～90%。只有通过良好的交流才能获取足够的信息,发现潜在的问题,控制好项目的各个方面。

2）建立沟通管理体系

一个完整的沟通管理体系应该包含以下几方面的内容：沟通计划编制、信息分发、绩效报告和管理收尾。沟通计划决定项目干系人的信息沟通需求：谁需要什么信息？什么时候需要？怎样获得？信息发布使需要的信息及时发送给项目干系人。绩效报告收集和传播执行信息，包括状况报告、进度报告和预测。项目或项目阶段在达到目标或因故终止后，需要进行收尾。管理收尾包含项目结果文档的形成，包括项目记录收集、对符合最终规范的保证、对项目的效果（成功或教训）进行的分析以及这些信息的存档。

3）牢记两条关键原则

尽早沟通、主动沟通，是项目沟通的两条原则，实践证明它们非常关键。

尽早沟通要求项目经理要有前瞻性，定期和项目成员建立沟通，不仅容易发现当前存在的问题，很多潜在问题也能暴露出来。在项目中出现问题并不可怕，可怕的是问题没被发现。沟通得越晚，暴露得越迟，带来的损失越大。

主动沟通说到底是对沟通的一种态度。在项目管理中，应极力提倡主动沟通，尤其是当已经明确了必须要去沟通的时候。当沟通是项目经理面对用户或上级、团队成员面对项目经理时，主动沟通不仅能建立紧密的联系，更能表明你对项目的重视和参与，会使沟通的另一方满意度大大提高，对整个项目非常有利。

4）保持畅通的沟通渠道

沟通看似简单，实际很复杂。这种复杂性表现在很多方面，比如说，当沟通的人数增加时，沟通渠道急剧增加，给相互沟通带来困难。典型的问题是"过滤"，也就是信息丢失。产生过滤的原因很多，比如语言、文化、语义、知识、信息内容、道德规范、名誉、权利、组织状态等等，经常碰到由于工作背景不同而在沟通过程中对某一问题的理解产生差异的情况。因此项目经理必须保持沟通渠道的畅通，尽量采用直接沟通的方式，以免信息在传递中出现堵塞和偏差。

6.6.4 项目沟通计划的编制

项目沟通计划编制工作大致可以按照下面几个步骤进行：

1）确定项目沟通的目标

根据项目沟通的目标确定项目沟通的各项任务：先根据项目沟通的时间和频率要求安排项目沟通的任务，然后进一步确定保障项目沟通的资源需求和预算。

2）根据沟通需求确定计划内容

项目的沟通需求是项目干系人的信息需求的总和，通常可以通过综合所需的信息内容、形式和类型以及信息价值的分析来确定内容。

3）确定项目沟通的技术

沟通技术各种各样，如正式沟通和非正式沟通、单向沟通和双向沟通、书面沟通和口头沟通、横向交叉沟通和纵向沟通等。这些技术，在项目沟通计划编制中都可以考虑选用，但应考虑哪一种最有效、最适用。

4）确定信息收集渠道和归档格式

项目沟通计划要详细说明用何种方法从何处收集信息，即信息的收集渠道，同时也要说明采用何种方法存贮不同类型的信息，也就是信息的归档格式。

5）确定信息分发渠道以及信息的分发与使用权限

项目沟通计划要详细说明各种信息（状态报告、数据、进度计划、技术文件等）将流向何人，采用何种方法（书面报告、会议等）传送各种类型的信息，同时也要说明各种信息的分发权限以及最终用户的使用权限。需要说明的是，这种结构必须和项目组织结构图中描述的责任和报告关系相一致。

6）准备发布信息的描述

项目沟通计划要对准备发布的信息进行必要的描述，包括信息的格式、内容、详细程度、信息的来源、获得信息的方法、信息的存贮要求（如存贮的格式、存贮的时间等）等方面的描述。

7）提供信息发生的日程表

项目沟通计划还需要给出信息发生的日程表，也就是要说明何时进行何种沟通。

8）说明约束条件和假设前提

约束条件和假设前提是项目沟通计划编制的重要依据，因此需要在沟通计划中予以说明，以便在这些条件发生变化时对沟通计划进行修订，如费用、风险、时间、人员变化等。

9）注明更新和修订沟通计划的方法

项目沟通计划编制工作是贯穿于项目全过程的一项工作，为了保证项目沟通计划适应项目沟通的实际需要，随着项目的进展需要对沟通计划进行更新和修订。因此，项目沟通计划还需要注明对计划进行更新和修订的方法。

6.7 风险管理计划

6.7.1 项目风险管理与风险管理计划

项目风险管理制是通过风险识别、风险分析和风险评价等手段去认识项目的风险，并以此为基础合理地使用各种风险应对措施和管理办法，对风险实行有效控制，妥善处理风险事件造成的不利后果，以最小的成本保证项目总体目标实现的管理工作。

风险管理计划主要说明如何把风险分析和管理步骤应用于项目管理之中。风险管理计划应详细说明风险识别、风险分析、风险评价和风险控制过程所涉及的方方面面以及如何评价项目整体风险。

6.7.2 风险识别与风险评估

1）风险识别

风险识别是指风险管理人员在收集资料和调查研究的基础上，运用各种方法对尚未发生的潜在风险以及客观存在的各种风险进行系统的归类和全面的识别。

风险识别的主要内容包括：①识别引起风险的主要因素；②识别风险的性质；③识别风险可能引起的后果。风险识别的主要方法包括：① 文件资料审核；② 信息收集整理，包括头脑风暴法、德尔菲法、访谈法和 SWOT 技术；③ 检查表；④ 流程图法；⑤ 因果分析图；⑥ 工作分解结构。

2) 风险评估

风险评估是风险计划的重要内容,其主要任务包括:风险发生概率的估计和评价;风险后果严重程度的评估;风险影响范围大小的评估;风险发生时间的评估。

风险评估方法包括定性评估方法和定量评估方法。

(1) 定性风险评估方法　主要有:①历史资料法;②理论概率分布法;③主观概率法;④矩阵图分析法。

(2) 定量风险评估方法　主要包括:①盈亏平衡分析法;②敏感性分析法;③决策树分析法;④非肯定型决策分析法。

6.7.3　项目风险的种类与应对策略

1) 项目风险的种类

项目风险基本可分为以下 4 类:

(1) 项目技术、性能、质量风险　项目采用的技术与工具是项目风险的重要来源之一。一般说来,项目中采用新技术或技术创新无疑是提高项目绩效的重要手段,但这样也会带来一些问题,许多新的技术未经证实或并未被充分掌握,则会影响项目的成功。还有,当人们出于竞争的需要,就会提高项目产品性能、质量方面的要求,而不切实际的要求也是项目风险的来源。

(2) 项目管理风险　项目管理风险包括项目管理过程的方方面面,如项目时间进度安排、资源分配(包括人员、设备、材料)、项目质量管理、项目管理技术(流程、规范、工具等)的采用以及分包商的管理等。

(3) 项目组织风险　项目组织风险的一个重要来源,就是项目决策时所确定的项目范围、时间与费用之间的矛盾。项目范围、时间与费用是项目的三个要素,它们之间相互制约。不合理的匹配必然导致项目执行困难,从而产生风险。

(4) 项目外部风险　项目外部风险主要是指项目的政治、经济环境的变化,包括与项目相关的规章或标准的变化,组织中雇佣关系的变化,如公司并购等。这类风险对项目的影响和项目性质的关系较大。对于电子商务项目来说,社会上技术进步的加速可能也是项目风险的一个来源。

2) 项目风险的应对策略

同一组织对不同的项目、不同的组织对相同的项目,其处理风险的态度可以是不同的,但无论如何,其应对策略不外有以下 4 种:

(1) 回避风险　考虑到风险事件的存在和发生的可能性,主动放弃或拒绝实施可能导致风险损失的方案,通过回避风险,可以在风险事件发生之前完全彻底地消除某一特定风险可能造成的种种损失,而不仅仅是减少损失的影响程度。

(2) 转移风险　转移风险是指一些单位和个人为避免承担风险损失,而有意识地将损失或与损失有关的财务后果转嫁给其他单位或个人去承担。

转移风险有控制型非保险转移、财务型非保险转移、保险和担保三种形式。

(3) 损失控制　损失控制是指损失发生前消除损失可能发生的根源,并减少损失事件的频率;在风险事件发生后减少损失的程度。

(4) 自留风险　自留风险又称承担风险,它是一种由项目组织自己承担风险事故所致损失的措施。

6.8 采购计划

6.8.1 项目采购概述

1) 采购的定义

项目管理中的采购含义不同于一般概念上的商品购买,它包含着以不同方式通过努力从系统外部获得货物、工程和服务的整个采办过程。因此,采购不仅包括购买货物,而且还包括雇佣承包商来实施工程和聘用咨询专家来从事咨询服务。

2) 采购的原则

(1) 成本效益原则　凡是为项目所采购的货物和服务,应注意节约和效率,充分体现成本效益原则。

(2) 质量符合原则　采购的货物和服务质量良好,适合项目的要求。

(3) 进度适应原则　所采购的货物应及时到达,服务应及时提供,采购时间与整个项目实施进度相适应。

(4) 公平竞争原则　即应给符合条件的承包商提供均等的机会。这不仅符合市场经济运行原则,而且也会进一步提高项目实施质量;同时,公平竞争又会促使报价降低,因而对项目的费用控制更加有利。

3) 采购的意义

采购对项目组织来说非常重要。在电子商务项目中,在运用采购的情况下,项目承包商实际上就是一个IT技术集成服务商。通过实施采购计划,企业可以降低固定成本和经常性成本,把精力放在其核心业务上,获取关键技能与技术,更具有轻巧和灵活的特性,提高专业化程度和竞争力。对其他公司来说,采购策略的灵活运用,甚至可以直接增加利润来源。

6.8.2 采购计划的编制

项目采购计划是确定怎样从项目组织以外采购物资和服务,以最好地满足项目需求的过程。它考虑是否采购、采购什么、采购多少、怎样采购及何时采购。

1) 采购计划编制的依据

一般来说,采购计划编制通常依据以下几项文件:①范围说明;②产品说明;③采购活动所需的资源说明;④市场状况调研;⑤其他计划结果;⑥制约条件和基本假设。

2) 编制采购计划的技术和工具

在编制采购计划过程中,常用以下两种方法:

(1) 转折点分析　即分析各种不同采购策略的转折点,如自制还是外购,长期租赁还是短期租赁等等。

(2) 向专家咨询　向具有专门知识或经过训练的单位和个人、咨询公司、行业团体、有发展前景的承包商以及项目实施组织内部的其他单位咨询,往往是编制采购计划前的必要步骤。这些单位或个人,可能具有与采购有关的专业知识。项目组织可以聘请采购专家作为顾问,甚至邀请他们直接参与采购过程。不管是自制的还是外购的,向专家咨询是制订采购计划的一条捷径。

6.9 电子商务项目管理软件的操作使用

6.9.1 项目管理软件概述

现代项目管理起始于第二次世界大战期间的美国,曼哈顿计划便是使用现代项目管理进行的。随着近几十年的发展,项目管理已逐渐从政府、建筑公司等应用领域推广到各个领域进行使用。

项目管理软件是用来控制项目整体进度以及调配项目资源、进展、成本的计算机应用程序。通过项目管理者对各个环节操作者的整体掌控与协调、调整项目进度、协调各环节时间等,帮助项目整体顺利、尽快地实现。

随着计算机运行速度的不断提高和个人电脑的逐渐普及,20世纪80年代后项目管理技术也呈现出繁荣发展的趋势,项目管理软件开始出现。对于大型项目来说,若管理没有软件支撑,仅靠人工完成项目任务制定、跟踪项目进度、资源管理、成本预算的难度是相当大的。可以说计算机技术的发展对项目管理深入应用起了举足轻重的作用。

一个完整的项目管理应该包括五个内容,即项目启动、项目计划、项目实施、项目控制、项目收尾。

① 在项目启动阶段,确定一个明确清晰的目标是必不可少的。这个目标也是整个项目团队在未来要付诸实践并努力达到的。

② 项目计划是指项目整体的顶层设计,队伍成员的确定,各环节的设置,重要项目节点的设置,这期间所有必要的环节、流程都要进行确定和定好项目整体的时间线规划。在人员确定上,必须要选择有相关经验的人选或选择能完成其所负责环节的人选,确保任务不会因为某一环节的缺失而导致延误或失败。在完成人员确定后对其所负责的环节或流程设置可量化的条件以及指标,确定其工作能被实时监控进度。

③ 在项目实施阶段,项目管理者要对团队进行有效的管理,确保团队、成员都能做出正确决策。项目管理软件可以将所有流程留底并记录,确保每个环节不会出现交流上的错误而导致失败。跟踪项目进度也是项目管理者要着重去做的,项目管理软件可以以多种方式对项目整体进行监控,能随时展现出项目目前的进度,如甘特图、工作分解结构、燃尽图等。项目管理者在多个小组交流过程中也要充分发挥桥梁、纽带的作用,在关键时刻帮助不同小组间加快交流速度并快速统一意见。

④ 在项目控制阶段,项目管理软件可以通过数据来准确地帮助项目管理者识别计划在执行上出现的偏差,从整体上判断项目进度是任务安排的问题还是目标设定所带来的问题。项目管理软件强大的数据搜集、处理、分析能力可以帮助项目管理者直观地观察数据得到答案。

⑤ 在项目收尾阶段,项目管理软件整理出各种资料、文件,可帮助已成功项目实现可持续化、可复制化,帮助不断累积、沉淀经验。

6.9.2 项目管理软件的基本工作原理

项目管理软件将项目管理的整体流程进行了细分,通过集成化、电子化等方式,极大地节省项目管理过程中每个环节所需要耗费的时间。项目管理软件将时间进度计划、成本控制、资源调度和图形报表输出、合同管理、采购管理、风险管理、质量管理、索赔管理、组织管理等功能模块化、可视化。项目管理软件帮助项目管理者清楚地看到各环节的具体进度以及完成情况,同时帮助执行者明确下一步应该做的动作,减少在沟通交流上所耗费的非必要时间。

项目管理软件在一个项目管理流程中起到中台的作用,项目管理者通过软件将任务下发给每个参与者,清楚标明每项工作的截止时间以及上下级关系,这样参与者之间也能清楚地了解各自间的配合以及上下级关系,能有效地帮助项目整体推动。同时,项目管理者可以在多个维度对其所管理的项目进行评价以及观察,多角度地透视有利于及时发现项目可能存在的风险以及漏洞。在关键时刻可以及时止损或转变方向,减少最初的失误给整体带来的损失。

项目管理软件并行式的流程在减少项目试错成本的同时,还有利于项目管理者对成功项目的复盘与回溯。可视化的界面以及清晰的思路、条理能有效地帮助管理者总结各环节的经验教训。理顺各环节之间的逻辑以及顺序,在未来总结经验以及成功案例复制方面都能为下一次的项目管理做好充分的准备以及提供明确的思路。有效地沟通可以极大地缩短项目时间,较大的项目都会依靠多个组成员之间的配合来完成。使用项目管理软件中及时的联络手段和清晰的层级脉络,能帮助不同小组成员间加强沟通、降低沟通成本、增进效率,将每个环节的责任都确定到人或负责的小组,明确各自的职责。多个小组之间的交流和配合也会因此变得轻松高效。

6.9.3 项目管理软件的功能与选择标准

项目管理软件可根据项目管理的基本功能、工程对象以及项目规模来进行选择。总体来说共有三种思路可以在选择项目管理软件时帮助项目管理者进行决策。

1) 按照项目管理软件提供基本功能划分

项目管理软件提供的基本功能主要包括进度计划管理、费用管理、资源管理、风险管理、交流管理、过程管理、多功能集成的项目管理软件套件。这些基本功能有些可以独立构成一个软件,大部分则是与其他某个或某几个功能集成构成一个软件。

(1) 进度计划管理　对于工程项目建设来说,时间是最重要的资源。基于网络技术的进度计划管理功能是工程项目管理中开发最早、应用最普遍、技术上最成熟的功能,它也是目前绝大多数面向工程项目管理信息系统的核心部分。具备该类功能的软件至少应能做到:定义作业(也称为任务、活动),并将这些作业用一系列的逻辑关系连接起来;计算关键路径;时间进度分析;资源平衡;实际的计划执行状况;输出报告,包括甘特图和网络图等。

(2) 费用管理　进度计划管理系统应建立项目时间进度计划,成本(或费用)管理系统应确定项目的价格,这也是现在大部分项目管理软件功能的布局方式。最简单的费用管理可以增强时间计划性能的费用跟踪功能,这类功能往往与时间进度计划功能集成在一起,但难以完成复杂的费用管理工作;高水平的费用管理功能应能够胜任项目寿命周期内的所有费用单元的分解、分析和管理的工作,包括从项目开始阶段的预算、报价及其分析、管理,到中期结算与分析、管理,再到最后的决算和项目完成后的费用分析,这类软件有些是独立使用的系统,有些是与合同事务管理功能集成在一起的。费用管理应提供的功能包括:投标报价、预算管理、费用预测、费用控制、绩效检测和差异分析。

(3) 资源管理　项目管理软件中涉及的资源有狭义和广义资源之分。狭义资源一般是指在项目实施过程中实际投入的资源,如人力资源、施工机械、材料和设备等;广义资源除了包括狭义资源外,还包括其他诸如工程量、影响因素等有助于提高项目管理效率的因素;所有这些资源又可以根据使用过程中的特点划分为消耗性资源(如材料、工程量等)和非消耗性资源(如人力)。资源管理功能应包括:完善的资源库,自动调配所有可行资源,通过与其他功能配合提供资源需求,对资源需求和供给的差异进行分析,自动或协助用户通过不同途径解决资源冲突问题。

(4) 风险管理　变化和不确定性的存在使项目总是处在风险的包围中。这些风险包括时间上的风险(如零时差或负时差)、费用上的风险(如过低估价)、技术上的风险(如设计错误)等。针对这些风险的管理技术已经发展得比较完善,从简单的风险范围估计方法到复杂的风险模拟分析都在工程上得到了一定程度地应用。项目管理软件的风险管理功能大都采用了这些成熟的风险管理技术。风险管理功能中常见的风险管理技术包括:综合权重的三点估计法、因果分析法、多分布形式的概率分析法和基于经验的专家系统等。项目管理软件中的风险管理功能应包括:项目风险的文档化管理、进度计划模拟、减少乃至消除风险的计划管理等。目前的风险管理软件包有些是独立使用的,有些是和上述其他功能集成使用的。

(5) 交流管理　交流是任何项目组织的核心,也是项目管理的核心。事实上,项目管理就是从项目有关各方之间及各方内部交流开始的。大型项目的各个参与方经常分布在跨地域的多个地点上,大多采用矩阵化的组织结构形式,这种情况对交流管理提出了很高的要求;信息技术,特别是近些年的 Internet、Intranet 和 Extranet 技术的发展为这些要求的实现提供了可能。目前流行的大部分项目管理软件都集成了交流管理的功能,所提供的功能包括进度报告发布、需求文档编制、项目文档管理、项目组成员间及其与外界的通信与交流、公告板和消息触发式的管理交流机制等。

(6) 过程管理　工程项目是由过程组成的,项目管理的工作就是要将这些过程集成在一起,以保证项目目标的实现。过程管理功能应是每个项目管理软件所必备的功能,它可以对项目管理工作中的项目启动、计划编制、项目实施、项目控制和项目收尾等过程提供帮助。过程管理的工具能够帮助项目组织的管理方法和管理过程实现电子化和知识化。项目负责人使用过程管理功能可以为其所管理的项目确定适当的过程,项目管理团队在项目的执行过程中也可以随时对其应完成的任务进行深入了解。

(7) 多功能集成的项目管理软件套件　目前流行的项目管理软件大部分是系列化的项目管理软件,通常称为项目管理软件套件。

2) 按照项目管理软件适用的工程对象来划分

项目管理软件按照适用的工程对象来划分,可分为两类:

(1) 工程类项目管理软件　主要指应用在诸如建筑工程、装饰工程、水利电力工程等工程类型中的项目管理软件,项目管理软件的应用价值为在工程前期、过程中、后期分别对物料、设备、成本、工期等方面进行预估、分配、把控、调整等操作,以达到工程能在预期内完美落地的效果。

(2) 非工程类项目管理软件　是针对工程项目管理之外的企业中涉及对人员、跨部门项目类事务的管理,例如研发项目管理、销售项目管理、市场项目管理等。

工程类项目管理软件与非工程类项目管理软件在软件功能上有本质差异,在选择项目管理软件的时候要根据所管理的项目类型进行选择,确保项目不会因为项目管理软件的选择偏差而产生问题。

3) 按照项目管理软件适用的项目规模进行划分

按照项目管理的规模对项目管理软件进行划分,可分为两类项目管理软件,分别是:

(1) 面向大型、复杂工程项目的项目管理软件　这类软件锁定的目标市场一般是那些规模大、复杂程度高的大型工程项目。其典型特点是专业性强,具有完善的功能,可提供丰富的视图和报表,为大型项目的管理提供有力的支持;但购置费用较高,使用上较为复杂,使用人员必须经过专门培训。

(2) 面向中小型项目和企业事务管理的项目管理软件　这类软件的目标市场一般是中小型项目或企业内部的事务管理过程。其典型特点是:提供项目管理所需要的最基本功能,包括时间管理、资源管理和费用管理等;内置或附加二次开发工具;有很强的易学易用性,使用人员一般只需具备项目管理方面的知识,经过简单的引导,就可以使用;购置费用较低。

6.9.4　Teambition 的使用

1) 新建项目文件

图 6.9.1　Teambition 首页

Teambition,在项目管理、知识管理、销售服务管理等专业领域推出了多款页面简洁大方且操作简便的 SaaS 产品(如图 6.9.1 所示),在协作办公领域处于领先水平。Teambition 的用户数量超过 700 万,遍布在超过 38 个行业,且多家行业龙头公司在使用该软件。

在近期项目一栏中选择右边的添加按钮,进入项目创建(如图 6.9.2 所示)。

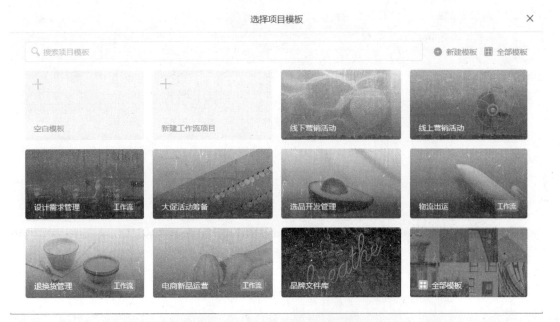

图 6.9.2　Teambition 项目模板选择

在选择一个模板类型时,先选择空白模板,进行演示创建(如图 6.9.3 所示)。

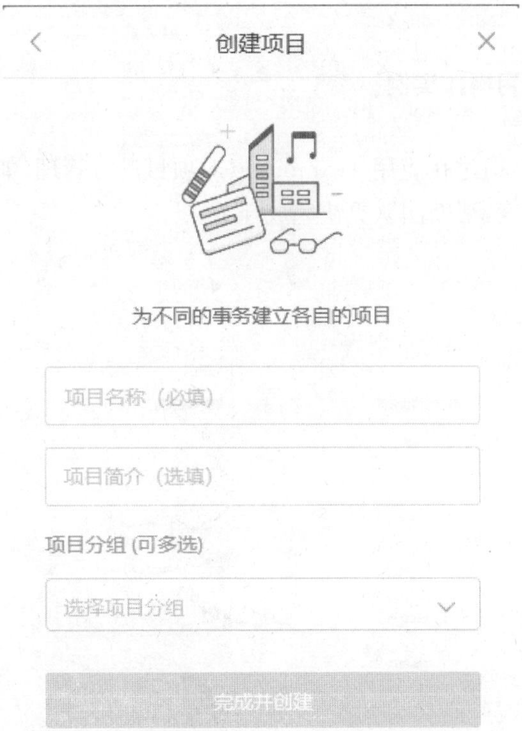

图 6.9.3　Teambition 项目创建

配置好项目后,点击完成并创建,进入项目管理页面(如图 6.9.4 所示)。

图 6.9.4　Teambition 项目管理

点击三个环节中的"＋"符号,可在不同环节添加活动,适合在项目前、中、后期的不同阶段把活动导入 Teambition 中进行管理。在配置活动的过程中,项目管理者可以进行输入标题,选定负责人,设置该活动的开始、截止时间,设置活动优先级,添加标签等操作,最后确定该活动是否向全部参与者公开。

6.9.5　Teambition 的应用操作实例

"乐宠 App"的案例,通过在应用 Teambition 对项目进行管理(如图 6.9.5 所示),可以极大地加快项目的整体进度,帮助团队更快完成任务。

图 6.9.5　使用 Teambition 进行项目管理

在团队合作中,通过使用项目管理软件,可以帮助项目管理者设定各环节的紧急程度以及重要程度,帮助团队成员更直观地了解那些自己负责的重要任务,同时在保证高质量完成的同时加快整体进度(如图 6.9.6 所示)。

图 6.9.6　使用 Teambition 进行项目的安排

完成后的工作在选择完成后可以第一时间被团队成员了解,逻辑关系不同的工作项目成员之间也可以清楚地了解,并根据整体进度实时安排、规划自己的时间。

项目管理者在布置好成员工作后,可以通过项目管理界面动态掌握各成员的完成情况,针对超过计划时间的部分做好监督工作,保证项目整体的进度。同时做好对风险的规避,保证项目能顺利有序地进行。

【本章小结】

在本章中,系统且完整地介绍了电子商务项目计划编制主要内容,包括:范围计划、进度计划、费用计划、质量计划、人力资源计划、沟通计划、风险管理计划、采购计划。

【应用案例】

小米公司的人力资源计划编制

电子商务公司中,人力资源计划是电子商务项目计划编制的重要内容。

2019 年 11 月 29 日,雷军发布内部邮件,宣布小米管理层人员变动——林斌、王翔、何勇晋升;黎万强、祁燕因个人原因离开;周受资、卢伟冰轮岗,CFO 一职空缺迎新人。11 月 29 日收盘,小米股价 8.95 港元,涨 0.67%,港股市值 2 150 亿港元。

内部信中,雷军首先总结了第三季度的财报数据,强调国际业务极为出色。其中印度市场持续领先,西欧市场出货量同比增加 90.9%,国际业务收入在全集团收入中占比已达 48.7%。另外,撇开尴尬的智能手机成绩,雷军更多强调 5G 的未来机会。他称,明年是小米 5G 业务的冲锋年,也将是小米推动"手机＋AIoT"的关键年。他在第三季度财报业绩会中表示,5G 对 IoT 有巨大作用,在后年及大后年会对 IoT 设备产生影响。雷军把刚刚过去的 2019 年称作是稳健经营的一年,而 2020 年是小米 5G 业务的冲锋年,是小米推动"手机＋AIoT"双引擎的关键年,并明确"5G＋AI＋IoT 下一代超级互联网"的战略方向。他称,5G

并不只是手机的网络性能，AIoT 也不只是 AI 技术或 IoT 平台，"5G＋AIoT"是贯穿集团全产品、全平台、全场景的服务能力，是小米互联网基因在新时代全面爆发的"题眼"。2019 年初，小米提出 All in AIoT，5 年投入 100 亿元，经过这一年的实践验证了战略方向的可行性、正确性和战略投入的必要性，因此在"5G＋AIoT"战场上，未来 5 年小米将至少投入 500 亿元。

关于高层任职变动，具体包括：第一，林斌担任小米集团副董事长，协助雷军管理董事会事务，同时继续聚焦于手机部业务管理；第二，晋升王翔为集团总裁，负责管理集团职能平台，协助雷军管理集团运营；第三，晋升何勇为集团副总裁，分管政府事务部、行政部、区域管理部，向王翔汇报。

同时，集团选派原集团 CFO 周受资出任国际部总裁，向雷军汇报；原小米集团公司副总裁兼红米 Redmi 品牌总经理卢伟冰出任中国区总裁，继续兼任 Redmi 品牌总经理，向雷军汇报。CFO 一职暂时空缺，在新任 CFO 到岗前仍由周受资兼任。

另外，在小米集团内部起显著作用的联合创始人黎万强（内部人称阿黎）因个人原因离职。此前，阿黎带领 MIUI、小米网（小米销售与服务体系）、小米品牌市场体系等多项业务持续开荒，验证商业模式；高级副总裁祁燕因个人要求正式退休。上述两位都将出任小米集团高级顾问。随后，黎万强本人在朋友圈确认了这一消息，"我正式离开小米了，说一声道别，祝福小米未来越来越好。近 10 年征程，感谢雷总，感谢小米并肩作战过的兄弟们，感谢所有媒体朋友、合作伙伴的抬爱和支持，还有天南海北给过我建议和鼓励的米粉朋友！还有我老爸 5 点摸黑起来煮的那锅开业小米粥，谢谢这滚烫沸腾的 10 年！"

思考题

1. 电子商务项目计划包括哪些内容？
2. 工作分解结构(WBS)与工作包之间有什么关系？
3. 在图 6.2.7 的基础上，你如何计算同心食品厂网站建设项目各项活动的总时差？请把它们标注在图 6.2.8 上，分析关键路线上的各项活动总时差有何特点。
4. 如何利用 WBS 进行项目费用的估算？
5. 在制订质量计划的同时，应重点考虑哪些相关计划？
6. 编制人员配备计划应遵循哪些原则？
7. 项目沟通一般有哪些方式？制订沟通计划时应考虑哪些问题？
8. 风险识别的内容有哪些？
9. 编制项目采购计划应遵循哪些原则？应依据哪些内容？

实训内容

1. 试以某 B2C 电子商务平台为例拟一个项目范围说明书。
2. 试为某 B2C 电子商务平台拟一个项目进度计划。

7 电子商务项目运营管理

【开篇案例】

阿里巴巴和京东山区农村电商运营管理模式

2014年阿里宣布建立1 000个县级服务中心和10万个村级服务站。山区农村电子商务服务站里配备了相应的设备和10名左右的工作人员,淘宝的"村淘站"一时间成为万众瞩目的焦点。

2015年阿里建立了网络平台,帮助村民在网上销售特色农产品,教他们通过电商增收致富,其功能已经从代购延伸到更多的方面。

阿里巴巴农村电商模式正在摸索中前进,"方便""实惠"等是农村山区村民们常挂在嘴边的话语,村民的好评不绝于耳。目前淘宝村淘站的模式已经在村民中打响了知名度,村镇居民足不出户,只需在服务站内完成下单,即可在家收货,享受O2O模式带来的优惠与便利,实现了传统商业和电子商务的有机结合,成了诸暨村淘的一大亮点。

作为淘宝的竞争对手,京东也没有闲着。针对性解决农产品卖难、卖不出价等难题,京东开设了线上"中国特产馆"。利用优质服务下乡解决农民的农村商品品种少、价格高、质量无保障、售后不到位等难题;上线农资农机让农民享受到优质的农资农机产品服务;利用农资白条服务解决了农户生产季节资金周转难、赊销等难题,同时积极开展农村电商生态的培养,解决山区农村人才少、缺经验、难运营等难题。在山区农村电商发展中,利用"组合拳"出击农村电商战略,践行着"带动工业品下乡、促进农产品进城"的国家战略。截至目前,京东山区农村电商模式取得了实质性的进展,又添打造山区农村电商的成功案例。

电商下乡已经成为不可逆的趋势,农村电商市场改革的角号吹得很响,但是市场终究是做出来的。阿里巴巴、京东等山区农村电商成功案例也正在接受着农村市场的检验。京东打的是单打独斗的自营模式,而淘宝的村淘则把政府划入阵营中,谁能抢先占领农村市场谁就赢得了电商的未来。

7.1 电子商务运营管理

7.1.1 运营管理的概念

运营管理是在制造产品或提供服务的运营过程中所进行的计划、组织、实施和控制,是与产品生产和服务创造密切相关的各项管理工作的总称。运营管理就是对生产产品或提供服务的整个系统的管理,主要分为两个部分:运营过程和运营系统。运营过程是运营的第一大对象,运营通过考虑如何对投入、转换、产出的过程进行计划、组织和控制,从而完善劳动过程或者在这一过程转变中实现价值增值。运营系统是一个通过物质系统和管理系统,将投入—转换—产出过程得以实现的系统,它的构成与变换过程中的物质转换过程和管理过程相对应。

7.1.2 电子商务运营的内容

从广义上看,电子商务运营的内容是指一切与企业电子商务运营的相关活动,包括几个大的方面:市场调研与信息收集、产品或品牌定位、网络平台的选择或搭建、商品或品牌的营销与推广、服务客户、数据统计分析。

(1) 市场调研与信息收集　古人云:"谋在先而后动。"在电子商务运营过程中同样如此,市场调研是不可或缺的。市场调研可以为企业制定网络营销策略提供有效的支持,同时,辅助企业完成电子商务运营活动。通过市场调研了解行业的动态、电子商务的辅助环境、消费者和竞争对手的情况,为其他职能更好地发挥提供支持。

(2) 产品或品牌定位　电子商务运营最重要的就是要对目标市场、品牌定位和目标客户有一个详细深入的分析。当前电子商务环境下,"小而美"的细分市场的发展机会和空间要更大一些。在电子商务运营的最初阶段,通过对市场的调研,对相关信息进行收集,了解产品的特点,分析行业和子行业的相关数据,制定合适的定价策略,针对目标客户群进行细分,包括性别、年龄、地域、身份、消费等级、客户需求等方面。同时,还要对竞争对手的产品价格、特点、营销手段、销量和排名等数据进行分析。通过对这些数据的分析确定产品或品牌的定位。

(3) 网络平台的选择或搭建　电子商务的迅猛发展和环境的日益成熟促使企业的电子商务意识逐步增强,越来越多的企业慢慢接触电子商务并深入发展。但是,要想充分利用好电子商务,还需要一个好的运营模式和好的电子商务平台。企业要在充分了解各大平台概况、传播效果、平台服务质量和后期售后质量的基础上因地制宜,充分考虑市场空间、区位优势和成本预算,再选择使用第三方运营平台或企业自建网络运营平台。

(4) 商品或品牌的营销与推广　商品或品牌的营销与推广是电子商务运营中最基本的内容之一,也是最基础的工作。电子商务运营推广的方法有很多,每种方法都会使运营产生不同的效果。利用站内及站外的推广手段获取较高的访问量,提升商品或店铺的点击率,再针对目标客户群选择合适的营销工具加以应用,提升店铺的转化率。在社会化营销方面,利用社交网站或建立品牌的社区网站,与顾客进行良好互动,并利用微博或微信等新兴营销方式驱动品牌口碑效应。

(5) 服务客户　服务客户不仅仅是在线客服人员的基本工作,同时也是电子商务运营的重要组成部分。对消费者购买产品的数据和消费者的购买行为进行分析,维系老客户、开发新客户,并通过提高客户服务水平来提升用户体验,这些都会直接影响电子商务运营的效果。

(6) 数据统计分析　对平台或店铺的日常性数据和每周数据进行对比和分析,找到影响电子商务运营的因素和合理的运营思路。通过分析平台或店铺的流量进行电子商务运营诊断,包括各种营销推广方式的效果分析,为制定和修正网络运营策略、网络营销和推广策略提供依据。通过对用户数据进行分析,了解用户的购买行为,为更好地满足用户需求提供支持。

7.2 电子商务运营组织

从宏观来看,电商网站运营是一切与网站相关的活动总称,甚至包括技术、美工、市场、销售、内容建设等,皆属于电商网站运营的范畴;从微观来看,电商网站运营却是独立于技术、美工、销售、市场等工作内容而存在的。在一些大的网络公司,一般都设有专门的电子商务运营部门——运营中心,所以,我们常能听到这些网络公司有运营经理、运营总监等称呼。运营中心由运营部、商品部、推广部、营销部等部门组成,其组织架构如图 7.2.1 所示,其各个部门的职能如图 7.2.2 所示,下面具体介绍各个部门的主要职能。

1) 运营部职能

负责由上到下地整合团队的内部资源,计划、组织、跟进团队的运营事务,掌控全局、综合统筹,把控团队方向。

2) 商品部职能

根据市场销售趋势,定制销售货品,预见市场流行趋势,快速准确下单订货,跟进货品到货周期,分析货品数据,注意商品的动销率。

3) 推广部职能

根据流量指标,通过直通车、钻石展位(简称:钻展)活动等手段提高店铺流量,增强营销效果,同时降低费用。

4) 营销部职能

负责项目推广定位和主题策划设计工作,通过自身主题式营销并结合淘宝活动,增强买家的购物体验,同时增强营销效果,提高店铺转化率。

5) 销售部职能

直接面对消费者。以最优的服务态度,利用销售技巧,寻找和满足买家的需求点,并提供良好的售后服务,提供买家良好的顾客体验。

6) 物流部职能

管理库存,安排配货、发货等物流相关事项。

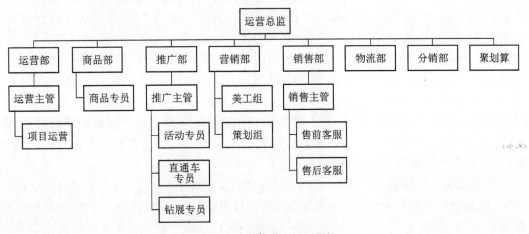

图 7.2.1 运营中心组织架构

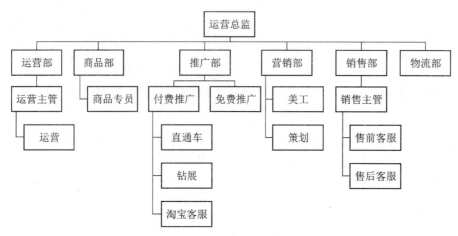

图 7.2.2 运营中心企业组织结构及岗位职责

7.3 电子商务运营策略

根据京东著名的"倒金字塔模型",消费者位于倒金字塔的顶端,永远是第一位的。所以,电子商务平台的运营应当坚持"用户第一,客户至上"的理念,从内容、市场和客户三个维度做好电子商务平台的运营管理工作,实现电子商务平台的稳定持续发展。

7.3.1 内容运营策略

内容运营是电子商务平台运营的基础,也是影响客户选择的首要因素。企业应当重视平台内容的运营。在内容运营方面,企业应当通过合理规划电子商务平台的流程、提供集成化的供应链服务等方式为客户提供高效的电子商务服务。

1) 合理规划电子商务平台的流程

实施电子商务有助于实现对客户以及供应商的整合,实现信息在上下游之间的充分流通。通过电子商务平台及内部的信息系统,可以使客户通过网络追踪产品生产的全过程,让客户对企业的产品和服务更加放心,这就需要对电子商务平台的流程进行合理规划,为客户提供高效的服务。电子商务平台的基本操作流程如下:企业将商品信息上架并通过网络展示给客户,其商品上架销售流程如图 7.3.1 所示;客户通过浏览器访问网站,选择需要购买的商品并填写订单,其购物流程如图 7.3.2 所示;企业通过订单确认客户,告之收费方法,同时通知自己的应用系统组织货源程序;客户通过电子结算与金融部门交互执行资金转移;金融部门通过电子邮件或其他方式通知买卖双方资金转移的结果;企业组织货物并送达到客户手中,其发货流程如图 7.3.3 所示;如果客户不满意货物而要求退货,其退货流程如图7.3.4所示。

2) 提供集成化的供应链服务

(1) 对进货商进行资源整合　电子商务运营管理环节中,进货是第一个环节,供应链将直接影响到核心竞争力。利用外部资源,对全国多个供应商的进货进行统一管理,与供货商建立长期合作伙伴关系来提高企业核心竞争力。

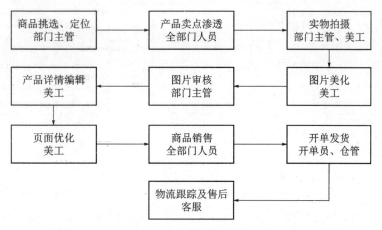

图 7.3.1 商品上架销售流程

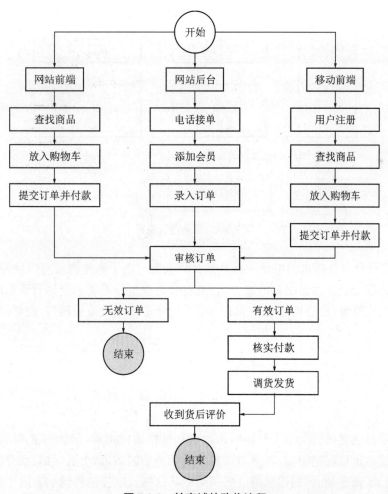

图 7.3.2 某商城的购物流程

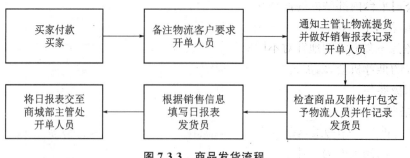

图 7.3.3　商品发货流程

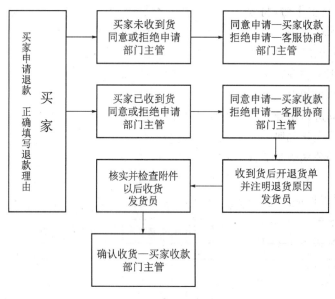

图 7.3.4　商品退货流程

（2）打造符合自身需求的电子商务仓储管理系统　电子商务物流与供应链管理要素中的仓储物流管理是企业运营的核心之一,打造符合企业自身需要的仓储管理系统势在必行。同时统一的物流管理,也有助于企业商品在电子商务平台上线以后销售,能够及时将商品送到客户手中。

7.3.2　市场运营策略

1）传统营销策略

好多公司目前促销活动主要有限时价优惠和价格满减两种,促销形式和促销活动相对较少。在传统的市场促销中,企业可以选择的活动类型较多,如会员促销、积分促销、折扣促销、搭配促销、买赠促销、团购促销等。公司可以将这些线下促销活动引入电子商务平台,通过单一或组合的方式达到吸引客户和增加销量的目的。例如,通过收藏关注的方式领取优惠券,通过推荐客户的方式赠送一定数量的包装产品,通过上传买家图片给予返现,购买指定某款包装产品赠送其他包装产品等。

除了公司平台内部举办的促销活动,公司还应当充分运用淘宝官方平台开展各种促销活动。例如,淘宝的"双十一",年终大促等这些知名度较高的促销活动。

淘宝平台还会不定期地针对不同的产品板块推出不同的活动。公司参与这些活动,能够获得官方的推荐机会,增加公司的人气和粉丝数。公司应当经常关注淘宝官方的信息,并抓住机会积极参与。

2) 网络营销策略

(1) 站内推广　作为最基础的推广方式,公司在入驻淘宝平台后,应当将站内推广作为日常工作。目前淘宝网为入住平台的企业提供了多种站内推广的手段,如淘宝直通车、钻石展位、淘宝画册、淘宝社区等。在满足企业站内推广需求的同时,还满足了公司弹性预算投入的需求。公司应适当提高站内推广的预算,制订详细的推广计划,在不同阶段实施不同的推广手段,借助于淘宝平台,将公司信息和产品信息推送至客户,尽可能多地吸引平台流量,从而提高客户实际转化率。

(2) 搜索引擎推广　搜索引擎推广是通过搜索引擎优化、搜索引擎排名以及研究关键词的流行程度和相关性在搜索引擎的结果页面取得较高排名的营销手段。公司的天猫旗舰店在成立后便可以将店铺信息提交给百度等搜索引擎服务提供商,做好网店的搜索工作。之后将店铺关键词进行优化以提高自然网页的排名,并在百度推广中购买品牌关键词,这样在用户使用百度搜索该品牌关键词后,所显示的搜索结果页面中会有至少三条推广链接,用户可以轻松地找到公司天猫旗舰店的入口链接。

(3) 论坛推广　论坛推广是指以论坛、社区、贴吧等网络交流平台为渠道,以文字、图片、视频等为主要表现形式,以提升品牌、口碑、美誉度等为目的,通过发布帖子的方式进行推广的活动。论坛推广具有传播快、成本低、收效高、对目标人群精准营销等特点。例如,品牌婴幼儿服装的购买者主要是80、90后父母,他们热衷于在各大育儿论坛学习和讨论育儿知识与经验,所以公司充分利用一些用户使用较多的论坛或社区,比如宝宝树、妈妈帮、摇篮网等,通过在这些平台不定期地发帖推广,或是发起专门的有奖问答活动、学习和讨论育儿知识,让用户参与其中以提高品牌知名度。

(4) SNS营销　即利用SNS网站或社会性网络软件的分享和共享功能进行宣传推广,从而达到提升品牌知名度、促进产品销售等目的的营销推广活动。SNS营销可以帮助企业精确锁定消费者,降低售后服务成本,企业利用SNS网站或软件与消费者进行互动,有利于发现产品本身或企业存在的问题,再进行改进,从而提升企业价值,打造塑造企业品牌,达到传播企业文化和形象的目的。公司通过开通新浪微博拉近与消费者之间的距离,获得消费者真实的反馈和建议,并且发起抽奖活动和免费送活动来增加微博粉丝量。除此之外,公司天猫旗舰店可以申请微信公众号,并利用微信公众号维护老客户并获取潜在买家的相关数据。例如,通过公众号平台策划一些有奖活动,用户在朋友圈转发或关注微信公众号即可获得小礼品,而活动的最终目的是为了增强用户黏性和收集用户资料。

7.3.3　客户运营策略

1) 明确平台客户定位

对于电子商务平台来说,目的不仅仅是为了宣传形象,更为重要的是销售产品。在明确平台定位的前提下,根据自身品牌需要,设计不同的商品组合。例如,如果公司的产品性质决定了公司的电子商务平台,应当坚持B端客户为核心,因B端客户需求量大且是提高公司销售收入的主要客户。但是淘宝平台中还有大量的C端客户,这些客户对产品的需求量虽然较小,但是积少成多,也是公司不可忽视的客户。公司在运营中应当实施B端为主导,C端为补充的客户运营策略。

2) 建立全过程销售服务体系

(1) 提高售前、售中服务专业性　售前、售中服务主要以客服推荐和客户咨询为主,这就需要公司的客服人员具备专业的素质。一方面,服务人员要详细了解公司信息、产品信息等,为客户推荐满足需求的产品;另一方面,能够回答客户提出的问题。所以,公司应当定期对客服人员进行培训,培训不能仅局限于公司及产品信息,还应当包括行业信息、产品专业知识等内容。拓宽客服人员的知识面,从而在与客户的交流中体现其专业性,增强客户对公司及产品的信任。售前客服的主要工作任务有四项:打招呼、询问和推荐、核实购买信息、道别和跟进。售前客服的服务水平主要通过询单转化率、询单客单价和支付率三项关键性指标来考核。

(2) 提高售后服务时效性　售后服务跟公司品牌印象有着直接的关系,公司在售后服务方面需要重视两点:一是时效性。当出现问题时,需及时回复客户并给出客户解决问题的时间,按时处理好客户面临的问题。二是态度。客服作为店铺与买家直接接触与交流的唯一窗口,他们的服务态度代表着店铺的形象并直接影响到店铺的成交转化率及每一位顾客的购物体验。每一位客服在上岗之前需要熟悉每种产品并牢记话术。售后客服的主要工作职责包括降低退款率、减少客户投诉、维权、举报、纠纷、评价管理。在考核售后客服团队时,将退款纠纷率、退款自主完结率、退款完结时长和DSR(Detail Seller Rating)动态评分纳入整个考核体系。

3) 构建基于数据库的会员管理体系

(1) 建设客户会员管理体系　在电子商务平台逐渐积累了一部分会员后,在行业竞争越来越大,流量越来越稀释,广告投入越来越贵的情况下,会员管理体系的建设及运营显得越来越重要,如何维护好老顾客,如何提升这些老顾客的购物体验和忠诚度直接关系到店铺的运营效果。会员根据消费金额分为普通会员、高级会员、VIP会员、高级VIP四个级别,顾客成功交易一笔则自动升级为普通会员,累计消费满一定金额可升级为高级会员并享受一定的会员折扣,VIP会员店铺累计消费满一定金额可享受9折折扣等。会员管理体系包括基础服务和情感服务两部分。基础服务中有针对订单流程的整套服务(比如短信发货、到达、签收提醒等)和会员尊享服务,如店铺每周四上新提醒、每周五为会员日、可享受会员价、新上架产品可享受会员折上折。情感服务则主要体现在售后卡、感谢信、小礼品、会员生日关怀、节假日关怀方面,例如高级会员、VIP会员和高级VIP会员可在生日当天领取不同面额的生日优惠券,并可在领取后15天内购买店铺内非促销商品时使用。

(2) 建立平台客户信息数据库　随着云计算、大数据等技术的发展,借助于大数据分析,充分挖掘客户信息,有利于公司对客户精准定位,提高服务质量。公司应当重视对客户信息的管理工作,建立包括客户性别、地区、联系方式、购买产品、偏好等客户数据库,由平台运营人员日常进行记录,要尽可能的细致。当客户下次购买产品时,公司能够准确分析客户需求,帮助其推荐和设计出合适的包装产品。同时,客户信息数据库的建立能够为后期分析客户特征提供数据依据,提高公司平台营销的成功率。

7.4 电子商务运营工具

电商运营人员其实常常会面临很多耗费心力的问题,例如团队成员任务分配不清、团队沟通与协作不顺畅、营销数据难以追踪等。这时我们可以借助协作类工具高效开展工作。

班牛是一款专注于移动电商协同办公的产品(如图 7.4.1 所示),可以通过创建群组的方式,管理不同店铺、不同平台以及不同部门的工作。自定义的任务界面在处理售后问题的时候能够及时修改各个订单,并通过高级筛选的方式及时跟进。班牛还支持日报的在线编辑,对电商团队的领导来说,只有掌握真实的销售数据、运营分析,才能真正放心地把钱交给运营推广。WPS 云文档是一个团队文档的存储、共享与协作平台,支持多人同时在同一个文档里编辑、文档内评论、历史版本还原和一键分享等众多便捷功能。不管你在任何地点、任何设备上,只要打开网页就能使用。电商运营团队成员可以在同一个文档里协作撰写、讨论和校对运营方案,也可以将云文档作为团队的云端会议白板。电商运营还可以用云文档来实时更新产品信息。WPS 云文档已经整合了 WPS Office,Office 打开的文档可自动保存到云文档,也可用 Office 直接编辑存储在云端的文档。

图 7.4.1 电商企业协同办公软件登录页面

Worktile 作为一款团队协作工具(如图 7.4.2 所示),通过创建项目能够将电商运营过程进行分类管理,比如说分为日常事务、各平台管理、物流配送等来管理。项目内的任务以看板的方式呈现,对项目成员来说任务安排更加明晰,并且每一个创建的任务都支持分配到人、设置截止时间、成员直接在任务下方评论沟通等操作。通过快捷键搜索的方式在众多的项目或任务中快速找到你想要的信息。

电商团队需要借助数据分析工具了解整个市场的动态,知道自己的商品在各个平台的销售情况,同时还需要掌握用户的长期行为偏好和即时服务需求,从而及时调整战略,建立个性化营销模型。TalkingData 是一家独立的第三方移动数据服务商,旗下的 Ad Tracking 移动广告效果监测,服务覆盖范围包括广告网络、越狱市场、社交网络、三方市场和搜索引擎

图 7.4.2　Worktile：团队项目协作工具

等，如图 7.4.3 所示。对电商运营来说，通过对移动用户行为和线下位置数据进行分析，能够帮助企业建立个性化营销模型，实现多渠道、跨屏投放，并保持对营销效果的持续跟踪和优化，可以有效地提升企业营销 ROI（投资回报率）。

图 7.4.3　TalkingData：移动大数据平台

神策分析是一款主要面向互联网产品的用户行为分析工具，如图 7.4.4 所示，可帮助电商运营人员实时监控各种运营数据。使用平台的各种分析模型，包括事件分析、漏斗分析、留存分析、回访分析等，运营人员能自主地在渠道效果、活动拉新、后续留存、转化变现等过程中进行需要的各种分析，从而实现精细化运营。此外，神策分析还具有秒级导入、实时查询、用户分群、用户画像等功能。

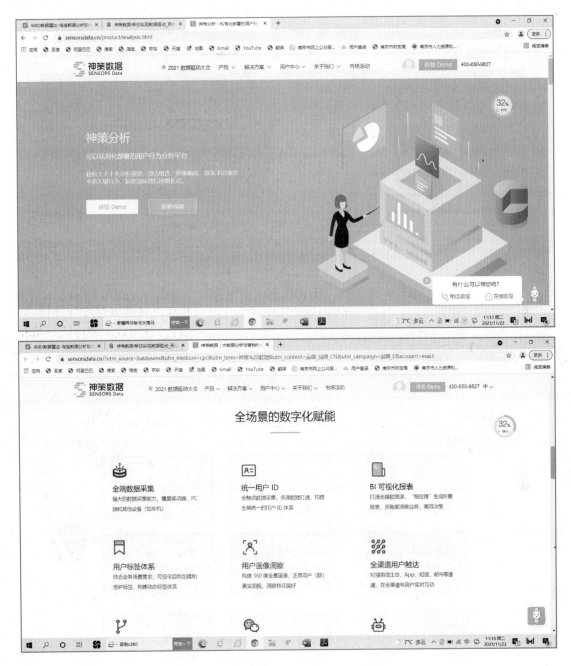

图 7.4.4 神策数据：帮你实现数据驱动

面对变幻莫测的电商环境，有时或多或少都会遗漏一些市场信息。关注竞争对手的最新动态，通过模仿学习的方式才能够不断提升自己的电商运营能力。数据雷达是一个外部数据分析平台，如图 7.4.5 所示，它可以帮助商家掌握行业趋势，了解竞争对手的状况等。电商运营人员通过数据雷达能够监控店铺，剖析店铺的销售情况、价格分析、品类结构、店铺信息；也可以用来监控竞品宝贝，获取它们的价格和标题信息。

图 7.4.5　IBBD 数据雷达：数据驱动电商

直通车魔镜是一款帮助广大淘宝卖家投放和学习投放直通车、优化搜索排名的工具，如图 7.4.6 所示。使用直通车魔镜可以侦察同行网店的流量来源和投放方法。拷贝竞争对手的关键词为己所用，同时还可以跟踪同行店铺运营和销售情况。通过这种模仿学习的方式能够不断提升自己的电商水平。

图 7.4.6　直通车魔镜：网店竞争情报一手掌握

【本章小结】

本章系统完整地介绍了电子商务项目运营管理的主要内容，包括：基本概念、运营管理流程、运营管控、运营管理组织和运营管理工具。

【应用案例】

共享单车运营模式和成本性态分析报告

与传统城市中的自行车相比,摩拜单车有着随停随取、智能锁以及移动支付等特征,显著改变了人们的出行习惯。在保证低碳出行的同时,共享单车充分利用了社会的闲置资源,打造了能够精准匹配出行数据的智能平台,建立了行之有效的信用体系。然而,随着OfO、小蓝等单车企业的衰败,共享单车盈利模式的弊端也渐渐显露。本案例从管理会计角度分析了共享单车亏损的原因,额外计算单车创造的社会经济价值,并进行综合分析和评估。

1) 共享单车的运营模式及成本

(1) 运营成本分析

摩拜单车在成立之初就拥有单车全产业链条,负责单车的生产、投放、维护和回收等一系列环节,而这些环节都是重资产运营。截至2017年12月,全国共有互联网租赁自行车运营企业近70家,共享单车累计投放数量超过1 600万辆。以摩拜单车成本为1 500元/辆为例,初始投资就给企业带来了极大的资金压力。此外,虽然摩拜单车克服了传统单车的缺点,支持用户自由停放,但由于用户素质参差不齐造成的乱停乱放和故障损耗等问题每年都给摩拜带来了惊人的损失。就2017年1~4月的骑行数据,综合估算摩拜单车的成本费用情况。

① 计算每辆车每次骑行产生的折旧费用(单位:元/次)。2017年1~4月摩拜单车的日平均启动次数为$(3.24+3.23+3.47+5.11)/4≈3.76$。虽然有关部门出台文件,将共享单车的使用寿命限制为3年,但很少有单车能够达到这个标准,行业普遍认为共享单车平均寿命为18个月。假设摩拜单车造价为1 500元/辆,在摩拜单车的寿命内使用次数则为$18×30×3.76≈2 030$,如果单车按骑行次数折旧且无残值,每次骑行产生折旧费用为$1 500/2 030≈0.74$(元)。

② 计算每辆车每次骑行产生的运营成本。从摩拜单车2018年的利润表中可以看到4月份产生的运营成本为1.58亿元,加之4月份单车总使用次数约为2.6亿次,因此每次骑行产生的运营费用约为$1.58/2.6≈0.61$(元)。以折旧费用和运营费用的总和作为摩拜单车每次骑行的成本费用,即1.35元。

(2) 综合收益分析

摩拜单车2018年4月收入约为1.47亿元,考虑本月总使用次数为2.6亿次,摩拜单车每次骑行带来的收入约$1.47/2.6≈0.57$(元)。摩拜推出的多款免费月卡及5元季卡等促销活动,在一定程度上削减了单车的盈利水平。综合成本收益数据不难估计,摩拜每次骑行产生净亏损为0.78元$[0.57-1.35=-0.78(元)]$。根据摩拜发布的2018年度骑行数据可知,1~4月摩拜单车总骑行次数约为10亿次,产生亏损总额约7.8亿元,相当于每年亏损23.4亿元。

由于仅考虑了折旧及运营费用,摩拜的真实亏损远大于上述数据。从财务角度来看,摩拜单车是一项亏本生意,不应该继续投入资金。但为何共享单车行业依旧为人们所看好,且获得了多轮融资呢?

2) 社会价值评估

摩拜单车存在的意义不能仅从经济层面考虑,还应综合考虑其在多方面创造的价值。

(1) 节约时间和出行成本

共享单车的普及大幅度降低了居民的出行成本,节约了出行时间。以2017年摩拜单车总使用次数24.8亿次为例,摩拜单车共替代了出租车7.44亿次、步行8.68亿次、运营三轮车1.86亿次以及自有自行车2.48亿次。其中除自有自行车外,另外三种因节约了时间成本而产生了经济效益。

① 节约出租车时间和出行成本。假设出行路程在3 km以内,即出租车起步价之内。出租车市内平均速度为15 km/h,每单需等待0.17 h,则出租车出行总耗时3/15+0.17=0.37(h)。以摩拜单车骑行速度为12 km/h为例,3 km出行耗时3/12=0.25(h),即每次骑行节约0.12 h[0.37−0.25=0.12(h)]。2017年全年骑行中因替代出租车而节约的时间大约为 $0.12 \times 7.44 \times 10^8 = 89\,280\,000$(h)。以出租车起步价3 km内12元为例,共享单车节约出行成本10.7亿元。

② 节约步行时间成本。以步行速度为4 km/h计算,3 km耗时为0.75 h,摩拜单车每次骑行节约0.5 h[0.75−0.25=0.5(h)],2017年全年总节约出行时间为434 000 000 h。按当年人均可支配收入36 396元为例,单车代替步行可产生时间价值18亿元。

③ 为社会带来健康福利。单车出行可以增加人们有氧锻炼的机会,根据丹麦学者的研究可知,每天有半小时中速骑行习惯的用户人均寿命可以延长2.6年左右。2017年摩拜活跃用户数量为35 290 000人,则摩拜带来的总寿命延长为91 754 000年。以需求收入弹性为0.5,城镇居民人均可支配收入36 396元为例,寿命延长所创造的价值为167亿元。

(2) 提升环境价值

共享单车的出现替代了相当大一部分的私家车出行,有效减少了二氧化碳排放和燃油使用量。截至2017年12月,摩拜用户骑行里程共计 1.82×10^{10} km,相当于减少二氧化碳 4.4×10^6 t的排放量。2018年1月1日中国碳排放交易网给出的二氧化碳挂牌价为54元/t,则2017年摩拜用户共减少的二氧化碳排放价值约为2.38亿元。使用类似的方法可以计算出摩拜单车减少的燃油使用价值为16.9亿元。由此估算摩拜单车的环境价值约为19.28亿元。

总之,摩拜单车具有较高的社会价值,包括赋能传统自行车行业,促进自行车产品、技术、服务转型;拉动以大数据、信息消费为代表的新兴产业发展,以及创造就业等。因此,摩拜单车的价值实现应在数百亿元。单从会计角度来看,摩拜单车的经营是个巨额亏损的无底洞,但从其形成的社会影响方面来看,摩拜单车无疑是一种绿色低碳、促进资源共享和文明担当、提升社会福祉的健康出行新风尚。随着数据应用的成熟和数据资产价值的进一步凸显,共享单车会产生更大的社会经济价值。

思考题

1. 电子商务项目运营管理包括哪些内容?
2. 如何构建一个合理的电子商务项目运营管理组织?
3. 电子商务项目运营管理工具有哪些?各有什么特点?
4. 电子商务项目推广策略包括哪些内容?
5. 结合具体案例说明电子商务运营管理流程。

实训内容

1. 简单分析共享单车项目的运营管理方式。
2. 谈谈共享单车项目的运营管理模式。

8 沃尔玛的电子商务项目运作

8.1 沃尔玛公司概述

沃尔玛百货有限公司由美国零售业的传奇人物山姆·沃尔顿先生于1962年在阿肯色州成立。沃尔玛主要涉足零售业，是世界上雇员最多的企业。目前，沃尔玛在全球24个国家拥有10 500多家分店，下设48个品牌，全球员工总数220多万人，每周光临沃尔玛的顾客约2.65亿人次，且多次荣登美国《财富》杂志世界500强榜首及当选最具价值品牌。

1991年，沃尔玛年销售额突破400亿美元，成为全球大型零售企业之一。据1994年5月美国《财富》杂志公布的全美服务行业分类排行榜可知，沃尔玛1993年销售额高达673.4亿美元，比上一年增长118亿美元，超过了1992年排名第一位的西尔斯(Sears)，雄居全美零售业榜首。1995年沃尔玛销售额持续增长，并创造了零售业的一项世界纪录，实现936亿美元的年销售额，在《财富》杂志发布的美国最大企业排行榜中名列第四。事实上，沃尔玛的年销售额相当于全美所有百货公司的总和，而且至今仍保持着强劲的发展势头。至今，沃尔玛已拥有2 133家沃尔玛商店、469家山姆会员商店和248家沃尔玛购物广场，分布在美国、中国、墨西哥、加拿大、英国、波多黎各、巴西、阿根廷、南非、哥斯达黎加、危地马拉、洪都拉斯、萨尔瓦多、尼加拉瓜共14个国家。它在短短几十年中能有如此迅猛的发展，不得不说是零售业的一个奇迹。

8.2 沃尔玛的电子商务需求

8.2.1 传统零售业面临网络冲击

传统零售业的主要作用是中介，它存在的主要价值是降低买卖双方的"发现"成本，即通过提供场所把众多厂家的产品与众多的消费者汇集到一起，降低他们彼此寻找对方的成本。基于这个原因，传统商家的竞争力资源主要是其所处地理位置的优劣与其营业面积的大小，或连锁店数量的多寡，而这些都要花费大量的资金。

互联网技术的出现和广泛应用，使传统零售业的存在价值受到挑战，这种挑战来自两个方面：

(1) 互联网技术的发展，使一种新的零售业形态——无店面销售(即网上商场)应运而生。这种网上商场的优势主要是：因不需要店面，场地资源的约束没有了，所以销售商品的种类可以很多。以亚马逊书店为例，它销售的书籍、玩具、音碟等超过700万种；由于不需要看护、整理柜台和人工介绍商品，网上商场所需的营业员大大减少，人工费用大大减低，类似于自选市场,以顾客自我服务为主;由于可以通过电子手段自动结算与支付,这种网上商场比自选市场更先进,连财务人员都可以大大减少;在大多数情况下几乎没有库存的必要,因此资金积压、库存费用和库存损失也可以减少到很低的程度;顾客的来源可以不限于本地,凡是电信网络所及之处的顾客,都可以上网参观和选购,因此市场的发展空间可以无限扩大。由于这些因素,网上商场的经营成本较低,能以比传统商家低得多的价格为消费者提供商品,从而给传统零售业带来了极大的冲击。

(2) 互联网为厂家与消费者提供了一种低成本的直接沟通手段,双方不仅能方便地"发现"对方,而且可以及时地进行交流。利用互联网,厂家可以更好地满足消费者的需求,比如为消费者"量身定做",提供个性化服务。消费者也可以直接向厂家搜索产品或索取服务。这样,传统的商家将被撇在一边,成了买方和卖方都不再需要的第三者。

上述两个方面的挑战,以后者更为严峻。这两种挑战都被称为网络经济的冲击。著名的当代经济学家钟朋荣先生指出:网络经济的一个主要特征是直接经济,是减少甚至消灭第三者的经济。传统的零售业就是中间商,是第三者。在网络经济进入成熟期以后,现存的大量第三者,或者萎缩,或者趋于消失。

传统的零售业活动由"四流"构成:信息流、商流(谈生意、签合同等)、货币流、物流。中间商利润的高低,主要来自信息的流量和分布状况。例如在20世纪80年代初期,我国不少长途贩运者之所以能够赚大钱,是因为信息闭塞,消费者缺乏商品资源和商品价格的信息流。结果,一件商品在福建卖10元,运到山西就可以卖100元;广东虎门的一件衬衣只需7元,在南京市场上可以卖60元。随着网络技术的普遍应用,随着厂家与消费者之间信息沟通的日益迅捷,零售业上的这种暴利机会已经越来越少了。例如在20世纪80年代,一些电脑公司组装或者倒卖一台电脑能够赚几千元,到现在,一台电脑只能赚百余元甚至几十元。如果说以前赚的是信息费,那么现在赚的就只是搬运费了。现在的电脑公司,几乎成了搬运公司。

8.2.2 沃尔玛电商业务落后

2000年沃尔玛在美国就设立了网上商店,随后在墨西哥和加拿大也开设了网上商城,但在2010年约4 000亿美元的销售额中,在线业务只贡献了20亿,仅占0.5%。在美国和加拿大的电子商务零售商排名中只能位列第六,不仅落后于亚马逊,而且也落后于它的连锁商店竞争对手史泰博和欧迪办公等。电商业务的不振作与沃尔玛的长期不重视密切相关。可是在2008年的经济危机打击下,沃尔玛在美国本土的业务萎靡不振,但在中国等海外市场却高速增长,更为高速增长的是其网上零售。中国市场作为全球最大的电子商务市场之一,其人口众多、发展前景广阔。随着我国电子商务的迅猛发展,消费者购物习惯逐步改变,消费需求日趋个性化,越来越多的消费者选择网络购物。我国人口基数大,特别是在中国政府将"互联网+"提升至国家层面的时代背景下,互联网普及率仍将保持快速增长,网络购物发展潜力巨大。而传统零售行业的房租和人工费用持续上升、经营成本高等因素给传统实体零售业带来前所未有的巨大挑战。同时中国电子商务市场已被电商巨头阿里巴巴、京东商城等瓜分;中国市场的半壁江山,如唯品会、聚美优品等迅猛发展;顺丰优选、沱沱工社等垂直类电商也在近年异军突起。沃尔玛似乎也深刻意识到了其在华的电子商务战略对其在华业务的重要性,为了改变现状,沃尔玛也开始了在中国进行电商布局。

8.3 沃尔玛发展电子商务的可行性分析

8.3.1 必要性分析

1) 宏观环境分析

国家对电子商务的发展始终高度重视,并采取了多项措施,发布了一系列政策文件。比较具有纲领性的是2005年发布的《国务院办公厅关于加快电子商务发展的若干意见》,以及加快推进信息化发展的任务分工等文件,如信息化"十一五"规划中有关于互联网管理的各种文件、互联网的白皮书、促进网络购物健康发展的指导意见等,对我国电子商务的推进有深远的影响。国家发改委、国务院信息化工作办公室联合发布了我国首部《电子商务发展"十一五"规划》,明确提出了在"十一五"期间国家电子商务发展的目标,电子商务的发展。工信部、商务部、发展改革委、国家工商总局等六个部委联合发布《电子商务发展"十二五"规划》。2010年,政府出台了一系列的鼓励和规范文件,明显加大了对网络购物的扶植和促进力度。在市场层面,传统企业加速进军网络零售市场,带动了网货市场的繁荣和服务水平升级。随着电子商务的相关基本法律、法规的出台和实施,国内电子商务的发展得到有效保障。例如,《中华人民共和国消费者权益保护法》将网购商品七日内退货、大件商品瑕疵举证责任倒置制度列入其中。这些法律、法规的出台,既对电子商务交易主体进行法律约束,又能保障消费者权益、规范行业发展、维护市场秩序、推动电子商务健康有序发展。2016年,商务部、中央网信办、发展改革委三部门联合发布《电子商务"十三五"发展规划》(以下简称《规划》)。《规划》遵循中央建设网络强国的目标和《国民经济的社会发展第十三个五年规划纲要》总体要求,以适应经济发展新常态、壮大电子商务新动能、围绕全面建成小康社会的目标,以创新电子商务民生事业为主线,对于推进我国电子商务领域政策环境创新,指导电子商务健康有序快速发展,引领电子商务全面服务国民经济和社会发展具有重要意义。

2020年4月中国互联网络信息中心发布第45次《中国互联网络发展状况统计报告》,报告显示,截至2020年3月,我国网民规模为9.04亿,互联网普及率达64.5%,较2018年底提升4.9个百分点,城乡互联网普及率差异进一步缩小。报告指出,目前国内互联网发展呈现三个特点:一是基础设施建设持续完善,"新基建"助力产业结构升级。2019年,我国已建成全球最大规模的光纤和移动通信网络,行政村通光纤和4G比例均超过98%,固定互联网宽带用户接入超过4.5亿户。二是数字经济蓬勃发展,成为经济发展的新增长点。截至2020年3月,我国网络购物用户规模达7.10亿,2019年交易规模达10.63万亿元,同比增长16.5%。三是互联网应用提升群众获得感,网络扶贫助力脱贫攻坚。在中国政府将"互联网+"提升至国家层面的时代背景下,互联网普及率保持快速增长,网络购物发展潜力巨大。随着电子商务经济的发展,人们会越来越依赖电子商务来进行经济活动。

2) 行业分析

随着网络技术和信息产业的发展,在零售业活动的"四流"中,信息流、商流和货币流基本都可以在网上解决,不需要第三者插手其间;物流则分两种:一部分商品,如软件、音乐等可数字化的产品可以在网上传输,这些商品的所有零售业活动都可以在网上完成;另一部分商品,如粮食、汽车、家具等,其物流只能在网下进行,这部分物流活动有的是由买方或卖方自己直接完成,有的是通过专门的搬运机构(即配送中心)来完成。

面临网络经济的冲击,传统零售业企业不仅仍有生存空间,而且借助互联网适时开展电子商务还可以实现更大发展。

(1)虽然厂家与消费者在网上可以方便地"发现"对方,但我们很难设想消费者购买每一件商品都会到上千万网站中去寻求生产厂商,向厂商直接购买。何况还有很多厂家并未上网,甚至有的厂商根本不想直接与消费者打交道。比如,消费者要购买几个苹果,在家门口的便利店购买就比上网购买方便得多;就算在网上购买,到网上商场购买可能也比直接到某果园网站上去购买方便得多。正如钟朋荣先生在《商界》杂志上撰文分析的那样,现实社会中的中间商不可能因网上商场的发展而完全消失,有些抗网性强的商品,如日用副食品,其新鲜程度、老化程度、质量差异等很难在网上看出来,其传统零售业的店面模式永远不会被网上商场所取代。

(2)对相当一部分人而言,逛商场购物是一种享受,也是一种休闲方式,逛商场已成了生活习惯的一部分,这种习惯可能不会发生改变,即使要改变,也需要很长的时间。正如在家看VCD不能完全取代到电影院看电影一样,网上购物虽然方便,但会使人们失去很多逛商场特有的乐趣。

(3)互联网虽然能拉近厂家与消费者之间信息交流的距离,但它并不能缩短产品与消费者的物理距离,实物商品的配送是需要时间与成本的。传统零售业的支付与取货一般同时发生,多数由消费者自行解决商品的配送,大件商品商场送货或商场委托第三方送货,其成本也不要消费者另外负担;对于网上销售来说,配送必须单独收费,在一个高效的社会化配送体系建立起来之前,网上销售不仅销售的产品受限制,而且能送达的地域也受限制。例如,你现在位处中国南京,你想在网上买美国某超市零售的家电工业产品几乎是不可能办到的,仅配送费用可能就比中国同类商品的零售价还高。

(4)传统零售业企业一旦建立自己的网上商场,就可能把纯粹的网上商场所夺去的客户再夺回来。与纯粹网上商场相比,传统商家在货源渠道、配送渠道、已有零售业信誉等方面的优势是无可比拟的。而且,经验已经证明:传统商家上网吸引一个客户所需的成本要比一个纯粹网上企业的成本低得多。例如在美国,当传统零售巨人沃尔玛(Walmart)决定开始自己的网上销售时,网上商店的龙头老大亚马逊(Amazon)立即就感受到了竞争的压力,不得不大兴土木,建立配送中心。

上述分析表明,在网络经济的冲击下,尽管传统零售业的存在价值受到影响,但传统零售业企业仍然可以利用自己多年的零售业积累(主要是形象、客户关系、物流服务等)在未来的竞争中占据优势,而要取得优势的最直接的手段就是因势利导、借力发力,就是也拿起网络这个武器,开展电子商务。

3) 目标市场分析

沃尔玛市场选择的目标群体是家庭。到大型超市购物的人一般居住在县城或者城市,在乡村的一般选择小型百货或杂货店购物。所以沃尔玛的目标市场锁定在县城和城市里,在大型的广场中设立沃尔玛超市,或者在城镇的市中心独立开设沃尔玛购物广场,尽可能遍布城市的角落和每一个较为发达的县城中心。因为婴幼儿、少年、青年、成人、老人每个年龄段的人都很多选择在超市购物,所以市场应该面向每一个年龄阶段的人,在超市内应该尽可能全面地遍及各个年龄阶段的人所需的日常用品、保健品等。现在的社会，一般由妇女对购物做决策。无论家中的小孩、配偶，或者老人，他们所买的东西包括家中的食物等，最终的决策权大多数是家中的妇女，所以超市的产品要尽可能地迎合女性的心理。

4) 竞争对手分析

在零售产业方面，沃尔玛的行内竞争者主要是跨国知名的零售商，例如家乐福。家乐福在1995年正式进入中国。首先将上海、北京、广州三大城市作为据点，逐步向整个中国全面发展。家乐福在在华外资零售企业中处于领先地位。在布局策略上，家乐福强势突破，沃尔玛碰壁退守。虽然以全球来讲家乐福排在沃尔玛之后，但在中国却做到了第一，其成功的原因在于其鲜明的市场布局策略，如首先抢占上海，而不是广东和北京，最直接的原因就是把总部设在上海，有利于他们全国市场战略的展开，因为当时上海的组货条件、交通运输条件和市场辐射能力都要比深圳和北京强。沃尔玛的总部设在深圳，这一地理位置的选择大大影响了沃尔玛在中国内地跨区域开店的速度。在物流系统上，家乐福借用别人的物流加快了开店的速度，沃尔玛在中国则因为店少而无法成功地复制物流模式。沃尔玛在全球的成功，主要就是由于其把信息技术与传统的运输结合得非常出色，在中国开店采取的则是配送中心先行的方式，即配送中心的建设在前，店铺发展在后。这种模式在中国的发展初期必定会带来较高的营运成本，同时会制约跨区域店铺的发展速度。在配送系统和信息系统的建设方面，家乐福则更为滞后，但他采取的是组合供应商的物流系统方法，即充分依托供应商的物流系统，这样不仅可以大大地降低自己的营运成本，还可以配合在不同地区的开店适时地组织商品供应和配送，从而赢得了在中国内地市场的发展速度。与政府关系上，家乐福由于违规开店而受到政府的警告，而沃尔玛的政府公关似乎做得很是成功。

5) 企业自身分析

作为传统零售业巨头，沃尔玛经过多年经营，拥有大批忠诚的客户，树立起了良好的品牌形象。沃尔玛能够风行世界，其首推无疑是"天天平价"的承诺，这承诺绝非一句口号或一番空谈，而是通过低进价、低成本、低加价的"三低"经营方式，硬是始终如一地做到了。首先，沃尔玛在采购上不搞回扣，不需要供应商提供广告服务，也不需要送货（这一切沃尔玛都会自己打理），但必须得到进货最低价。其次，沃尔玛严守办公费用，使其只占营业额2%的低成本运行规范，"一分钱掰成两半花"，从而"比竞争对手更节约开支"。最不同凡响的是沃尔玛"为顾客节省每一分钱"的低价经营观念，它使众多的平民消费者以对价格的极度敏感的态度而忠诚于沃尔玛。零售企业要在顾客心目中树立品牌形象，仅靠质优价廉的商品是不够的，顾客还希望在购物的同时享受到细致盛情的服务。沃尔玛正是考虑到这一点，从顾客的角度出发，以其超一流的服务吸引着大批顾客。沃尔玛"顾客服务"的原则有两条规定：第一，顾客永远是对的；第二，如果对此有疑义，请参照第一条执行。"让顾客满意"是沃尔玛公司的重要目标，"顾客满意是保证未来成功与成长的看好投资"。沃尔玛每周都有对顾客期望和反映的调查，管理人员根据电脑信息系统收集信息，以及通过直接调查收集顾客期望而及时更新商品的组合，组织采购，改进商品陈列摆放，营造舒适的购物环境。通过这一招，沃尔玛给顾客创造了一个非常舒适的购物环境。当沃尔玛扩展其线上业务时，良好的品牌形象必然会增加顾客对其的信任感，因此将这部分顾客从实体店转移到其线上业务中相对比较容易。同时，沃尔玛可以将其庞大的实体零售店和在线业务连接起来,为顾客提供全方位的优质服务。

8.3.2 技术、经济可行性分析

20世纪70年代沃尔玛就建立了物流的管理信息系统(MIS),为负责处理系统报表加快了运作速度。20世纪80年代初,沃尔玛与休斯公司合作发射物流通信卫星,物流通信卫星使得沃尔玛产生了跳跃性的发展;1983年采用了POS机(全称Point Of Sale)也就是销售时点数据系统。1985年建立了EDI,即电子数据交换系统,进行无纸化作业,所有信息全部在电脑上运作。1986年它又建立了QR,称为快速反应系统,快速拉动市场需求。沃尔玛从20世纪90年代就利用卫星定位系统进行物流管理,提高配送效率,应用到采购、储存、运输配送、销售等各个环节,具有先进的信息管理系统、丰富的物流管理经验和成熟高效的供应链体系。对国内传统零售业来说,整合从采购到仓储整条供应链一直都是一个难题,但沃尔玛具有天然的优势,其大部分供应商都是合作伙伴。沃尔玛在仓储、商品管理上具有成熟的经验,沃尔玛线下店不仅依托遍布全国的仓库体系储存货物,还将配送和客服都外包给第三方,减少运营团队成本。沃尔玛是全球第一个实现在集团内部24小时使用计算机物流网络化监控,使采购库存、订货、配送和销售一体化的企业。例如,顾客到沃尔玛店里购物后通过POS机打印的发票信息会同步到负责生产计划、采购计划的人员以及供应商的电脑上,这样各个环节就会通过信息传递及时完成本职工作,从而减少了很多不必要的时间浪费,加快了物流的循环。沃尔玛有足够的资金用于电子商务的发展。2010年,沃尔玛成立Walmart Labs,专注社交化、移动化和零售变革,试图将实体店和电子商务整合到一起。通过收购多家电子商务和大数据领域公司,将网上商城服务器外包给电信运营商,有专门的团队管理运营网站,努力补齐线上业务短板,加强技术人才储备,对其电商业务的持久发展提供了强有力的技术支撑。由图8.3.1可看出沃尔玛的利润总额随着沃尔玛的稳步发展逐步平稳上升,营业利润是企业利润的主要来源,它反映了企业自身生产经营活动的业绩。图8.3.2为沃尔玛2006—2014年营业利润变化图,可看出随着沃尔玛的发展,其营业利润也在稳步攀升,沃尔玛具有较强的盈利能力,且发展前景良好,一定程度上有利于电子商务活动的开展。

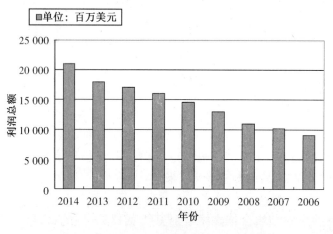

图8.3.1 沃尔玛2006—2014年利润总额

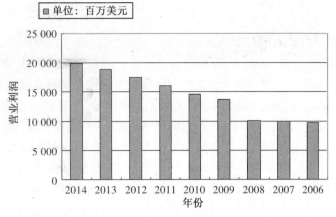

图 8.3.2 沃尔玛 2006—2014 年营业利润

8.4 沃尔玛的电子商务战略

近年来,沃尔玛不断推出电子商务新举措。2010年11月,沃尔玛中国旗下的山姆会员店在中国深圳推出线上购物;2011年6月,成立上海电子商务中国区总部;2015年5月,沃尔玛在深圳上线速购O2O服务平台;2015年7月,沃尔玛全资收购1号店,加速在中国电商市场的发展布局。2016年6月,沃尔玛入股京东,利用自身在全球各方面的资源优势,加速全球电商战略布局,以此来对抗亚马逊。现在京东和1号店的全部销售都来自沃尔玛的生鲜和其他产品。沃尔玛对于线上零售的策略是收购更多线上超市并销售沃尔玛超市中的商品,而不是让更多卖家进驻之后与自己的线下店竞争。同时,沃尔玛还采取了以下战略:

1) 物流信息化

(1) 电子自动补货系统　自动补货系统是连续补货系统的延伸,即供应商预测未来的商品需求,负起零售商补货的责任,在供应链中,各成员互享信息,维持长久稳定的战略合作伙伴关系。自动补货系统能使供应商对其供应的所有类别货物及其在销售点的库存情况了如指掌,从而自动跟踪并补充各个销售点的货源,使供应商提高了供货的灵活性和预见性。

(2) 销售时点数据系统(POS)　POS系统,是指通过自动读取设备(如收银机)在销售商品时,直接读取商品的销售信息(品名、单价、销售数量、销售时间、销售店铺购买顾客等),并通过通信网络和计算机传送到有关部门(如公司总部、生产部门、采购部门、供应部门等),进行分析加工以提高经营效率的系统。POS的作业流程相对标准化,零售商在售出商品时,所售商品的条形码经过条形码阅读机的阅读后,自动输入电脑和收款机。后台电脑就可从数据库中得知物品的品名、价格等数据,并立即显现在收款机上。在完成以上步骤后,通过网络传送到总公司,供管理人员分配销售货物的类别和数量。最后将订单数据传送到物流配送中心,由物流配送中心对零售点进行及时准确的补货。

(3) 电子自动订货系统(EOS)　电子自动订货系统(Eletronic Ordering System,EOS)是指企业间利用通信网络(如互联网)和终端设备,以在线联结的方式进行订货作业和订货信息交换的系统。它的最大优势不仅在于操作简便,更在于能快速准确地帮助零售、批发和制造业掌握订购和批发的趋势以及紧俏商品等相关信息,使订货业务的管理走向规范化、电子化、标准化,并使企业的日常订货作业更迅速、更准确,成本更低。

(4) 电子数据交换技术(EDI)　EDI 是企业与企业、企业与管理机构之间,利用电子通信来传递数据信息,产生托运单、订单和发票的技术。通过供应商配送者和客户的信息系统,得知最新的订单、存货和配送状况,使数据传输的准确性与速度大幅提高,减少了纸张在商业交易过程中所扮演的角色,进而实现"无纸化贸易"。EDI 具有自动化、省力化、及时化和正确化的特点。企业通过运作 EDI,不仅加快了通关、报检速度,而且减少了电话、传真等方面的费用,避免因人工抄写文件而造成的差错,可及时利用运输资源降低运费和减少运输时间。使用 EDI,令制造业减少了待料时间和生产成本,零售业、配送业提高了订单和发票的传输速度。少库存量与空架率,加快了资金周转,有利于建立产供销一体化的供应链。

(5) 有效客户反馈系统(ECR)　ECR 是零售市场导向的供应链策略,商品供应商、制造商、物流配送商、销售商、门店之间紧密配合,由客户引导补货把高品质的商品和正确的信息录入无纸化的 EDI 系统,把生产商的生产线和零售商的结账平台连接起来。ECR 的信息流,在所有供应链的节点上都是双向的,使信息和货物的交换更快捷、更有效、更可靠,不只提高了个别企业的效率,更提高了整条供应链的效率,在降低物流成本的同时,使客户有更多选择高质量、新鲜货物的机会,大大提高了客户的满意度和忠诚度。

(6) 快速反应系统(QR)　QR 主要功能是进行订货业务和付款通知业务。通过 EDI 系统发出订货明细单和受理付款通知,提高订货速度和准确性,节约相关成本。具体的运用过程是:沃尔玛设计出 POS 数据的输送格式,通过 EDI 系统向供货商传送 POS 数据,供货商基于这些数据,及时了解商品销售状况,把握商品的需求动向,并及时调整生产计划和物料采购计划等。供货商利用 EDI 系统在发货之前向沃尔玛传送预先准备的发货清单,这样可省去货物数据输入作业,使商品检验作业效率化。

2) 提供海量产品及全方位购物信息服务

沃尔玛电子商务网站提供了超过 100 万种的商品和服务,这是任何一家实体的沃尔玛商店都无法全部提供的,当然也非其他纯粹的网络零售商所能望其项背的。而沃尔玛网站凭借互联网的信息存储优势,为客户提供了几乎无所不包的商品和服务,以弥补实体商店经营场地、业务人员有限等方面的不足。尽管网站提供的商品和服务的数量十分惊人,但网站提供了极其细化的分类,客户既可按类进行逐项搜索,也可直接通过关键词检索,只要花费极少的时间即可方便快捷地从海量的商品信息中找到自己所需要的东西。另外沃尔玛充分考虑到了客户在购物过程中对商品和服务等各种相关信息咨询的需求,为客户提供极为丰富和详尽的、有关商品和服务的各种信息。以在沃尔玛网站销售的数码相机为例,网站介绍了数码相机的各种基本知识,还对不同像素的数码相机性能做了深入细致地比较,让准备购买数码相机的客户可以一目了然地看出适合自己需求的像素标准。

3) 保持"天天平价"的价格优势

"天天平价"(Everyday Low Prices)是沃尔玛公司赢得全球客户信赖的关键因素之一,这一点在沃尔玛的电子商务经营中同样得到了很好的体现。沃尔玛运用先进的信息管理系统、丰富的物流管理经验和成熟高效的供应链体系,整合优化线下强大的供应商资源,以低于竞争对手的价格采购商品,节省了巨大的成本,使商品价格有较大优势。沃尔玛网站提供的所有商品和服务在价格上十分"亲民",为的是让参与网上购物的客户可在网上订购到和沃尔玛各门店一样价廉物美的商品并享受相同的服务,让客户得到更多的实惠与便利。

4) 提供灵活的退换货政策

很多客户在网上购物时常会担心当收到的货物有质量问题或者不合自己要求时不方便找商家解决,会给自己带来很多麻烦。沃尔玛公司充分考虑到了客户在这方面的忧虑,并把"最大限度地让客户满意"的经营原则恰到好处地应用在网上零售业务中。沃尔玛公司规定,如果客户对在沃尔玛网站上购买的任何商品不满意,都可通过以下两种方式进行退换货:一是带上所购商品和相关单据直接到当地沃尔玛商店的客户服务中心办理;二是直接寄送到沃尔玛网上商店的退换货中心免费办理退换货手续。由于制定了方便灵活的退换货政策,在沃尔玛网站购物的客户完全没有必要为在网上商店购买到不称心的商品而烦恼。

8.5 沃尔玛对中国传统零售业的启示

沃尔玛的电子商务之路告诉我们,传统零售业企业开展电子商务应注意以下6个要点:

1) 要从思想上高度重视

开展电子商务对传统零售业企业来说,不是可有可无的点缀,也不是一时的权宜之计,而是事关企业未来发展命运的大事。企业最高层应站在战略高度来看待电子商务,应配备专门的人员来研究、开发和管理电子商务应用项目。大型企业应有专门用于开展电子商务的资金,如果建立网上销售活动,应允许暂时的亏损。目前我国传统零售业企业开展电子商务的成效不太显著,主要原因有:

(1) 社会环境不配套。

(2) 缺乏相关技术与管理人才。

(3) 企业领导并没有真正从思想上重视电子商务,不愿投入。不少传统零售业企业开设了网上商城,但没有自己的服务器,浏览起来速度极慢,数据库更新也不及时,顾客常常在网上选好了商品、付了款后却被告知货已售缺。诸如此类的问题均不是技术问题,而是管理问题,是领导者重视与否的问题。

2) 多方位发展电子商务应用项目

在我国现阶段,适合于传统零售业企业的电子商务项目有多种类型,包括:

(1) 建立网上商场 开展网上销售,例如,建立自己的网站,把自己商店里的产品信息发布到网上,再告诉本地消费者,请他们访问商店的网站。

(2) 通过互联网直接联系国际厂商 目前进口商品价格较高的一个重要原因就是中间商利润较高,而传统的商家通过互联网,完全可以直接联系国外厂商,还可以通过采购招标的方式来降低采购成本。

(3) 实施供应链管理 零售业企业也可以通过建立外部网来处理与供货商的关系,减少商品积压,同时降低人工成本。

(4) 利用网络提供售后服务 零售业企业可以利用互联网跟踪国外消费趋势,宣传企业形象,并通过自己的网站向客户提供售后服务。

(5) 网络营销 传统零售业企业可以结合自己的经营特点,利用企业网站和其他网络平台开发各种网络营销项目,如知识竞赛、新产品评介、网络拍卖积压商品等。

(6) 建立局域网 零售业企业可以通过建立局域网,使商场内部员工共享资源,节约成本,提高工作效率。

(7) 建立销售与进货管理系统 很多超市已经建立了POS机收款系统及与之紧密相

连的财务管理系统,大大提高了工作效率,减少差错发生。类似的销售管理系统对任何商店来说都有实用价值,没有建立的应该考虑建立;已经建立的还可以在此基础上进一步开发,扩展到库存跟踪、销售预测和进货决策支持系统。

(8) 商品编码　零售业企业对经营的商品进行编码,以跟踪物流防止假冒,可以有效地树立和保护自己的品牌。

(9) 可以尝试在线看商场的活动　据说美国的一个家具商场,在网站销售中重创了现实店堂的购物环境,它利用名为 LookandBuy 的技术使消费者从商场网站上能够清晰地看到商场展示的产品:摄像机被摆放在虚拟店堂的各处来连续播放家具的内部构造,消费者可以在自己电脑屏幕上点击摄像机,让它传回展示厅中的一切动静。这样做的结果是,有部分消费者直接在线订购,更多的则亲自来到店堂中,细看他们在电脑屏幕前所见到的家具。公司销售额由此递增了 20%,9 个月达到 1.2 亿美元,而店主吉姆·麦金威尔(Jim Mclngale)所付出的代价是出资 100 万美元购置了 48 台摄像机。他的理念是:一切只为网上消费者看得更清楚。

3) 网上网下的业务协调

传统零售业企业以网下商店为依托,建立网上商店。这样从理论上说,网下商店能够为网上商店起信誉担保、配送中心、售后维修、形象宣传、发展客户等作用,网上商店又可以为网下商店起宣传形象、售后咨询、处理积压等作用。但网上的业务与网下的业务有时候也会产生一些矛盾冲突,比如价格冲突。传统企业上网销售商品价格如何定?这是一个尚无定论的问题。如果网上价格定得高,必不利于网上销售的发展;如果网上定价低,又可能影响网下的销售。对此问题要做具体分析,要看网上的商店与网下商店各自所处的竞争环境。一般而言,网上商店价格应较低,但如果别的网上商店价格普遍比自己网下零售要高的话,那么,自己的网上商店也不妨把价格抬高一些。

4) 建立商品配送体系

目前,大多数传统商家都提供免费的大件商品送货服务,但在没有形成规模之前,为低值产品配送是注定要亏本的。所以,传统零售业企业,特别是中小型企业,如果开展网上销售,应该充分利用社会配送服务体系,如邮局、快递公司等;也可以采取如"B-B-C"的方式,在一些消费者相对集中的社区建立代理点,把商品集中送到代理点,再由消费者到代理点取货,或由代理点送到消费者处。

5) 网上销售要选择合适的产品

并非所有的商品都适合在网上销售。传统零售业企业,特别是百货公司、综合超市等开展网上销售业务,并不需要把网下商场的全部商品都搬到网上。一般而言,网上适合销售的产品包括:

(1) 需要大量信息来帮助完成采购过程的产品。

(2) 个性化程度要求比较高的产品。

(3) 采购过程比较麻烦的商品。

6) 提供多种支付方式

迎接网络经济所带来的挑战,传统零售业企业要充分利用网络技术,为顾客提供多种便捷的支付手段。如在网上销售,除信用卡和电子钱包可以支付以外,企业还应为消费者提供其他常规的支付选择,如邮寄、电汇、货到付款等(目前我国绝大多数网上消费者希望货到付款);如在网下商场购物时,除采用现金支付以外,还应该提供信用卡和各种银行卡的支付方式。否则,若别人有了这些便捷的手段,而你却没有,那就可能出现因交易最后时刻的不便,而使顾客流失的问题。

思考题

1. 据 eMarketer 预计,2021 年亚马逊占据的美国电商市场份额将达到 41.4%,稳居行业第一,而沃尔玛虽然排名第二,却远远落后于亚马逊,仅占据 7.2% 的市场份额。请思考沃尔玛在电子商务方面做了哪些努力?对比亚马逊等竞争对手如何?

2. 沃尔玛是美国《财富》杂志 2014—2016 年评选的全球最大 500 家公司排行榜中的第 1 名,员工超过 200 万人,是世界上最大的零售商。沃尔玛传统零售行业实力雄厚,思考一下它通过哪些方法加强了其电商平台的人才和运营能力,以形成相对完整的线上布局?

9 华为电子商务项目运作

9.1 华为公司概述

华为技术有限公司于1987年在中国深圳正式注册成立。华为技术有限公司是一家生产销售通信设备的民营通信科技公司,是全球领先的ICT(信息与通信)基础设施和智能终端提供商,总部位于中国广东省深圳市龙岗区坂田华为基地。华为的产品主要涉及通信网络中的交换网络、传输网络、无线及有线固定接入网络和数据通信网络及无线终端产品,为世界各地通信运营商及专业网络拥有者提供硬件设备、软件、服务和解决方案,帮助企业提升通信、办公和生产系统的效率,降低经营成本。华为致力于把数字世界带入每个人、每个家庭、每个组织,以构建万物互联的智能世界。目前华为有18.8万员工,业务遍及170多个国家和地区,服务30多亿人口。

华为在通信网络、IT、智能终端和云服务等领域为客户提供有竞争力、安全可信赖的产品、解决方案与服务,与生态伙伴开放合作,持续为客户创造价值,释放个人潜能,丰富家庭生活,激发组织创新。华为坚持围绕客户需求持续创新,加大基础研究投入,厚积薄发以推动世界进步。2019年华为在美国《财富》杂志发布的最新世界500强企业中位列第61位,较2018年上升11位。

9.2 华为的电子商务需求

华为之前做手机的思路不是以消费者为核心,而是专注于做终端。然而,由于华为作为头部电信设备制造商,有渠道、有需求、有技术能力,所以开始开拓手机市场。在苹果崛起、诺基亚衰败后,智能手机的意义已经不再是一个硬件终端,而是具有很强的科技意义,将人和网络随时随地连接在一起的设备。同时电商行业迅速发展,也降低了产业对渠道的依赖性,最早提出互联网手机的是小米。那时谷歌退出国内市场,许多谷歌的服务在国内无法使用,在安卓基础进行优化完善是一种不错的选择。小米以建立用户社区维系粉丝为核心,在此基础上做MIUI操作系统,发布系统后应用到自己的手机上。通过小米网电商销售手机的方式自然与传统手机厂商完全不同。现在的小米号称三轮驱动:硬件、互联网加新零售。互联网手机即企业应用互联网进行营销与销售,具有较高的性价比。小米在手机界掀起的浪潮也证明了渠道不再是决定性因素。因此在互联网电商中,华为的手机销售一直不是特别好,尤其是对比小米线上直销的方式,华为并没有优势。

9.3 华为发展电子商务的可行性分析

9.3.1 必要性分析

1) 宏观环境分析

在法律方面,我国已于 2008 年起正式施行《中华人民共和国反垄断法》(以下简称《反垄断法》),这表明了我国将加大对垄断和不正当竞争等破坏市场竞争行为的监管力度。同其他国家一样,我国的电信行业本身就具有天然的垄断特点和长期发展的特性,因此《反垄断法》的实施必将对我国电信行业产生重大影响。此外,《中华人民共和国反不正当竞争法》以及大量的技术法规和标准相继出台,不断完善中国的法律环境。

"十二五"是全面建设小康社会的关键时期,通信业作为推动国家信息化、促进国民经济增长方式转变的基础产业,对国民经济结构调整发挥重要作用,通信业保持持续、健康发展将为实现全面建设小康社会的目标做出新贡献。这一系列的发展战略举措为我国的通信业,包括设备制造商和电信运营商在内的各相关产业链提供了良好的发展契机和大环境。"十二五"期间,我国通信业加快光纤宽带网络、下一代互联网和新一代移动通信网的建设,基本建成宽带、融合、安全的新一代通信基础设施。随着科学技术的发展,信息技术使信息传递更快、更便捷,促进了全球经济协调机制的形成。科学、技术、生产之间以及各门科学和各项技术之间的关系更加紧密,科技成果转换为生产力的速度空前加快,极大地提高了劳动生产率。"十三五"规划中提出要实施国家大数据战略,完善电信普遍服务机制,开展网络提速降费行动,超前布局下一代互联网等,将进一步促进通信行业的繁荣发展。

十八届五中全会指出,坚持开放发展,必须顺应我国经济深度融入世界经济的趋势,奉行互利共赢的开放战略,发展更高层次的开放型经济。各国经济联系越来越紧密,我国经济持续增长的动能较为充足,这为华为未来发展提供了更大契机。通信市场容量的不断扩大,使市场需求量不断增加,为华为发展提供了更广阔的发展空间。

2) 行业分析

智能手机产业的市场集中度处于很高的水平,可以认为该产业的市场结构是寡头垄断市场。并且,市场集中度有进一步提高的趋势,主要是因为 2008 年谷歌推出的 Android 系统智能手机崛起,这对市场造成了巨大冲击。随着移动互联网进程的加快,智能手机的普及已势不可当。2010 年,我国通信设备制造业继续回升向好,各项指标已经明显好于去年同期水平。

(1) 行业需求保持稳定增长,库存有所攀升,但产销衔接依然良好 2010 年 1~11 月,我国通信设备制造业累计实现产品销售收入 8 477.39 亿元,同比增长 14.92%,增速比上年同期上升了 16.26 个百分点;工业销售产值为 8 135.08 亿元,同比增长 10.03%,增速比上年同期上升了 12.07 个百分点;11 月末,产成品资金占用为 455.85 亿元,同比增长 16.58%,增速比上年同期上升了 5.43 个百分点。

(2) 盈利能力不断好转,行业亏损额和亏损深度不断下降,亏损面不断缩小 2010 年 1~11 月,我国通信设备制造业累计利润总额为 489.10 亿元,比上年同期增加了 77.59 亿元;亏损企业累计亏损额为 30.00 亿元,同比下降 15.87%。11 月末,我国通信设备制造业亏损面为 22.85%,比上年同期减少了 5.39 个百分点;亏损深度为 6.13%,比上年同期减少了

3.45个百分点。

(3) 产品产量实现较快增长　2010年1~12月,我国累计生产移动电话机10.04亿部,同比增长35.00%,增幅比上年同期上升了25.20个百分点;生产移动通信基站设备6593万信道,同比增长4.60%,其中移动通信基站产量在第四季度实现高速增长。

(4) 通信设备产品出口量值实现快速增长　2010年1~12月,我国手持或车载无线电话机累计出口量为75789万台,同比增长30.0%,增速比上年同期上升了20.6个百分点;累计出口额为467.37亿美元,同比增长18.2%,增速比上年同期上升了15.5个百分点;出口单价为0.01美元/台,比上年同期减少了67.87美元/台。

在当前行业总体情况较好的同时,通信制造业市场也出现了三个变化趋势:一是通信设备商不再会有通过高科技的高风险投入而获得高额利润回报的机会。由于技术普及速度的加快和技术门槛的降低,令单纯通过领先的技术而获得高利润的时代已经过去。二是运营商更加关注网络成本,要求降低新建网络成本的同时,保护原有网络的价值;单纯技术领先而不能兼容原有网络的设备将很难被市场所接受。三是通过提高技术含量而提高价格的商业模式,逐步向在市场可接受的固定价格下提供尽可能的竞争特性的商业模式转变。这是一种商业文化和理念的改变,以客户为导向、与客户共担风险的商业文化正成为一种成熟的文化被业界接受。这些趋势使通信制造业面临一个全面洗牌的机会,原来具备优势的通信设备提供商将面临优势的丧失,大家都要从同一个起点重新起跑。谁拥有质量好、服务好、综合成本低的差异化优势,谁就将取得客户的信任和合作的机会。

3) 目标市场分析

智能手机本身要细分市场,高端市场已被美国、韩国和中国台湾厂商控制,华为希望占据智能手机这一金字塔的中部。华为在很久以前就引入了德国FHG的产品质量管理体系,使得华为的通信系统经受住了来自欧美一些国家的移动运营商的苛刻检验,这将为华为手机保持优良的产品性能提供有力的保障。华为手机主要针对东部大中城市,这些城市对外交流频繁,有很多从事商务或本身的工作具有类似商务工作特点的消费者。从规模上和获利性上来看,商务消费者细分市场都有较大的吸引力。从人口因素来看,除了商务型消费者市场,值得华为关注的就是大学生消费者市场。东部区域高等教育水平较高,在校大学生人数众多,而且相对集中于各个省会等大中型城市。一般来说,受教育的程度高,收入水平也就相对偏高,那么在校的大学生一旦走上社会参加工作,他们将是社会中高收入阶层的大多数。因此,大学生是具有消费潜力的人群。

4) 竞争对手分析

世界信息经济和互联网产业的迅猛发展,为通信设备制造业提供了难得的发展机遇和巨大的发展空间,其所展现出的获利市场,使国内手机市场竞争相当激烈。华为不仅面临着国际巨头苹果和三星的威胁,这两巨头占据着手机行业利润的绝大部分,同时还要面对与国内厂商小米、魅族等的较量。在此以苹果、小米手机为主要竞争对手进行分析。

苹果公司由史蒂夫·乔布斯、斯蒂夫·沃兹尼亚克和罗·韦恩在1976年4月1日创立,苹果公司是美国的一家高科技公司。到目前为止,华为一直是新技术的拥簇者,大量申请专利是一方面,在产品上引入新的功能特征也是一方面,指纹识别如此,ForceTouch亦如此,只不过这些都不是华为首创。相反,苹果基本上每天都会有不同类型的新专利曝光,比如防碎屏、防水技术、柔性屏、眼球追踪等,华为在这方面所做的还远远不够。华为手机每年的收入和利润都在增长,但跟苹果相比其利润不值一提,华为手机利润率仍有大幅提升的空间。

小米公司成立于2010年4月，是一家专注于智能产品自主研发的移动互联网公司。"为发烧而生"是小米的产品概念。小米公司首创了利用互联网开发手机操作系统、发烧友参与开发改进的模式。小米的MIUI系统做得相当好，在使用方面上比华为的UI系统好很多；在持续使用时间上，华为荣耀手机采用较低规格的CPU，续航力优于小米手机；在反应速度上，荣耀手机从开机到使用只需花费2～3秒，胜过小米手机的速度；在经营范围上，华为整体覆盖面广，而小米更专注于某一消费群体。华为有高中低端手机，而小米类型单一，只针对工资并不高的青年人。

5）企业自身分析

华为的核心能力在于管理人才的能力。华为的"狼性"文化强调团结、奉献、学习、创新、获益与公平，更强调积极进取，以绩效为导向。华为有着一套独特的人力资源管理方法，包括新员工培训、员工考核方法、批评与自我批评、大字报口号等，为华为保持其"狼性文化""奉献精神"提供了保证。在企业资源方面，华为拥有通信设备制造业界最为全面的产品线，能提供业界最完整的"端到端"解决方案和"一站式"服务，消除了不同设备间的兼容性问题，不但提高了设备利用率，也节省了调试时间，为用户创造了价值。华为致力于立足用户需要，努力实现本土化服务，其产品开发一直围绕着客户需求，并以创新手段来提供支持。同时，由于华为人力资源成本比发达国家低，具有成本优势，因此产品较之便宜很多。华为还具有先进的生产工艺体系，缩短了产品的生产周期，提高了生产效率和生产质量。完整的供应商认证流程保证了产品和工程实施的质量，容易赢得快速、高质量、低成本的比较竞争优势。华为在国际通信运营商中已逐渐树立一个性价比高、快速响应的形象。华为有一套完善的客户参观流程，把竞争对手做广告的费用拿来请客户和供应商参观华为的产业园区，有针对性地聚焦客户，提升华为形象，增强客户选择华为的信心。

华为注重技术开发并与美国、印度、瑞典、俄罗斯等国建立研发合作机构；自主知识产权技术在增加，但改进型创新多，原创型创新少。华为虽连续数年成为中国申请专利最多的企业，但这众多的专利中基本上没有原创产品，缺少核心技术。技术上的跟随战略，虽然减少了基础研究可能带来的经济风险，但很难让华为超越国际巨头而成为真正的行业领袖。华为注重营销，与众多世界领先的运营商建立了长期、稳固的伙伴关系，但导致了营销人员人海战术明显、营销成本高的问题。

9.3.2 技术可行性分析

华为在德国、瑞典的斯德哥尔摩、美国的达拉斯及硅谷、印度的班加罗尔、俄罗斯的莫斯科、日本、加拿大、土耳其和中国的深圳、上海、北京、南京、西安、成都、杭州、重庆、武汉等地设立了16个研究所，每个研发中心的研究侧重点及方向不同，进行产品与解决方案的研究开发人员共约70 000名（占公司总人数45%）。华为坚持每年将不低于10%的销售额作为研发投入，这保证了公司的技术领先和储备。华为是世界上能提供下一代交换系统的少数厂家之一，其出品的通信产品大多数基于自己研发的独立产权产品。华为聚焦于ICT领域的关键技术、架构、标准等方向持续投入，致力于提供更宽、更智能、更高能效的零等待管道，为用户创造更好的体验。同时华为和来自工业界、学术界、研究机构的伙伴紧密合作，从研究到创新实施引领未来网络发展。此外，其还与领先运营商成立28个联合创新中心，把领先技术转化为客户的竞争优势和商业成功的法宝。

9.3.3 经济可行性分析

由表 9.3.1 可知,2008—2012 年,华为营业收入持续增长,销售收入从 2008 年约 1 231 亿元攀升至 2012 年约 2 202 亿元,年均增长率约 15.6%。从利润来看,华为 5 年来的营业利润和净利润呈现出一个"增长—回落—增长"的趋势。从现金流来看,2012 年华为的经营活动现金流约是 2008 年的 5.5 倍。在全球经济形势严峻、电信设备市场面临较大压力的情况下,华为的销售收入仍然保持增长。

表 9.3.1　2008—2012 年华为经济运营情况

	2012	2011	2010	2009	2008
销售收入/百万元	220 198	203 929	182 548	146 607	123 080
营业利润/百万元	19 957	18 582	30 676	22 241	17 076
营业利润率/%	9.1	9.1	16.8	15.2	13.9
净利润/百万元	15 380	11 647	24 716	19 001	7 891
经营活动现金流/百万元	24 969	17 826	31 555	24 188	4 561
现金与短期投资/百万元	71 649	62 342	55 458	38 214	24 133
运营资本/百万元	63 251	56 728	60 899	43 286	25 921
总资产/百万元	210 006	193 849	178 984	148 968	119 286
总借款/百万元	20 754	20 327	12 959	16 115	17 148
所有者权益/百万元	75 024	66 228	69 400	52 741	37 886
资产负债率/%	64.3	65.8	61.2	64.6	68.2

由表 9.3.2 可知,华为的资产综合运营效率有小幅下降,经过分析后发现主要原因是原高流动资产比率正常下调,而其流动资产中,应收账款的周转率和存货的周转率一直稳步增长。这从一定程度上,反映了华为资产管理水平的提高和良好的市场增长前景。从资产质量上看,现金及现金等价物占总资产的 30% 以上,而占资产比例其次的应收账款账龄结构优化,质量较好。

表 9.3.2　2008—2012 年华为资产运营情况

	2012	2011	2010	2009	2008
总资产周转率	1.09	1.09	1.11	1.11	1.25
流动资产周转率	1.34	1.31	1.32	1.29	1.48
流动资产占比/%	80.70	82.63	84.93	93.65	88.63
存货周转天数	60	75	92	100	110
应收账款周转天数	90	88	94	125	127
应付账款周转天数	91	83	115	113	146

由表 9.3.3 可知,2008—2012 年,华为的流动比率、速动比率、现金比率均有明显提高。2012 年底现金及等价物达到 671.8 亿元,较上年增加 17.5%。可见充裕的资金储备和稳定的经营性现金流为其短期偿债提供了重要保障。2012 年华为投资活动现金流出继 2011 年后持续减少,部分抵消了经营活动现金流入减少的影响。2012 年华为投资活动产生净现金流 54.2 亿元,2011 年为 34.2 亿元。华为一年内到期短期借款总额为 46.77 亿元,约为公司持有现金及等价物的 6.96%,总体财务稳健,短期内没有偿付问题。

表 9.3.3　2011—2012 年华为资金流动性趋势

	2012 年	2011 年	同比变动
经营活动现金流	24 969 百万元	17 826 百万元	40.1%
现金与短期投资	71 649 百万元	62 342 百万元	14.9%
长短期借款	20 754 百万元	20 327 百万元	2.1%
在保障流动性的同时,进一步优化债务到期结构,使其更趋于合理			
	1 年及 1 年以内		1 年以上
借款金额	4 677 百万元		16 077 百万元

9.4　华为的电子商务战略

1) 成立运营商 BG、企业业务 BG 和消费者 BG

2011 年,华为进行业务架构调整,布局新业务,华为成立了消费者 BG 和企业业务 BG(业务集团)。该 BG 将华为终端公司、互联网业务部以及旗下海思公司的消费者芯片业务整合在一起,力图复制苹果垂直一体化的商业模式。华为制定了在云、网络传输和终端三方面突破的"云管端"一体化战略。这其中,消费者 BG(Consumer Business Group)是指企业消费者业务,是华为的一个业务集团,经营模式为 B2C。B2C 经营模式与华为多年主要经营模式 B2B 不同,这意味着华为准备进行营销转型实验。转型实验的最终成果是:华为消费者 BG 首席执行官余承东在新年致辞中说到,华为消费者 BG 销售收入超过 200 亿美元,同比增长近 70%,仅以一年时间就实现了第 2 个百亿的里程碑突破。

2) 独立荣耀品牌

华为将荣耀品牌独立,重点为移动互联网消费者提供产品,主打性价比和互联网营销,将荣耀手机作为电商品牌销售的主力。在华为内部高层们纠结如何进行互联网时代下的转型时,任正非拍板了荣耀品牌的独立。他明确指出包括荣耀在内的华为终端业务"不要盲目将苹果、三星、小米作为目标,要以利润为中心"。华为荣耀 3C 是华为手机崛起的一个起点,它模仿小米进行互联网营销,追求性价比,开展抢购模式,迅速增强自己的影响力。之前华为手机的销量很大程度上依赖于运营商,其部分营销模式是存话费送手机,这给消费者带来手机很廉价的感觉,不利于树立自身品牌的口碑。因此,荣耀品牌独立后,针对荣耀系列进行线上销售,不仅拓宽营销渠道,实现线上线下渠道共同发展、自有渠道和运营商渠道共命运,又在线上手机市场占有一席之地,对竞争对手小米造成了巨大的冲击。

3) 产品差别化战略

产品差别化战略是从产品质量、产品款式等方面入手实现差别化。寻求产品特征是产品差异化战略经常使用的手段。在产品质量方面,华为以"做一个世界级的、领先的电信设备提供商"为发展目标,特别强调科研投入,这为华为手机优良的产品性能提供有力的保障,使得华为的通信系统经受住了来自欧美一些国家的移动运营商的苛刻检验。在产品款式上,华为手机注重以流线型的设计为主、辅以超大的显示屏,这是消费者喜爱的主要原因。

4) 供应链变革

华为持续建设柔性的供应链能力,赢得快速、高质量、低成本供货保障的比较竞争优势。华为建设了扁平化的制造组织,高效率、柔性地保障市场要货需求;华为认真推行集成供应链(ISC)变革,保证了新流程和系统的落实;华为实施了质量工程技术,使供应链能力和客户服务水平得到持续改善。另外华为聘请德国弗劳恩霍夫应用研究促进协会(FhG)帮助进行生产工艺体系的设计(包括立体仓库、自动仓库和整个生产线的布局),从而减少了物料移动,缩短了生产周期、提高了生产效率和生产质量,发展与主要供应商的合作伙伴关系,加强采购绩效管理和推行基于业界最佳实践TQRDCE的供应商认证流程。

9.5 华为对中国制造业电子商务运作的启示

9.5.1 对制造业企业实施电子商务战略的启示

1) 实施电子商务必须与企业的发展战略紧密结合

电子商务对于制造业企业而言,是一种手段、一种工具,而不是目的。既不能好高骛远,又不能止步不前。因此,制造业企业不能为了电子商务而电子商务,而必须与企业的发展战略与经营目标结合起来,选择合适的解决方案,使得信息技术真正成为帮助企业在激烈的国际化竞争中立于不败之地的有力武器。

2) 实施电子商务必须与企业管理制度改革联系起来

我国的国有大中型制造业是在计划经济环境下发展起来的,很多管理制度在今天的市场经济环境下看来很不合理。在进行了体制改革之后,国有制造业企业依然面临着与市场接轨困难、市场反应速度慢等严重问题。而中国新兴的乡镇和私营企业以及广大的中小型制造业企业,是在有中国特色的社会主义市场经济的大潮下顺应市场需求发展起来的,这些企业具有敏锐的市场眼光,已经通过特色经营和成本优势确立了自身在市场的地位。但是,这些企业在发展到一定阶段以后,也遭遇了技术、管理等问题,也迫切需要通过电子商务来提升自己的核心竞争力。

在很多情况下,制造业企业实施电子商务项目的前提是管理制度的改革。只有摸清企业的现状和改革的目标,才能制定出改革的方针和行动纲领。对许多企业来说,重要的是要分析产品的市场需求状况,确定企业的发展战略,确定产品定位,理顺营销渠道,找到独特的竞争优势和核心竞争力。

电子商务可以看成是企业推进管理制度改革的一种手段,是先进思想的载体。例如,通过实施CRM系统,可以要求销售人员每天填写访问客户的情况、购买意向信息和客户的详细档案、客户服务的情况等,这样就可以保证企业的客户信息不会因人员更替而遭受损失,同时提高客户的满意度和忠诚度。又例如,通过PDM系统,可以更好地贯彻企业在ISO 9001质量体系中规定的规范的工作流程。

电子商务是企业在激烈的国际竞争中生存、发展的必要条件,但并不是充分条件。客户购买产品是追求其使用价值,他们并不会因为你搞电子商务了,就购买你的产品,而是要看你的产品品质、功能和价格。因此企业改革管理的目标应是降低成本、提高产品的功能和使用价值,而不是为了应用电子商务。

3) 软件选型必须注重实用,避免贪大求全

不少企业在软件选型过程中,片面追求先进性。实际上,一些按照美国的国际化巨型企业作为样板开发的软件是不可能直接适应中国企业需求的。例如,某国外大型PDM软件的原型是为了解决世界上最大的一家汽车公司与其外部供应商进行物流供应的问题,而我国最大的汽车公司的产值大约只有那家企业的百分之几,那就意味着这种软件针对的管理方式与中国企业的管理方式相差甚远,实施成功的概率很小。

企业必须警惕一些概念性的炒作。有些新的名词,实际上没有新的含义,只是一些软件企业将其系列软件打包销售的一种手段。还有一些软件产品的功能存在着交叉,例如,一些国外大公司开发的PDM软件或者PLM软件,与ERP系统在管理思想上有根本的不同,一个是以产品为核心,另一个是以企业为核心。这两种软件在功能上存在相互交叉、互相排斥的关系。因此,能否集成、如何集成是需要深思的。

信息产业竞争激烈,信息技术发展十分迅速,生命周期很短。有的技术1年前还是先进的,1年后就落后了。因此,企业在实施电子商务项目的过程中,还是应该从分析自身的需求出发,面向实用,解决主要问题,不能片面地追求技术先进性。国产的CAD/CAPP/CAM/PDM系统和ERP等系统,在国家的大力推动下,已经有了长足的发展,很多都可以经济有效地满足制造业企业的需求,不少产品的性能价格比高于国外同类产品。

4) 应处理好整体规划与分步实施的关系

电子商务项目的整体规划实际上就是对一个大型项目所要使用的资源、达到的目标、任务分解的步骤、里程碑、成本计划等进行计划;而分步实施就是按照这个总体的计划进行执行,而且在执行过程中需要不断根据信息技术的发展变化和企业自身需求的变化而逐渐调整。由于电子商务项目的内容庞杂,实施周期较长,因此,在实施过程中出现变化是十分常见的。整体规划是十分必要的,没有整体的分析和计划,就可能造成许多局部最优解,而得不到整体最优解;分步实施也是必要的,它使企业可以适应自身和外围环境的变化,在实施过程中可以选择技术更先进的产品,同时避免一次性的较大投资。

5) 要正确看待服务的价值

目前,大多数制造业企业领导的观念还停留在"买产品可以理解,而买服务难以理解"的阶段。实际上,整个制造业电子商务项目的成功,可以说是"三分产品,七分服务"。光买产品不买服务,就像不进行诊断就乱吃药一样,是十分危险的。制造业企业的个性很强,要解决的问题也各不相同,因此必须通过咨询服务将问题诊断清楚,通过软件和系统集成服务来解决软件的实用化问题。

9.5.2 对制造业软件企业的战略启示

1) 应处理好研究、开发与销售的关系

中国的制造业软件产业经过多年的努力,已经取得了巨大的发展,为客户提供了经济实用的软件产品,形成了一批有竞争力的企业,特别是在 CAPP 和财务软件方面,形成了以提供国产软件为主的产业格局。

但是,要应对国际上规模比国产软件企业大得多的竞争对手的激烈竞争,中国的制造业软件企业还必须处理好研究、开发与销售的关系。一些没有处理好这三者关系的企业,在市场业绩上会形成比较大的波动,一个不错的新产品开发出来,销售额会上来,但下一个版本或者产品跟不上,又会造成比较大的滑坡。

研究工作包括跟踪最新的计算机和管理技术以及研究市场需求的状况和发展趋势。关键是要深入制造业企业,研究制造业企业本身要解决的问题,获取准确的、有代表性的需求,找出共性,然后结合所掌握的技术和管理方法,为企业提供既实用又具有一定先进性的产品。软件企业应注意研究一代,开发一代,销售一代,形成发展的后劲。软件企业应注意产品的独创性,切忌盲目跟随、模仿国外产品,必须形成自己鲜明的工程特色,真正开发出符合其目标客户需求的软件。

在软件开发方面,必须大力引进软件工程管理技术,对软件开发的全过程进行有效的控制和管理,特别是软件需求管理和配置管理。

在销售方面,随着制造业企业电子商务由信息技术的单元应用转向集成应用,客户已经从购买软件产品转变为购买解决方案。因此,制造业软件企业应该更多地增加应用工程师和项目实施队伍,来满足客户的需求。

2) 应处理好产品与项目,个性化与标准化的关系

中国的制造业企业形态复杂、历史背景各不相同,而企业的所有制形式、管理者的特色等因素,都有可能导致制造业企业对电子商务整体解决方案需求的个性化、差异性和多样性,这就需要"量身定制"解决方案。因此,软件企业需要提供全面的解决方案和服务,而不仅仅是产品。

对于制造业软件企业而言,如果以项目的形式,对每个企业都进行开发,一方面开发成本很高,需要投入的人力资源很大,另一方面也难以保证软件的质量。因此,制造业软件企业必须考虑软件的开放性和柔性,同时尽量把开发工作控制在有限的水平;要与客户(制造业企业)进行沟通,让客户充分将企业实际与先进的管理模式结合起来,不能纯粹让软件来适应可能已经落后的管理模式;要尽量推行国际标准和国家标准,采用先进的管理模式,应用标准化的软件产品,降低项目的成本。

3) 规范市场和竞争秩序,实现多赢

制造业软件市场属于一个专业的市场,这个市场的参与者的竞争策略应该是以特色经营和优质服务为主。然而,目前中国的制造业软件市场还处于比较混乱的竞争局面,同样是提供一个制造业企业的解决方案,报价差距却非常大。由于软件是零边际成本,有的小企业为了短期的生存和发展,掀起了一轮又一轮的价格战,而他们的低价位往往是以降低服务质量为代价的,常常连企业的需求都没有搞清楚,就匆忙报价。这种恶性的价格竞争至少产生以下恶果:首先,扰乱了市场秩序,使得中国制造业软件企业的总体盈利能力大大降低,而

且往往是价格战的始作俑者损失最为惨重,甚至退出市场。其次,影响了整个中国制造业软件的形象,使不少客户认为国产软件是质次价低的。最后,造成许多制造业企业只注重考虑价格,而不是考虑软件能否解决企业自身的问题。最终导致许多制造业电子商务项目以失败而告终。

此外,由于行业保护和地方保护使某些地方采取购买本地的软件就给予资金扶持,购买外地软件就不给扶持的不平等政策;有些行业至今还采用行政,指定品牌等方式统一采购。这些都是与建设社会主义市场经济的方针背道而驰,最终只会破坏市场秩序,影响应用效果。

整个制造业电子商务项目运作,是上一个供应链、价值链上运作,链条上的每个环节都应该是增值的过程。只有价值链的每个环节都能够赢,整个价值链才能够持续发展。因此,中国的制造业软件企业应该处理好同行之间的竞争与合作关系,共同维系整个中国制造业软件产业的健康发展,形成多赢的良好局面。

综上所述,随着我国入世和全球化经济的发展,中国的制造业企业将面临更加激烈的市场竞争,推进制造业电子商务已经成为制造业企业生存和发展的必由之路。制造业电子商务是一个复杂的系统工程,价值链的各个要素实际上构成了一个经济生态系统,每个要素都应该承担自己应承担的职责,共同保护"生态环境"。最为关键的是,必须建立公平的市场竞争机制,促进制造业电子商务的长远发展。

思考题

1. 以华为手机为例,说说华为公司采取了哪些网络营销策略?
2. 为了做到平台垂直化,加强销售网络的可控性,华为、苹果、戴尔等公司也早已推出过自己的网络直销平台,试比较华为商城与苹果、戴尔等公司的网络平台的异同点。

10 中国农业信息网电子商务项目运作

10.1 中国农业信息网概述

中国农业信息网(www.agri.cn)是农业综合信息服务网站,于1996年建成,主要为农户、涉农企业和广大社会用户提供分行业(分品种)、分区域的与其生产经营活动以及生活密切相关的各类资讯信息及业务服务。网站由中华人民共和国农业农村部信息中心主办。目前已经形成以54个精品频道、28个专业网站以及各省(区、市)农业网站为一体的农业系统网站群,全国各级政府农业网站联网运行,成为具有权威性和广泛影响的国家农业综合门户网站。作为中国政府的农业官方网站,其对国内外的影响日益扩大,目前日均点击数340万次左右,访问量在国内农业网站居首位,全球农业网站居第二位。

作为中国政府农业官方网站,中国农业信息网始终坚持"两个服务"的发展主线,充分发挥各方面优势,以业务系统信息为支撑,逐步拓展"一站式"服务,使其国内外影响力日益扩大。电子政务建设从权威及时的信息发布开始起步,农业部业务规范、办事指南上网公开,行政审批项目办理状态和结果实现网上查询。"一站通"农村供求信息全国联播系统覆盖31个省(区、市)93%的县,全国农产品批发市场价格信息网覆盖325个市场,每日采集、发布390个农产品品种价格和行情动态。集20多个专业/行业网站和各省(区、市)农业网站为一体的农业系统网站群已初具规模。今后,将进一步突出政务信息发布功能、服务导向指引功能以及交流互动功能,发挥核心门户网站的枢纽作用和农业系统网站群的整体优势,采取切实措施,将中国农业信息网建设成为具有较强信息集散力和用户凝聚力,具有较大国际影响力的国家农业门户网站。

10.2 农业的电子商务需求

农业是典型的传统行业,具有地域性强、季节性强、产品标准化程度低、生产者分散且素质较低等特点,具有较大的自然风险和市场风险。我国是一个农业大国,拥有世界上最多的农业工作者,但农业却是我国传统的"弱势"产业,"信息鸿沟"已成为严重制约我国提高农业效益的"软肋"。因此,建立一种让市场信息流通更畅通、规范、高效的新模式,已成为降低生产销售成本,让农民增收的关键问题。电子商务是通过电子数据传输技术开展的商务活动,能够消除传统商务活动中信息传递与交流的时空障碍。农业电子商务作为一种现代化的电子信息技术出现,将点与点的单线联系,扩大到点与面的互动交流上。发展农业电子商务,不仅增加了农产品的市场销售渠道,而且更好地帮助农民了解了市场环境,将有效推动农业产业化步伐,促进农村经济发展,最终实现地球村来降低传统的农业交易方式。

10.3 农业发展电子商务的可行性分析

10.3.1 必要性分析

1) 宏观环境分析

电子商务的开展必须依靠完善的网络环境。以计算机网络为核心的网络基础设施为计算机之间传递和交换数据提供了必要的手段，各类基于 Internet 的网络服务，如电子邮件、网上新闻、网上购物、网上银行等，进一步促进了电子商务的应用和发展，为电子商务普及奠定了良好的基础。随着农村网络化水平的逐步提高，农业将为中国互联网孕育出巨大的市场机会。

截至 2019 年 6 月，我国农村网民规模达到 2.25 亿人（《中国互联网发展报告 2019》），占网民总数的 26.3%，较 2018 年底增长 305 万人，半年增长率为 1.4%。随着农业结构调整和高效生态农业的发展，我国农民对信息服务的方式和内容在需求上发生了很大的变化，这就为农业电子商务网站提供了巨大发展空间。

2) 行业分析

(1) 国外农业电子商务发展分析　国外农业信息化建设起步较早，在 20 世纪 70 年代，计算机就已进入农场，在 20 世纪 80 年代开始出现联机服务，在 20 世纪 90 年代进入网络化时代。农业电子商务是在信息技术和市场经济高度发达的背景下，与整个社会的信息化同步发展。从 20 世纪 90 年代开始，美国、日本、西欧等发达国家的信息产业增长率超过 15%，是同期 GDP 增长速度的 3~5 倍。虽然这些国家农业就业人口率很低，但农产品并不匮乏。由于信息产业的发展，促进各类农业技术的发展及应用，使农业生产率得到很大的提高，农产品要比以往的农业社会、工业社会时期更加丰富。互联网促进了世界范围的快速交流与沟通，更重要的是互联网提供了一个新的贸易和信息平台，让原来狭窄有限的市场转变成广阔的、覆盖世界范围的无限市场。

(2) 国内农业电子商务发展分析　信息技术在我国农业领域的应用虽起步较晚，但发展很快。1979 年我国从国外引进遥感技术并应用于农业，首开农业信息化的先河。1981 年我国建立第一个计算机农业应用研究机构，即中国农业科学院计算中心，开始了以科学计算、数学规划模型和统计方法应用为主的农业科研与应用研究。1987 年农业部成立信息中心，开始重视和推进计算机技术在农业领域的试点和应用。1994 年以来，中国农业信息网和中国农业科技信息网相继开通运行，标志着信息技术在农业领域的应用迈入快速发展阶段。1996 年，农业部建立了第一个国家级农业信息网——中国农业信息网。2004 年，全国农业系统已经在 260 个地(市)设立了农业信息服务机构，占地(市)总数的 78%，77% 的县、47% 的乡镇政府设置了农业信息管理和服务机构，许多自然村还建立了信息服务点。目前，信息技术农业应用研究与推广取得了一些成果，建起了一批农业综合数据库和各类应用系统，其中以粮、棉、油为主的信息技术成果约占 1/3。如利用计算机技术，对农作物的选种、灌溉和施肥等不同管理环节进行优化处理后，向农民提供信息咨询，指导农民科学种田；对农作物病虫害、产量丰歉等进行预测预报，帮助农业企业合理安排生产，辅助农民科学调整生产结构；对不同类型的农业经济系统、土壤作物大气系统等进行仿真，辅助农业管理者编制农业规划和生产计划;根据各种动物营养需求,生产最佳的饲料配方,帮助生产厂家和养殖户获得最大经济效益。近年来,部分科研院所开始探索计算机视觉及图像处理技术在农业领域的应用,有些已取得了显著的效果。农业部利用网络协议、信息发布与查询等技术,建成专业面涵盖较宽,信息存储、处理及发布能力较强,信息资源丰富和更新量较大的中国农业信息网,现联网用户已发展到了3 000多家。近年来中国农村信息化基础设施建设取得了长足进展。根据中华人民共和国工业和信息化部发布的2019年通信业统计公报,截至2019年12月底,全国农村宽带用户全年净增1 736万户,总数达1.35亿户,比上年末增长14.8%,增速较城市宽带用户高6.3个百分点;在固定宽带接入用户中占30%(上年同期占比为28.8%),占比较上年末提高1.2个百分点。线上线下服务融合创新保持活跃,各类互联网应用加快向四五线城市和农村用户渗透,使移动互联网接入流量消费保持较快增长。2019年,移动互联网接入流量消费达1 220亿GB,比上年增长71.6%,增速较上年收窄116.7个百分点。全年移动互联网月户均流量(DOU)达7.82 GB/(户·月),是上年的1.69倍;12月当月DOU高达8.59 GB/(户·月)。其中,手机上网流量达到1 210亿GB,比上年增长72.4%,在总流量中占99.2%。

  我国农业信息化的主要问题是发展不平衡。东部沿海省份农业信息化程度较高,发展较快。他们开发了多种农业信息服务渠道,不少农民通过网络寻找市场信息、发展生产。而在中西部经济不发达地区,由于受环境、经济条件等多种因素的制约,农业信息化基础较为薄弱、手段不完备,大多处于"硬件不足、软件缺乏、运行较难"的状况。从总体上看,我国农业信息化还处于人才缺乏、体系不健全的状态,虽然一般县级以上的各级政府都有网站,但网站提供信息的时效性、针对性不强,发布的内容以生产信息、实用科技信息较多,市场信息、供求信息和农村经济信息偏少,缺乏对主要农产品生产、销售、贮存、加工动态的分析、监测和预警预报等。据对全国31个省、市、自治区的最新调查数据显示,全国农民上网的普及率还很低,平均比例只有0.2%,且主要集中在东部地区,西部地区农民的上网率更低。这并非是农民没有上网需要,而是因为农户种植规模较小,一些农民受经济条件制约,买不起电脑也支付不起上网的费用,还有网络设施不完善等导致的。

  据中国农业科学院农业信息研究所和农业部信息中心的调查显示:1998年我国农业网站数量只有500个,2003年达到6 389个,而2005统计总量已经达到15 964个,整体呈跳跃式发展。从1998年到2005年,年均约增长64%。省级农业行政主管部门均设立了信息工作职能机构和信息中心,97%的地(市)、80%左右的县级农业部门设置了农业信息管理和服务机构,67%的乡镇成立了信息服务站。我国农业网站的发展呈现出数量大幅增长、结构趋向合理、内容逐渐丰富、发展潜力巨大的良好态势。我国农业信息网站尽管基本覆盖农业的各个方面,但在全国网站中占比不足10%,但就其发展势头尤其对于这样一个传统的行业来说,农业网站从1998年的不足200个发展到现在的2 000多个,发展的速度很快。从总体上看,农业信息基础设施落后于其他行业,质量比较好的站点不多,整体上与其他行业差距明显。

  3) 农业电子商务网站功能分析

  随着互联网的普及和网上信息资源服务的不断增加及完善,农业电子商务网站开始成为农业从业者日常获取各类信息的重要途径。农业电子商务网站所能提供的服务覆盖面在逐渐扩大,所对应的目标受众也在以几何级数增加,从单一的农村网民变得更加多元化。科研人员(教育工作者)利用网站主要是为搞好科研选题,把握研究方向,提高研究水平,促进科研进展而搜集和利用信息。他们需要理论性、学术性和技术性强的信息资料。此外，他们也要结合农业生产中的实际问题进行选题和研究。管理人员（中介人员）利用网站主要是为了能够更好地生产加工经营上的管理和决策。他们需要及时了解农业及相关产业结构、农业从业者的经济活动情况、农业资源的利用情况、农业生产情况以及从生产到消费的整个流通情况等，以便正确指导农业生产。因此，他们对农业经济、农业发展战略（包括农业政策法规、发展动态、围绕农业生产的各种统计资料）及农业科技成果等信息资料较为重视且利用较多。生产人员主要是基层的农业技术推广人员及广大农民，他们需要有针对性、实用性、易操作、投资少、效益高的农业实用技术。此外，随着农村市场经济的发展，农民还需要大量的市场供求信息来辅助生产，以便更好降低成本和控制风险。

4）中国农业网站分析

在农业电子商务项目中，比较突出的是网站技术的应用。打开百度网站，键入关键词"中国农网"进行搜索，不难发现有近百家著名农业网站。目前以"中国农网"概念在门户网站上登录的各种网站，大体上可以分为以下几类：

(1) 政府主办的综合性网站　这类网站由国家和地方政府农业管理部门主办，是结合政府上网工程和国家的农业信息化工程计划而建设起来的。一般提供部门或地方综合性情况介绍，也有不少市场和技术信息。例如，中国农业信息网（http://www.agri.gov.cn/）由中华人民共和国农业部主办，含政府职能、行业新闻及法规、农业部公告等信息。最近开辟了服务版，向全国提供技术和市场信息服务。江苏农业农村厅（http://coa.jiangsu.gov.cn/）开设专题专栏频道，提供江苏省种植业、畜牧业、渔业安全生产、农产品市场与农业品牌等综合信息，包括价格行情、供求信息、专家咨询、产业指导、农业科技、论坛、预测、江苏农业在线展示等。

(2) 涉农行业服务网站　涉农行业服务网站是农业电子商务中很重要的一类网站。这种网站一般由政府服务部门、权威性的行业协会或中介组织主办，也有由较有实力的其他企事业单位主办的。这类网站主要提供本行业市场、技术和法规方面的信息，也为行业内的企业和个人提供其他服务。例如中国农村能源行业信息网（http://www.carei.org.cn/）由中国农村能源行业协会主办，提供农村能源建设的行业动态、产品信息。中国饲料行业信息网（http://www.feedtrade.com.cn/）由中国农业部饲料工业中心主办，提供饲料行业的相关信息。国家农副产品网（http://www.gjnfcpw.com）提供农副产品市场动态、价格行情、供求信息、政策法规与相关信息。

(3) 涉农企业商贸网站　涉农企业商贸网站的目的一般是为拓展涉农企业自身的业务而建立的，网上或是本企业产品信息，或是中介产品与服务。有些网站为了吸引读者，也提供读者感兴趣的其他信息。目前还没有出现网上支付的商业模式，一般是网上浏览、网下交易。少数在网上可以下订单，但付款仍需要去银行或邮局。农博网（http://www.aweb.com.cn/）以"服务农业、E化农业"为己任，综合利用网络资讯、手机短信、电子期刊等媒介立体传播农业信息和科技知识；通过网上贸易、网络招聘、网络推广、系统维护等手段为广大涉农企事业单位提供全方位网络解决方案，志在创建全球最大的农业网站。作为领先的在线农业媒体，农博网依托强大的采编力量和良好的媒体合作关系，及时、全面、准确地报道最新"三农"动态，追踪"三农"热点，解读"三农"政策；为企业提供全面、准确的价格行情、行业动态、标准法规、品种信息、实用技术等各种行业资讯。

(4) 农业科技教育与推广网站　农业科技教育与推广网站其实很多,但大多嵌在大学、研究所的网站内部。这类网站多为公益性网站,不以营利为目的。开展农业电子商务,可以免费利用这些网站所提供的资源。以下是一些较典型的代表网站:中国农业科技信息网(http://www.cast.net.cn/):由中国农业科学院主办,提供农业科技、生产、市场信息和农业数据库检索服务。中国农村研究网(http://ccrs.ccnu.edu.cn/):三农问题研究网站,含学术文库、村民自治等信息。

10.3.2　技术可行性分析

以电子数据交换(EDI)、电子资金转账(EFT)等为代表的信息交换技术向电子商务提供了快捷、有效的信息交换手段,使不同信息系统间能够自动处理各类商务信息。EDI 是将以标准格式组成的信息从计算机传递到计算机的数据传输方式,并且是电子商务的最初形式。随着因特网逐步成熟和完善,基于因特网的 EDI 技术得到飞速发展。可扩展标记语言 XML 的诞生进一步丰富了信息交换技术,基于 XML 的信息交换技术已成为当今电子商务的关键技术之一。农业地理信息系统就是采用各种现代技术对农业地理空间关系进行模拟的一种信息系统。通过应用该系统可以实现对土地资源、森林资源、水体等立体地、多角度地、可视化地描述,可以说是一种立体的农业地图,主要应用包括农业资源管理,即解决农业和林业领域的各种资源如土地、森林、草场分布、分级、统计、制图等问题;土地信息系统和地籍管理,即土地使用性质变化、地块轮廓变化、地籍权属关系变化;生态、环境管理与模拟,即区域生态规划、环境现状评价、环境影响评价、污染物削减分配的决策支持、环境与区域可持续发展的决策支持、环保设施的管理、环境规划等;农业基础设施管理,即农业生产的地上地下基础设施如电信、灌溉设施、道路交通、天然气管线、电力设施等都广泛分布于农村的各个角落,它们的管理、统计、汇总都可以借助农业地理信息系统完成,而且可以大大提高工作效率。

10.3.3　经济可行性分析

随着市场经济的发展以及其他领域贸易的商业化,农业网站也进行了一定的商业功能开发,使之承担了一定农业电子商务平台的角色。近些年农村农业经济快速发展,许多先进的市场理念也逐渐在农村普及开来。其次,我国的农业电子商务网站开始由注意力经济向购买力经济转变。目前许多的农业电子商务网站其前身是农业信息服务网站,本身并不具备商业目的性,因而在转变为电子商务网站之初,其将首要目标定位在吸引更多人关注和增加网站流量而非如何获得盈利上。在经过这样的经验教训后,农业电子商务平台开始对自身进行一定的营销宣传,尤其是在经济较发达地区,其将农业电子商务网站的活动放入市场经济之中进行市场化运作,追求网站的实际买卖交易数量变化,这种努力使得一些农业电子商务网站在特种农产品以及经济作物的销售上实现了盈利,这种结合是中国农业电子商务的一次成功尝试,也奠定了我国农业电子商务与市场结合的发展途径。中国农业信息网目前日均点击数 340 万次左右,访问量在国内农业网站居首位,全球农业网站第二位。

10.4 中国农业信息网的主要功能及特色

中国农业信息网是农业部的官方网站,具有很高的权威性。同时,它里面的内容丰富,是农业行业各类产品展示非常好的一个平台。浏览者可以通过浏览该网站,获取他们需要的信息并解决问题。中国农业信息网一个非常大的特色就是让浏览者了解到国家对于农业的政策法规,让农产品供应者和需求者更有针对性地去供应和获取他们的农产品。同时,它还提供了一个在线办事功能,主要提供一些从国外进口农产品以及农产品安全管理等条例,让广大浏览者可以更加方便地了解到办事的程序。中国农业信息网既让全国的农产品价格更加透明,也让广大浏览者更加方便快捷地了解到各地的批发市场。

1) 基本服务

中国农业信息网(如图 10.4.1 所示)主要为浏览者提供农业的一些资讯、专题、搜索以及行业动态等信息。为全行业提供 12316 中央平台中的短彩信平台、农业资讯类 App 定制平台及短信通、中国农民手机报等 App 应用。按照科学的分类将农业网站分为"农机化"等 14 个大类专业网站,浏览者可以按需查看;"各省网站"则是全国 31 个省、市、自治区政府网站的一个大集合。

图 10.4.1 中国农业信息网首页

2) 特色服务

(1) 提供三农网络舆情监测平台及分析报告服务。依托三农舆情监测管理平台,定制开发行业舆情监测管理平台并提供相应运维服务。同时,根据监测内容,提供农业生产和粮食安全、重大动植物疫情、农产品质量安全、农业经营与农地管理、转基因、农产品市场等涉农行业专题、热点以及敏感话题的网络舆情信息监测、分析、预警、报告编写等服务。平台集信息监测与存储、统计分析、舆情研判、智能预警、门户展示、拓展服务等多种功能于一体,实现对主流网络媒体、微博、微信、论坛以及博客上涉及三农的舆情信息监测和自动抓取、统计分析、研判预警等。

(2) 该网及时、准确、全面地提供涉农舆情信息监测和分析、预警服务，并按用户需求提供舆情日报、周报、月报、季报、年报、不定期专报、应急简报等舆情分析产品。

(3) 提供农产品市场分析服务，农业信息化发展规划或工程建设规划编制，信息化工程项目总体方案规划设计，技术咨询服务等。

3) 在线发布信息和在线订购

中国农业信息网的信息全面丰富，不仅包含国家对于农业的政策法规，同时也包括农业的行业发展动态以及一些农业产品的价格、资讯动态。在中国农业信息网上，商家和浏览者都发布供求信息。可发布的供求信息包括果品、化肥、农业器械等各方面。同时，你也可以通过快速搜索栏，方便快捷地找到自己需要了解的产品。中国农业信息网还提供了在线订购的功能。

4) 快速了解全国的批发市场

中国农业信息网把全国各个城市的农产品批发市场以地图的形式展示给浏览者。浏览者只要找到自己想要了解的地方农产品批发市场，直接打开地图就可以看到。

10.5 对我国农业电子商务运作的启示

1) 增强电子商务意识

农业电子商务要发展，观念要先行。其发展的难点不是技术，也不是资金，而是思想观念的转变和管理理念的更新。在我国与农业相关的企业和主管领导普遍缺乏信息技术和电子商务等方面的知识，导致企业和政府投入不足，制约了农业电子商务的发展。只有转变农民以及相关政府主管部门的管理者的观念，才能推动农业电子商务的进一步发展。

2) 丰富、优化网站信息

(1) 信息要实现标准化　标准化问题是农业信息体系建设的关键，应给予足够的重视。标准化内容包括：名词术语、数据编码、数据格式、数据质量、数据管理规章等。同时还要建立相关的法律、法规。只有信息与信息技术的标准化，才能做到信息共享，系统兼容。农业信息门类繁多，系统间数据交流互用频繁，因而信息与信息系统标准化工作非常重要。用信息标准与信息系统标准规范各地、各企业、事业单位的农业数据库建设以及农业信息系统建设，对农业数据库系统的整体建设发展和网络信息资源系统建设都很关键。

(2) 信息要有增值性　按照信息经济学的观点，信息价值具有增值性。即当人们进行决策时，不可能孤立地只依据个别信息，而要将多种相关信息进行综合分析而得到新的信息。新信息的价值往往远大于所依据的信息的价值之和。因此，信息管理人员应具有对信息资源进行"重新包装(repackaging)"的知识和技能，在有价值的信息空间中发挥重要的作用。因此，信息服务要更多地面向内容，适应信息市场要求。

(3) 信息要有前瞻性、准确性　由于农产品具有期货特点，因此相应的信息发布需要提前。农业信息的数据又需要准确性，如土壤pH酸碱度、作物表面温度等。因此，在农业管理、农田农牧场管理、生产决策等环节都需要全方位提供准确信息来支持，这就需要农技、农业信息人员的合作。

(4) 开发农业信息的搜索引擎　农业信息网站建设要有自己的特色，尤其是专业性网站，针对的主要用户也是与相应专业有关的，在搜索引擎的设计上也要体现出专业性。这样的专题性搜索引擎会大大提高搜索结构的精确性和相关性,避免了包罗万象而相关性却不高的现象。

3) 加强中国农业网站信息资源整合

(1) 建设网站信息资源整合标准规范　中国农业网站信息资源除具有网络信息的一般特点外,还具有明显的地域性、行业性、农产品品种多样性等特点。因此,农业网站信息资源整合标准规范的制定,要在充分考虑农业网站信息资源特点的基础上,着眼共享和利用基于元数据特征的信息资源,重点建设以下3类标准规范:

① 网站信息资源分类标准。分类标准的制定要充分考虑信息服务对象、信息的自然属性、所属农产品种类,以及信息覆盖农业产前、产中、产后不同环节的服务主题。分类标准包括网站信息资源分类目录体系、信息资源分类编码和类目名称术语标准。

② 统一的元数据标准。元数据标准的制定要根据信息资源分类标准,按照信息在农业生产、经营、管理和消费的不同阶段,以及信息服务的区域、行业的信息化特点用元数据进行描述,形成元数据标准。在对元数据进行描述时,依据农业信息服务的特点,可以包括元数据信息主题名称、所属类型(政务类、服务类)、服务区域、服务行业、所属品种以及服务对象等基本描述属性。

③ 网站信息资源采集与数据交换标准。采集与交换标准的制定要充分考虑不同网站数据库平台之间、网站及移动终端之间数据格式与交换路径的差异性。采集标准包括网站信息采集格式分类目录体系、分类编码和格式要求、信息采集渠道及手段分类体系、采集信息存储标准等。交换标准包括交换方式、交换手段、交换信息格式,以及交换信息存放路径和交换时间等。

(2) 推进网站信息资源垂直化整合　垂直化服务已经成为服务网站发展的必然趋势,谁能做得更专业、能提供更多差异化服务,谁就能拥有更多用户、领先行业网站。因此,为提高网站服务的水平,农业网站信息资源整合要按照垂直细分、专注具体一个行业或一个农产品品种的原则,多渠道、多行业、多品种开展信息资源整合。一是要注重信息资源及客户细分需求。网站信息资源整合要从网站服务对象的需求出发,提供针对性的产品和服务,所以在目前农业网站内容趋同化的情况下,信息资源整合应围绕农产品建立覆盖整个生产经营消费全环节的信息服务。二是积极拓展信息资源整合渠道,在强化各级农业政府网站进行信息资源整合的同时,要加大对农业政府直属事业单位、科研院所、专业技术协会等单位主办的网站信息资源进行整合。整合的方式可以采取统一网站技术平台、购买专业资源或专业网站、频道内容运维外包等方式。三是加强农业多媒体信息资源整合。重点整合广大农民比较容易接受的视频、Flash、图表、音频或图片等以多媒体形式展现的服务类信息资源,切实提升网站为农民服务的能力和水平。四是积极推进区域特色信息资源的整合。要根据各地农业生产经营特点,充分发挥特色农业优势,整合具有区域特性、实用性强的农业生产技术指导、农业气象服务、种养技术、致富经验、优农产品等区域特色信息资源。

(3) 充分利用Web技术开展信息资源整合　网站信息资源整合涉及内容聚合、跨平台资源共享、信息搜索等工作,这些工作需要借助现代信息技术,以提升网站信息资源整合的个性化和智能化。一是充分利用现有网站平台整合技术。目前大部分网站技术架构是基于Web2.0技术,Web2.0技术在内容聚合方面有RSS技术、TAG标签技术等。网络用户可以在客户端借助于支持RSS的信息聚合工具软件,依据网民的信息定制,实现对网站信息的自动推送。二是利用Web3.0技术对信息资源进行个性化、智能化整合。利用Web3.0技术分析和跟踪网民的定制、访问习惯,可以实现根据网民信息需求、浏览页面习惯等特征进行个性化聚合服务,并自动推送给用户。三是利用Web3.0技术构建智能搜索平台。依托Web3.0的语义网技术、聚合技术和挖掘技术搭建搜索平台,通过对自然语言的自动提取,将网站信息的语义按照语义本质进行关联,在提高用户搜索速度的同时,可以提升网站信息搜索的丰富度和精准度。

4) 加强网站的管理与维护

(1) 联合共建　如果网站本身缺少人员或员工能力有限,应考虑与其他高科技实体单位联合开发,共同经营。农业网站发挥自己对农业经济信息的开发优势,依靠联合单位在计算机、网络等方面的先进技术,实现优势互补。同时,要加快培养、提高技术人员的素质。

(2) 加强信息的维护　经常在访问农业网站中发现一些明显的问题,如页面许久未更新,闪着new提示的新闻往往是过了多日甚至多月的旧闻,页面长期是一个面貌并没有新鲜的东西。许多网站的建设或多或少存在维护、更新、充实内容的问题。虎头蛇尾、重"硬"轻"软",容易造成资源浪费。县、乡一级农业网站应重视加强与农村、农民的直接沟通,配备人力把第一手资料及时发送到网上,也把全国各地的各类科技、供求、市场信息反馈给农民,省、市一级的农业网站应加强宏观指导、政策扶持、宏观经济预测,加强与科技力量的结合,把重点放在上下沟通的环节上,形成信息链,这必将大大加快网站内容的更新。

(3) 突出重点　由于农业信息面宽、耗资大,网站建设应把农村服务作为重点,县、市级政府应重视并加以扶助。对于综合性农业网站,应注重指导性、预测性和共享性。重点突出宏观信息、预测信息的开发,使信息内容具有导向性、预见性和共享性。对于专业性网站,应突出专业特点。如水产、粮食网站,针对的领域是特定的,因此服务的项目也应反映出其特色。

思考题

1. 中国农业信息网作为典型的农业行业电子商务平台,说说其盈利模式主要有哪些?
2. 在移动互联网时代,中国农业信息网做了哪些探索和尝试?
3. 除了中国农业信息网外,还有哪些针对农业行业的电商平台,它们有什么异同点?

11 马蜂窝电子商务项目运作

11.1 马蜂窝概述

马蜂窝旅游网是中国领先的自由行服务平台,于2006年由陈罡和吕刚创立,从2010年正式开始公司化运营。马蜂窝的景点、餐饮、酒店等点评信息均来自上亿用户的真实分享,每年帮助过亿的旅行者制定自由行方案。马蜂窝旅游网是广受中国年轻一代追捧的旅行网站,被誉为"中国的旅行圣经"。自2015年初该公司发布自由行战略以来,逐渐探索出一条与传统OTA(在线旅行社)截然不同的营运模式,即基于个性化旅游攻略信息构建的自由行交易与服务平台——马蜂窝,它以"自由行"为核心,提供全球超过60 000个旅游目的地的旅游攻略、旅游问答、旅游点评等资讯,以及酒店、交通、当地游等自由行产品及服务。2019年5月23日,由腾讯领投,马蜂窝旅游网已完成2.5亿美元融资。

马蜂窝最开始并不是商业项目,而是纯粹出于喜好创建的业余平台。自2006年开始,用户以游记的形式,分享旅行路书、攻略、经历等。从一开始,马蜂窝就希望把最美好的留给用户。在马蜂窝网站的首页,最显著的位置永远不是广告,而是用户上传的精美图片、游记。马蜂窝通过系统性地融合社区氛围、旅行文化、产品功能、社交互动、旅游决策和交易等各种用户体验,来获得稳定的用户流量。

为了激发用户的分享欲望,马蜂窝推出了系列措施:进行个性化的界面创新,优化用户阅读攻略、撰写游记和行程的体验;通过旅游点评、旅游问答,马蜂窝以"所有人帮助所有人"的方式解决用户的疑问并提供决策参考;通过等级制度、虚拟货币(蜂蜜)、分舵、同城活动以及晾晒旅游资产般的"足迹"等。马蜂窝激励用户分享和互动,现有的用户基本都是靠口碑宣传获得。人们在社交媒体上看到了马蜂窝的旅游内容觉得很独特,再通过人人网、微博、微信等各种社交平台口口相传。正是这种物以类聚的自然法则使用户发展,让马蜂窝积累了1亿用户。马蜂窝多年来沉淀出的独特气质和文化氛围,也为其每年吸引来银行、汽车、航空公司等大量品牌广告的投放。据马蜂窝公布的数据显示,2015年宣布自由行战略以来,马蜂窝的交易业务增长势头强劲,在目的地和供应链端快速布局,连续数年实现GMV(商品交易总额)翻倍增长。截至2018年,平台GMV达到数百亿元。

11.2 马蜂窝的电子商务需求

随着信息时代的到来,高新网络和信息技术相继出现并飞速发展,对社会各行各业都产生了重大影响,这其中自然包括作为国民经济重要支柱的旅游业。作为生产力中最为活跃的因素,信息技术从社会文化、生产营销、服务管理和市场结构等诸多方面加速了旅游业的国际化趋势,并为其带来了新的机遇和挑战。同时,随着人们物质生活水平的逐步提高,文化消费比例也随之增长,旅游变成了人们生活中最基本的需求之一。如今,随着旅游者数量的迅速增加、旅游需求的日益复杂化以及旅游服务的智能化、个性化发展,势必要求旅游业顺应时代发展的潮流,实现管理和运营的现代化,走信息化发展的道路。发展旅游电子商务,是全面推进旅游信息化建设的必要途径。

进入 21 世纪以来,随着信息社会的发展,旅游市场的变化更加迅速,反应更为敏捷,消费者对旅游产品和服务提出的要求也更高。在这种情况下,马蜂窝必须继续延伸和拓展其旅游产品和服务的社会化道路,扩大旅游市场,树立并强化新型的旅游观念,不断开发出适合旅游者不同需求的旅游产品,不断提高和完善旅游服务的质量。

11.3 马蜂窝开展电子商务的可行性分析

11.3.1 必要性分析

1) 宏观环境分析

在政策法律环境方面,随着我国首部《中华人民共和国电子签名法》的正式实施,网上交易的安全性有望增强,游客们通过旅游电商平台进行交易也得到了法律保障。另外,2010年,我国又陆续颁布了第三方支付管理办法:《非金融机构支付服务管理办法》《网络商品交易及有关服务行为管理暂行办法》。这些法律的出台,有效地遏制了一直以来在旅游电商平台交付时出现的主客相互抵赖的问题。

在经济环境方面,随着国民收入水平的增加,我国民众在基本物质生活得到满足的基础上迫切需求精神世界的充实,因此文化和旅游产业高速发展;而网络的迅速发展,移动互联网及社交媒体的广泛使用让许多网民尝到了网络服务的便利。

2) 行业分析

旅游行业(简称旅游业)是以旅游资源为依托,以旅游设施为基础,通过为旅游者直接提供产品和服务来满足旅游者各种旅游需要的综合性行业。

旅游业不像工业、农业等那样界限分明,它是由众多部门和行业中与旅游活动相关的部分共同构成的复合性行业。其构成有三大支柱和三大要素。三大支柱,即旅行社、旅游交通、旅游饭店;三大要素,即旅游资源、旅游设施、旅游服务。旅游业作为"无烟工业",发展前景被普遍看好,它同时拥有"永远的朝阳产业"的美称,已经和石油业、汽车业并列为世界三大产业。旅游业的特点细述如下:

(1) 综合性 从事与旅游相关的各种经济活动,范围很广,如娱乐业、旅游车辆的出租业、导游业、为解决旅游者的吃、住、行、消遣、娱乐、观光等需要而设置的旅游饭店业等都包括在旅游业的范畴之内。这里不仅涉及旅游者的食、住、行、游、购、娱等综合性活动,还涉及国民经济若干部门和行业,如农业、食品和饮料加工业、建筑业及相关的建材工业、汽车制造业和石油工业、影像服务及影像器材制造业、工艺美术品和文化产品生产业等。

(2) 依赖性 旅游业的发展以旅游资源为依托,若没有旅游资源就无所谓旅游,更不会有旅游业的发展了。旅游资源是旅游业存在和发展的基础。由此可见旅游业对旅游资源的依赖程度很高。旅游业的发展有赖于国民经济的发展。随着社会经济的发展,人民生活水平提高,旅游消费变得平民化、大众化和生活化,越来越多的人希望出去旅游,通过旅游活动来陶冶自己的情操。旅游业的发展也有赖于有关部门和行业的合作。旅游业是一个综合性很强的服务行业,联系着经济生活的许多行业和领域,是一个关联度高、辐射面广、产业链长的行业,它们之间形成非常紧密的产业链,若其中的任何一个环节断掉或发展比较薄弱,都会影响旅游业的发展。

(3) 敏感性　旅游业属于"敏感产业",是一个高弹性的行业。其发展要受到各种自然的、政治的、经济的、社会的、相关行业和部门等多种因素的影响。2003年的"非典"疫情,使全世界旅游业严重受挫,使人们进一步认识到其"敏感产业"的特征。旅游业为什么这么敏感呢?原因有两个:第一,旅游者是流动的,人的生命是第一位的,当有危险的时候,人们首先选择不出家门,而人员不流动就无法产生旅游经济效益;第二,旅游者出行受社会经济条件和外部环境条件的制约。比如,当一个地区的社会治安发生动荡或出现流行病时,到该地区旅游的人数就会急剧下降。旅游业虽是"敏感产业",但不是"脆弱产业",因为市场需求是巨大的,而且总体上呈现上升趋势。

旅游消费属于高消费,是一种奢侈品类的消费。奢侈品类的消费受消费者收入影响很大,消费者在收入高时,才有消费的需求;当收入下降到一定程度时,就不会产生旅游需求或者需求急剧下降。也就是说,它的需求弹性很大,对消费者收入有很大的敏感性。由于旅游消费是一种非基本生活消费,与个人的偏好、产品的介绍、价格等有着密切的联系,这些因素中任何微妙的变化都可以改变人们对不同旅游消费的倾向与态度,从而成为阻止或推动旅游消费的巨大力量。

(4) 涉外性　旅游可分为国内旅游和国外旅游,国外旅游包括出入境游。因此,从国际的范围来看,旅游不仅仅是一个城市、地区或国家内部的活动,也是具有国际性的活动。从旅游业的自身特点看,旅游行业属于服务贸易业,不存在产业雷同,也不容易被垄断。因此,旅游业是一个市场准入较为宽松的行业,贸易壁垒比较少。乌拉圭回合服务贸易条款对旅游业产生了巨大影响,为各国旅游业的发展提供了良好的契机,给各个签署该服务贸易条款的国家和地区提供了千载难逢的机遇。

(5) 带动性　通过国际旅游的频繁交往,能加深各国间的经济生活联系和相互合作,不仅可以推动旅游及其相关联产业的发展,而且能带动一系列经济上的连锁反应(如图11.3.1所示)。例如从其他产业中采购原料设备、购入先进技术,促进这些关联产业的企业利润和员工收入的增长、促进消费等。从经济效益的角度来看,旅游业的发展能够极大地刺激相关产业及整个国民经济的发展,对国民经济有十分明显的带动效应。据世界旅游组织公布的资料,旅游业每投入1美元,相关产业的收入就能增加4.3美元。再从社会效益的角度分析,由于旅游业属于劳动密集型产业,其发展能使就业机会大量增加,极大地缓解就业的压力。

随着网络的发展和普及,旅游作为众多网站关注并参与的行业,不断地丰富壮大且生动起来,有眼光的旅游企业家和网络、电子商务企业家已经发现电子商务在旅游业中发展的远大前景。电子商务在旅

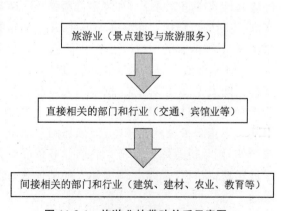

图 11.3.1　旅游业的带动关系示意图

游业中的一个应用就是旅游网站。这也是电子商务在旅游业中最主要的应用。我国旅游网站的建设最早可以追溯到1995年。经过十几年的摸索和积累,国内已经有相当一批具有一定资讯服务实力的旅游网站,这些网站可以比较全面地提供旅游中食、住、行、游、购、娱等方面的网上资讯服务。

旅游网站按照不同的侧重点可以分为以下5种类型:

(1) 综合性旅游网站　提供的内容一般包括机票查询订票系统、各地酒店宾馆查询预定系统、火车查询系统、国际国内旅游线路及价格、天气预报、旅游常识、旅游论坛等。这类网站有携程网(www.ctrip.com)、艺龙网(www.elong.com)等。

(2) 景区景点网站　内容有景区历史、资源介绍、景区景点的旅游文化介绍等。这类网站有钟山风景名胜区网站(www.zschina.org.cn)、深圳欢乐谷主题乐园(sz.happy-valley.cn)等。

(3) 旅行社网站　主要内容有出境游和境内游的线路、价格及时间介绍,机票查询订票,各地酒店宾馆查询预定,旅游常识、海关知识、外汇牌价、天气预报、目的地的资讯等。这类网站有中旅旅行(www.ourtour.com)、成都海外旅游有限责任公司(cdotc.diytrade.com)等。

(4) 地方性旅游网站　如南京文旅信息服务平台(www.njlyw.cn)、山西文化旅游网(www.shanxiwhly.com)等,它们以本地风光或本地旅游商务为主要内容。

(5) 政府背景类网站　各地各级政府旅游部门网站也提供旅游资源、旅游线路等资讯内容,如北京旅游(www.visitbeijing.com.cn)、西安旅游网(www.xian-tourism.com)等。

3) 目标市场分析

马蜂窝更多锁定的是偏爱自己安排行程的用户,为其提供分类详细的旅游必要元素,主要以女性为主,女性喜爱旅游,也更乐于分享自己的行程;用户年龄主要集中在25~40岁,占比约82%,31~35岁的用户最多,占比38.5%,这一年龄段经济能力较强,家庭负担不大,有旅行的时间和精力。用户主要还是集中在北上广三个一线大城市。这三个城市人群的消费能力较强。职业方面主要以IT和银行这两类高收入人群为主。

4) 竞争对手分析

从用户量上来看,携程系两家(携程和去哪儿网)依然占据领头地位,飞猪虽然在用户量上落后,但飞猪的增速同比超过80%。总体来讲,在线旅游的前五位中,携程系仍占有巨大优势,但在增速上,马蜂窝和飞猪都很强势。两款携程系的用户中男性占比略多于女性,马蜂窝、飞猪的用户中女性略多于男性,年龄分布的区别应是由于携程系的用户群更集中于商旅用户,其他两家的用户群更集中于度假旅游用户导致的。携程、去哪儿、飞猪的商业模式本质上还是类似的,整合机票、酒店、旅行产品资源在平台上交易,通过交易佣金获得收入。携程系两家先发优势明显,积累了大量资源渠道,与百度换股之后,又获得了百度大量的流量资源,目前百度旗下的地图、糯米、手机百度的全部酒店出行业务都接入了携程、去哪儿。飞猪起步虽然比较晚,但依靠阿里的支持,发展迅速,机票方面与多个航空公司达成合作,国际机票库存丰富。酒店业务依靠支付宝的支付和信用体系,采用低佣金策略,发展迅速;旅行产品结合淘宝和天猫的模式,上线出境超市并直接接入淘宝,使流量增长迅速。

5) 企业自身分析

马蜂窝的特色在于提供海量游记和高质量攻略。平台上有涉及全球200多个景点的游记,游记中照片质量很高,内容很丰富;攻略涵盖了全球大部分目的地,内容组织很有条理,用户可以很快捷地获取需要的信息。马蜂窝还可以对个人用户和企业用户提供定制服务,用户只需填写出行人数、预算、选择需要提供的服务(包括线路设计、机票预订、美食推荐、包车服务、延长门票),留下联系方式,就会有专员联系。

马蜂窝的商业形式与携程、去哪儿、飞猪有所不同,它的变现形式主要是广告收入和旅行产品的佣金。与携程系通过B端海量库存、渠道获得强大变现能力不同,马蜂窝通过C端原创内容来挖掘用户需求,有针对性地提供旅行产品。这种商业模式的优点在于以大量UGC(用户生成内容)为基础,用户黏性高、壁垒高,不易复制。在海量 UGC 内容的基础上,将游记、攻略内容结构化,抓取游记中涉及的信息点(如景点、酒店、行程)及个性化点评。一方面,围绕这些信息点,系统化提供相关服务进行变现,如在目的地页面提供酒店、门票、用车服务;另一方面,将信息点进行整合,融入酒店、用车推荐、行程、门票推荐,通过信息流的方式呈现给用户,从而进行变现,如在酒店页面对热门目的地的特色酒店进行推荐。但马蜂窝缺少外部资源引流,用户量很难在短时间内快速增长;同时,旅游产品及票务资源都靠自己耕耘,产品丰富度上也很难快速提升。

11.3.2 技术可行性分析

马蜂窝有自己的数据研究中心,可以对注册用户的数据进行分析整理,定期发布用户行为、自由行、出境旅游数据报告。马蜂窝打通了企业内部和外部的信息流、产品流和服务流,专门研发了自由行数据分析系统,每天系统地分析 PC 端、移动端的自由行用户行为偏好,如分析攻略下载、旅游搜索、旅游问答、目的地游记浏览、查看旅游点评等信息,得出自由行的热门目的地、关注的航班、热门酒店等聚焦性购买需求数据。根据这些数据,马蜂窝与全球供应商合作,进行自由行产品的用户反向定制和销售(也称 C2B 模式),协同供应商对自由行产品进行优化和重构。马蜂窝发布的《十一旅游趋势报告》《中国出境游报告》等系列数据报告,一方面持续总结用户习惯、满足用户需求,另一方面有助于提升整个旅游行业的服务质量。中国旅游研究院等科研机构也与马蜂窝长期合作,定期对用户数据取样分析,发布相关的旅游研究报告。

11.3.3 经济可行性分析

马蜂窝旅游网在 2011—2019 年获得多笔风险投资(表 11.3.1 所示)。2011 年 10 月,马蜂窝获得 A 轮融资,它得到了今日资本 500 万美元投资及 200 万美元无息贷款。首轮资金主要用于移动互联网布局,拓展线上线下市场,以及激励用户创造内容。2013 年 4 月,获得 B 轮融资,得到启明创投和今日资本 1 500 万美元的投资。B 轮 R 融资获得的资金主要用于商业模式创新,以及移动互联网产品和服务的开发与应用布局。2015 年 3 月,马蜂窝获 C 轮融资,2013—2015 年累计融资超过 1 亿美元。这一轮投资方为高瓴资本、Coatue、Co-Builder、启明创投、Rich Barton(美国最大在线旅行社之一 TripAdvisor 的投资者)。这一年,马蜂窝探索出一条与传统 OTA(在线旅行社)截然不同的营运模式——基于个性化旅游攻略信息构建的自由行交易与服务平台。2017 年 12 月,马蜂窝获得 1.33 亿美元 D 轮融资,此次 D 轮融资由鸥翎投资(Ocean Link)、美国泛大西洋资本集团(General Atlantic)、淡马锡、元钛长青基金、厚朴基金共同投资,今日资本、启明创投、高瓴资本继续跟投。马蜂窝联合创始人、CEO陈罡称,马蜂窝将利用新注入的资金,继续在旅游攻略和数据开发上加大投入,深耕自由行供应链,扩展酒店、目的地市场资源,建立强大稳定的供应商体系,为消费者提供更优质的旅行消费决策、指引及服务,将马蜂窝的流量、内容、用户与大数据优势发挥到极致,引领在线旅游产业的进化。2019年5月,马蜂窝旅游网已完成2.5亿美元融资,资金将用于强化"旅游消费决策"的内容壁垒,并为未来一至两年内的IPO做准备。

表 11.3.1 马蜂窝融资统计

序号	披露日期	事件日期	交易金额	融资轮次	估值	比例	投资方	新闻来源
1	2019-05-23	—	2.5亿美元	E轮	—	—	腾讯投资、泛大西洋投资(General Atlantic)、启明创投	腾讯领投马蜂窝的新一轮2.5亿美元融资
2	2017-12-12	—	1.33亿美元	D轮	—	—	鸥翎投资、美国泛大西洋资本集团(General Atlantic)、淡马锡、元钛长青基金、厚朴基金共同投资、今日资本、启明创投、高瓴资本继续跟投	自由行服务平台"马蜂窝"完成1.33亿美元D轮融资
3	2015-03-25	—	8500万美元	C轮	—	—	高瓴资本、Coatue、CoBuilder、启明创投,Rich Barton也参与了本轮投资	马蜂窝获超8500万美元C轮融资,高瓴资本、启明创投参与投资
4	2013-04-01	—	1500万美元	B轮	—	—	启明创投和今日资本	—
5	2011-10-01	—	500万美元	A轮	—	—	今日资本	—

11.4 马蜂窝的电子商务应用

1) 基本功能

通过马蜂窝,用户可以预定遍布全球的140万家国际酒店和民宿。马蜂窝站在自由行用户的角度,打破按行政区域预订酒店的传统方式,专门设计了按旅行兴趣区域划分酒店的方式,令酒店预订变得更加高效、轻松和有趣,用户在5分钟内即可完成全球各地的酒店和民宿预订。旅游产品特卖不仅有自由行产品,涵盖海岛特惠、蜜月度假、亲子旅行等主题,包括机票+酒店超值套餐特惠机票、邮轮、签证、Wi-Fi、接送机,随时满足用户的出行需求;还有当地游产品,覆盖中国、日韩东南亚、欧美澳洲,包括景点门票、交通用车、地方一日游、当地娱乐美食体验、演出展览,让你轻松体验当地最有特色的吃喝玩乐项目。

2) 自由行交易平台

马蜂窝通过搭建专门的自由行服务平台,在移动端、PC网站、微信、微博等社交媒体上,为自由行合作伙伴提供全方位的产品展示、引流、线上支付、大数据支持和销售服务体系等O2O解决方案。马蜂窝把旅游大数据与自由行合作伙伴共享,合作伙伴能够参考自由行产品销售数据、旅游点评、旅游问答、旅游攻略、游记等数据,生产更多贴近用户需求的产品,持续提升服务和自身的品牌建设。马蜂窝也把庞大的用户流量与线下企业共享,"无佣金"的方式使合作伙伴不用花钱买流量,从而节省高额的推广费用,共同致力于为消费者提供高性价比的自由行产品,实现用户、线下企业、马蜂窝平台三方共赢。马蜂窝自由行交易平台上有5 000多家全球各地的自由行产品供应商。

3) 3C战略

马蜂窝旅游网CEO陈罡先生提出了全新的"3C战略",即Consumer(用户)、Content(内容)和Commercialization(商业化)。这一战略和马蜂窝"内容＋交易"的核心商业模式是一脉相承的。在用户方面,马蜂窝的内容和信息都非常年轻化,他们的年龄阶段在25~35岁之间,是在线旅游平台中最年轻的用户,他们爱旅游,爱美食,喜欢个性化的体验。在此基础之上,马蜂窝旅游网通过优质的内容来吸引用户。用户喜欢在网红景点打卡,追求旅行碎片化体验,因此提供更加多元化的内容。目前,马蜂窝为用户提供了短视频、短内容、问答、游记、攻略等形态多样的内容产品。基于这些内容和年轻的用户,马蜂窝近年来还在不断深化供应链。

马蜂窝利用用户生产内容,实现从工具性向社交性的转变。从互动发展的角度看,当前社交媒体都更为注重用户的兴趣与互动性。随着垂直化社交媒体向服务平台转化,马蜂窝以自由行为抓手,以用户为生产力,让用户提供和分享旅游攻略,既满足了平台的内容生产,也契合了媒体的交互特性。马蜂窝的核心价值是为用户提供真实有效的信息,帮助用户制定正确的旅行攻略,帮助用户解决旅行中的问题。马蜂窝实现该价值的方式是通过发布无数用户的真实分享而完成的,这也是内容能够源源不断产生的根基。在内容生产过程中,传统的在线旅行社以专业性媒体进行内容生产,以盈利为主要的内容生产特征;马蜂窝的内容模式生产,以个性化分享为特征,在垂直化的基础上进行盈利模式再造,推进了平台与用户的双重互动。以用户生产内容为特征,推进了平台与用户之间的良性互动,这种互动发展模式将垂直化的旅游社交媒体平台的特征从工具性转向了社交性。以往的在线旅行社,只是单纯满足了用户的工具性使用,而垂直社交旅游平台则满足了用户工具性和社交性的双重使用需求。工具性特征满足了用户的多样化需求,社交性特征则满足了用户的精神性需求,从工具性向社交性的转变推进了马蜂窝作为垂直社交媒体平台的互动建设,在互动发展的基础上做好了推广与服务工作。马蜂窝通过内容分享互动、内容生产激发用户兴趣。用户生产内容、分享内容是马蜂窝内容生产的核心环节,而这些内容不仅包括旅游攻略,还包括用户在旅行过程中对景点、餐饮、酒店的点评信息。内容生产方面,马蜂窝凭借PC端和移动端的栏目设置进行操作,"自由行攻略""游记"是用户在旅行结束后上传至平台上的内容形式;"历历在目"以日历的形式为用户呈现游玩图片,图片由用户实时拍摄并上传,每日在平台上呈现多样化的目的地旅行照片;"正在旅行"是为用户打造的实时内容生成和分享栏目,用户可以随时随地在平台上发布感受、图片、短视频等。内容生产和内容分享以文字、图片、短视频等多种形式为用户提供了自由而个性化的平台。在这个平台上,用户根据自己的个性化需求搜索旅游攻略或点评信息,从而对其他用户的个人主页或内容产生兴趣,进行提问或点评，进而建立一种共享型的内容互动模式。马蜂窝平台被打造为一个从寻找旅游攻略到产品消费，再到旅行中的用户互动，最后在旅行结束后生成攻略的旅游闭环。马蜂窝将"内容分享"平台和"线上交易"相嫁接，这种"内容＋交易"的模式引领中国旅游从"商旅式"和"跟团游"向"自由行"转变。

马蜂窝通过社群交流、互动、共享的特征增强用户黏性。作为垂直类社交媒体平台，打造集聚、交互、共享的旅行社群是马蜂窝力求实现的目标之一。从社交性的特征来看，社交属性可以说是马蜂窝拓展与推广的重要因素，社交属性引发的行为互动是增强用户黏性的重要手段。马蜂窝以丰富多样的栏目设置满足了用户在社群交互方面的个性化需求。在PC端，马蜂窝单独设置了社区栏目，包括了问答、马蜂窝周边、蜂首俱乐部和结伴四个子栏目。在四个子栏目下又设置了小组论坛和分舵同城，小组论坛以兴趣爱好为切入点，用户可以发布话题，参加线上活动；分舵同城以地域特征为切入点，打造了"京舵""冀舵""港舵"等近百个分舵，用户可以根据自己所处的地理区位加入分舵社群进行互动。在移动端 App 中，栏目设置的"用户个人主页"包括了用户的关注、粉丝、访客等内容，这几项功能也具有社交属性。以小组和分舵的社群形式增强了社交媒体平台的用户黏性，马蜂窝之所以能够构建起许多社群，关键在于凭借"自由行"和"旅行攻略"拓展而出的各个兴趣分组，由兴趣引发互动。在社群里，人人都是自媒体，发布代表自己品味和自己爱好的内容，与读者进行互动交流，收获成就感和动力，优质的内容甚至会成为社群的头版头条。在社群交流的过程中，用户与用户之间不仅能够交流旅行经历，还能分享旅行见闻，更能解决旅行中遇到的各种问题。通过这种方式，用户之间增加了信任，用户更加信任平台，这为马蜂窝赢得了口碑和信誉。

4）"攻略＋"战略

2020 年马蜂窝发布了"攻略＋"营销战略，提出将立足内容优势，围绕"攻略即服务"的核心理念，深耕兴趣社区与圈层玩法，扩展营销半径与营销场景，构建"种拔一体"决策闭环，打造覆盖内容营销、IP 营销与数字营销的全景营销图谱。马蜂窝作为旅行玩乐平台，本质上作为桥梁连接"会玩的人"与"好玩的事"，兼具工具、媒体与社区属性。马蜂窝基于不同场景、不同圈层打造的内容生态，将实现用户从"找内容"到"逛内容"的行为路径转变，并借助大数据完成从"人找内容"到"内容找人"的升级。

11.5 马蜂窝对国内旅游业电子商务发展的启示

马蜂窝在线旅游虽然发展时间很短，但发展速度很快，被誉为"中国的旅行圣经"。因此，旅游网站只有完善自身设计和服务管理，不断迎合市场需要，才能赢取消费者信任，在纷繁众多的网站中立足。

1）注重品牌经营

无论是专一信息型还是综合信息型的旅游网站，品牌无疑是提升网站信任的关键。在线旅游的虚拟性，进一步加大了信息的不对称性，增加了交易的风险。消费者面对繁多的旅游网站，在了解不多的情况下，必然会选择知名度高、品牌评价好的旅游网站。特别是对于综合型旅游网站来说，由于网站自身经营的产品种类较多，对每一种旅游产品都精心设计确实不易，但是网站的高品牌显然可以作为一个强有力的市场信号传达给消费者，增加其潜在的信任倾向，从而促进购买意愿。旅游网络经营商在设计自己的网站时，要尽量突出自己已有的品牌标识，适当将网站排名和旅游者的口碑评价放在醒目的位置，突出自己的特点和核心竞争力,从直观上赢取网站信任。旅游电子商务的品牌战略本身就是财富的一种,其他竞争主体在短期内很难超越。由此观之,自主创新、不断打造自己的服务品牌是旅游电子商务运营企业努力发展的方向,通过品牌建设来赢得游客的信赖。

2) 制定合理的电子商务战略

对于旅游业来说,要明确自己的实际情况,包括企业规模、资金、人员结构、市场战略,才能制定合理的电子商务战略,并要不断地顺应时代潮流,调整改进电子商务战略,更好地满足用户需求。对于外国优秀的电商网站运营模式,要结合中国旅游市场的实际情况进行学习,不可一味地复制。此外,旅游电商网站除了对旅游企业进行宣传外,还要对传统旅游业务在线上的不足进行补充,针对旅游业的六大要素——吃、行、住、游、购、娱,要顺应市场趋势不断挖掘新的利润增长点。不同的旅游企业,经营不同的旅游产品,各有优劣。因此,互联网企业之间要扬长避短,以合作代替竞争,才能降低经营成本,提高市场竞争力。

3) 整合资源并及时更新旅游网站的信息

旅游电商化在不断发展的过程中,应尽量整合不同的旅游资源。旅游网站在完善线上的利润增长点时,也应该充分利用传统旅游业丰富的资源及稳定的客源做到线上线下、双管齐下。除此之外,旅游电商化需要IT业、金融业、交通部门以及各种行业协会等的配合。比如,专门的信息技术支持公司为旅游企业设计符合其自身的管理信息系统,大大提高了企业的运营效率。传统的旅游企业要从产销一体化向建立多级分销商、完成更大范围内的布点转变,运用网络信息技术,逐步建立针对代理商的电子分销系统,充分利用电子商务带来的小而灵的优势,完成更大范围内的布局。各旅游网站之间、各级政府网站之间都要相互链接,并且与国内外著名搜索引擎链接,方便游客。旅游信息不能一味地追求数量,也要注意信息的准确和及时性。现阶段的国内旅游电商市场上,不少旅游企业提供的信息量少、准确度低,旅游网站对消费者的吸引力也因此大打折扣。旅游企业应定期对景点信息进行更新和完善,并以醒目的标志提醒游客,要牢牢把握住以数据库为核心的理念和宾馆、酒店、旅游景点进行信息互补,进行全面的电子化建设。一旦完成信息革命,进入旅游电商化高速发展的时期后,旅游网站就可以运用其强大的数据库,根据不同客户的不同需要,提供更有针对性的服务,旅游企业对旅游的吸引力也就大大增强了。

4) 建立网上社区

增加不同游客之间的交流,培养客户的黏性,游客们都希望有一个和其他旅游者加强交流的平台,获取更多的旅游信息,为自己的出行制订计划。如果旅游网站能够创建一个开放的平台让游客互动,互诉旅游的心得体会。那么,网站就能吸引一批稳定的游客,并且游客之间会相互推荐,对于旅游企业或网站来说是最有利的宣传。此外,企业可以设立一个呼叫中心,为游客提供及时的人工服务,久而久之,便能使游客之间、游客与网站之间建立黏性,将网站过客转变为固定客源。

思考题

1. 请分别比较去哪儿网、同程旅游网、艺龙旅行网和马蜂窝在业务模式、客户群体、盈利模式和管理模式等方面的差异。

2. 移动互联网发展至今,以"服务"为核心的体验经济1.0正在全面转向以"交互"为核心的体验经济2.0。在"新体验经济"时代,谈谈马蜂窝采取了哪些策略来迎合体验经济的到来?

12 京东物流电子商务项目运作

12.1 京东物流概述

2007年京东集团开始自建物流，2017年4月25日正式成立京东物流集团。京东物流以降低社会物流成本为使命，致力于将过去10余年积累的基础设施、管理经验、专业技术向社会全面开放，成为全球供应链基础设施服务商。2018年，京东物流获中国物流行业的最大单笔融资约25亿美元。

目前，京东物流是全球唯一拥有中小件、大件、冷链、B2B、跨境和众包（达达）六大物流网络的企业。凭借这六张大网在全球范围内的覆盖以及大数据、云计算、智能设备的应用，京东物流打造了一个从产品销量分析预测，到入库出库，再到运输配送各个环节无所不包，综合效率最优、算法最科学的智能供应链服务系统。

截至2019年6月30日，京东物流运营有约600个仓库，23座大型智能化物流中心"亚洲一号"。仓储总面积超过1500万平方米，其中包括了约250万平方米的云仓面积。京东物流大件和中小件网络已实现100%覆盖全国行政区县，自营配送服务覆盖了全国99%的人口，90%以上的自营订单可以在24小时内送达。同时，京东物流着力推行战略级项目"青流计划"，从"环境（Planet）""人文社会（People）"和"经济（Profits）"三个方面，协同行业和社会力量共同关注人类的可持续发展。

围绕"短链、智能、共生"，京东物流正携手社会各界共建全球智能供应链基础网络（GSSC），聚焦供应链、快递、供应链数字化产业平台三大业务板块，为客户、行业、社会提供全面的、一体化的供应链解决方案，实现"有速度、更有温度"的优质物流服务。

12.2 物流业电子商务现状及京东物流的电子商务需求

1）我国物流业现状

我国物流业虽然起步比较早，但发展很不理想，特别是一些大中型的第三方物流企业在从传统储运向服务转化的环节上进展迟缓。除部分物流企业在网络信息服务方面有所加强外，大部分还基本停留在处理传统的储存和运输服务的水平上，跟不上客观形势的需要，适应不了现代物流信息体系，极大地影响了物流业的发展。我国物流业虽然大都跨越了简单送货上门的阶段，基本属于真正意义上的物流配送，但在层次上仍是传统意义上的物流配送，即处于物流配送初级阶段，尚不具备或基本不具备信息化、现代化、社会化的新型物流配送的特征，因此在经营中存在着传统物流配送无法克服的种种弊端和问题。我国物流业与国外发达国家相比，仍处于起步阶段，无论是从规模还是从技术水平上都存在较大差距。总体来说，存在以下不足：

(1) 物流观念陈旧　对现代物流的概念、地位和作用认识不够,是我国物流业长期得不到发展的重要原因。物流业是国民经济中的一个重要产业,它对提升运输产业水平,推动经济发展和满足社会需求具有特别重要的意义。而我国企业往往认为物流服务导致成本上升,而不是产品增值。

(2) 专业化服务程度低　我国企业的自营物流占主导地位,导致专业化的物流服务设施不能被充分利用。同时,物流业服务范围窄,横向联合弱,不能提供完整的供应链服务,企业应用的物流技术手段档次低、装备落后,很难满足客户在服务质量和时间方面的要求。此外,我国信息跟踪服务体系和网络服务体系相对落后也制约了物流业的发展。

(3) 缺乏现代物流人才　人才已成为制约我国物流业发展的瓶颈之一。国外物流教育很发达,从业人员具有一定的物流知识和实践经验。而我国在这方面还很落后,物流知识尤其是现代物流知识远未得到普及,甚至许多人不识物流为何物,即使有所了解,也只是知道它主要的业务领域是提供运输和仓储服务,而不知道它是对这些传统业务的新的整合,不知道现代物流业务领域远远超过了单纯的运输和仓储而成为连接原料、半成品供应。生产过程中的物料流动、成品配送的全过程服务,成为涵盖商流、资金流、信息流等子系统的综合体系。目前,我国高等院校中设置物流专业的很少,物流在职人员的职业教育更是匮乏。

(4) 法制环境不完善　在传统条块分割的体制下,我国物流的许多活动被割裂至各个部门,如交通运输、邮电通信、对外贸易、国内贸易等,仅运输业就牵涉到国家铁路局、交通运输部等若干个部门,部门之间缺乏高效协作,致使运输过程中各运输方式之间的转运环节要耗费大量时间和成本,成为物流过程中的"陷阱"。此外,还有海关管理程序、物资采购等方面的一些规定也影响了物流业综合服务水平的提高和业务领域的拓展,进而制约了物流业的发展,这与电子商务的要求也是背道而驰的。因此,物流发展要跨越部门和地区的限制,需要统一化、标准化,需要建立一部完备的物流法规,才能适应社会化大生产、专业化流通的要求。

(5) 统筹策划、精细化组织与管理能力不足　从发达国家的经验来看,第三方物流的功能是设计、执行以及管理客户供应链中的物流需求,其特点是依据信息和物流专业知识,以最低的成本提供客户需要的物流管理和服务。而现在,我国多数物流企业是在传统体制下以物资流通企业为基础发展而来的,企业服务内容多数仍是仓储、运输、搬运,很少有物流企业能够做到提供综合性的物流服务,第三方物流服务的功能尚不能得到很好地发挥。我国的物流企业,无论是物流服务的硬件还是软件,与电子商务要求提供的高效率、低成本的第三方物流服务还有较大差距,信息收集、加工、处理、运用能力,物流的专门知识,物流的统筹策划和精细化组织与管理能力都明显不足。

(6) 管理体制需要改革　在我国,条块分割的物流管理和流通体制制约着物流业的发展。在电子商务环境下,物流的专业化分工特点虽然日益明显,但是物流的组织和管理却不断向综合性发展,各种物流方式和物流载体之间的联系越来越紧密。我国目前的物流行业管理仍沿用着计划经济时期的部门分割体制。与物流相关的各部分分别由铁道、交通、民航、经贸等不同政府部门进行管理。依据这种条块管理体制,形成了自上而下的纵向隶属和管理格局,严重制约着在全社会范围内经济合理地对物流进行整体统筹和规划,妨碍着物流的社会化进程。

2) 我国物流业发展电子商务的必要性

随着互联网的日益普及,电子商务的应用呈现迅猛增长之势,极大地推动了现代物流的发展。因此,充分利用电子商务的手段来发展我国的物流业势在必行。电子商务改变了原来的物流配送观念。传统的物流配送企业首先要具有大面积的仓库,而电子商务系统中的配送企业是将分散在各地的、分属不同所有者的仓库通过网络系统连接起来,组成"虚拟仓库",并进行统一管理和调配使用。因此,电子商务系统中配送企业的服务范围和货物集散空间都放大了。它在组织资源的规模、速度、效率和资源的合理配置方面都比传统的物流配送企业要优越得多。相应地,其物流配送观念也是全新的。电子商务促使物流配送时间大为缩短。在传统的物流配送管理中,由于信息交流的限制,完成一个配送过程的时间比较长,但是,随着网络系统的介入,这个时间将变得相对较短,任何一个有关配送的信息和资源都会通过网络管理在几秒钟内传到相关部门。

电子商务更新了物流配送的过程。传统的物流配送过程是由多个业务流程组成的,受人为因素、时间因素影响很大。电子商务下的物流配送业务流程是由网络连接的,当系统的任何一个终端收到一个需求信息的时候,该系统都会在极短的时间内做出反应,并能够拟定出详细的配送计划,通知各环节开始工作,即电子商务下的物流配送业务可以实现全过程的实时监控和实时决策,并且这一切都是由计算机根据人们事先设计好的程序自动完成的。

电子商务简化了物流配送环节。传统的物流配送整个过程环节很多,极为烦琐。而通过网络化的配送中心,物流配送环节可以大大简化。在网络支持下的成组技术可以使物流配送周期大大缩短,其组织方式也会发生变化;计算机系统管理可以使整个物流配送管理过程变得简单和容易;网络上的营业推广可以使客户购物和交易过程变得更有效率、费用更低。

电子商务可以拓展物流空间。物流空间,即物流网络空间,它不是传统意义上的物流网点或物流环节,而是虚拟物流或称为数字物流;它将是物流发展的方向,现实物流与数字物流将日益走向融合。

发展电子商务可以促进商流与物流的融合。这种融合是现代物流发展的一个重要特征,也是配送成功的重要保证。在网上交易和物流配送过程中,商流和物流的界限将日益淡化,而不像传统的物流业严格地区分工业用品和生活用品。在物流业发展电子商务将有利于培养既精通计算机网络技术,又懂得物流、商务的复合型物流人才。

总之,在物流业发展电子商务,对加速传统物流业的改造、提升物流行业的竞争力是非常必要的。

3) 京东物流的电商需求

电子商务发展迅速,商品单日交易数量都在不停地上升且数量巨大。物流就像电子商务执行任务的四肢,要想电子商务持续发展,就必须重视和物流业的联合发展。物流配送问题越来越突出,同时顾客对物流的要求也越来越高,传统物流服务满足不了客户的需求。消费者对于京东商城的物流配送服务的满意度在不断下降,配送不及时、随便取消客户订单、送错货、快递不肯退等问题层出不穷。为了解决问题,留住京东的用户,京东物流电商化是大势所趋。

12.3 京东物流发展电子商务的可行性分析

12.3.1 必要性分析

1) 宏观环境分析

面对市场的严峻挑战及经济全球化的趋势,企业对自身的管理,特别是对物流管理提出了新的目标和要求。电子商务的出现及时提供了物流领域的策略,帮助企业实现物流管理的系统一体化,在市场竞争中为企业创造更高的利润和价值。现代物流的特点是强调诸活动的系统化,从而达到整个物流活动的整体最优化。

国际物流业经过多年的发展,逐步形成了以市场调节为主的运行机制。交通运输、信息通信、仓储、包装和配送等各行业基础设施投资不断增加,市场物流网络逐步扩大,建立了以中心城市为依托的城乡一体化的流通网络。随着经济全球化和信息技术的迅速发展,社会生产、物资流通、商品交易及其管理方式正在发生深刻的变革。作为企业在降低物质消耗、提高劳动生产率以外的"第三利润源泉",现代物流业正在世界范围内广泛兴起,有效推动了全球商品经济的增长。

2) 行业分析

近年来,随着我国市场经济的快速增长,特别是连锁商业的发展,各种形式的物流配送中心如雨后春笋般发展起来。据不完全统计,目前我国共有各种类型的物流配送中心1 000多家。其中上海和广东数量最多,发展也最为成熟。此外,日本、美国、英国等国家的企业在我国北京、上海、南京等地建有自己的物流配送中心。国外还有一些企业机构正在研讨中国的物流配送业,把在今后几年内打入中国作为发展战略。电子商务时代物流业具有以下特点:

(1) 信息化 物流信息化表现为物流信息的商品化、物流信息搜集的数据库化和代码化、物流信息处理的电子化和计算机化、物流信息传递的标准化和实时化、物流信息存储的数字化等。因此,条码(Bar Code)技术、数据库(Database)技术、电子订货系统(Electronic Ordering System,EOS)、电子数据交换(Electronic Data Interchange,EDI)、快速反应(Quick Response,QR)及有效客户反馈(Effective Customer Response,ECR)、企业资源计划(Enterprise Resource Planning,ERP)等技术与观念在我国的物流业中将会得到普遍的应用。信息化是一切的基础,没有物流的信息化,任何先进的技术设备都不可能应用于物流领域。信息技术及计算机技术在物流业中的应用将会彻底改变世界物流业的面貌。

(2) 自动化 自动化的基础是信息化;自动化的核心是机电一体化;自动化的外在表现是无人化;自动化的效果是省力化,另外还可以扩大物流作业能力、提高劳动生产率、减少物流作业的差错等。物流自动化的设施非常多,如条码、语音、射频自动识别系统、自动分拣系统、自动存取系统、自动导向车、货物自动跟踪系统等。这些设施在发达国家已普遍用于物流作业流程中,而我国由于物流业起步晚、发展水平低,自动化技术的普及还需要相当长的时间。

(3) 网络化 这里指的网络化有两层含义:一是物流配送系统的计算机通信网络,包括物流配送中心与供应商或制造商的联系要通过计算机网络,与下游顾客之间的联系也要通过计算机网络通信。比如物流配送中心向供应商提出订单这个过程,就可以使用计算机通信方式,借助于增值网(Value Added Network,VAN)上的电子订货系统(EOS)和电子数据交换(EDI)技术来自动实现;物流配送中心通过计算机网络收集下游客户订货的过程也可以自动完成。二是组织的网络化,即所谓的企业内部网(Intranet)。比如,台湾的计算机生产企业在20世纪90年代创造出了"全球运筹式产销模式",这种模式的基本特点是按照客户订单组织生产,生产采取分散形式,即将全世界的计算机资源都利用起来,采取外包的形式将一台计算机的所有零部件、元器件、芯片外包给世界各地的制造商去生产,然后通过全球的物流网络将这些零部件、元器件和芯片发往同一个物流配送中心进行组装,由该物流配送中心将组装的计算机迅速发给订户。这一过程需要有高效的物流网络支持,当然物流网络的基础是信息、计算机网络。物流的网络化是物流信息化的必然,是电子商务下物流活动的主要特征之一。当今世界互联网等全球网络资源的可用性及网络技术的普及为物流的网络化提供了良好的外部环境,物流网络化不可阻挡。

(4) 智能化　这是物流自动化、信息化的一种高层次应用,物流作业过程中大量的运筹和决策,如库存水平的确定、运输(搬运)路径的选择、自动导向车的运行轨迹和作业控制、自动分拣机的运行、物流配送中心经营管理的决策支持等问题都需要借助于大量的知识才能解决。在物流自动化的进程中,物流智能化是不可回避的技术难题。由于专家系统、机器人等相关技术在国际上已经有了比较成熟的研究成果,为了提高物流现代化的水平,物流的智能化已成为电子商务下物流发展的一个新趋势。

(5) 柔性化　柔性化本来是为实现"以顾客为中心"的理念而在生产领域提出的,但要真正做到柔性化,即真正地能根据消费者需求的变化来灵活调节生产工艺,没有配套的柔性化的物流系统是不可能达到目的的。在20世纪90年代,世界主要工业发达国家在生产领域纷纷推出弹性制造系统(Flexible Manufacturing System,FMS)、计算机集成制造系统(Computer Integrated Manufacturing System,CIMS)、制造资源系统(Manufacturing Requirement Planning,MRP)、企业资源计划(Enterprise Resources Planning,ERP)以及供应链管理的概念和技术。这些概念和技术的实质是将生产、流通进行集成,根据需求端的需求组织生产、安排物流活动。因此,柔性化的物流正是适应生产、流通与消费的需求而发展起来的一种新型物流模式。这就要求物流配送中心要根据消费需求"多品种、小批量、多批次、短周期"的特色,灵活组织和实施物流作业。

另外,物流设施、商品包装的标准化,物流的社会化、共同化也都是电子商务时代物流业的新特点。

3) 目标市场分析

京东物流通过开放、智能的战略举措促进消费方式转变和社会供应链效率的提升,将物流、商流、资金流、信息流有机结合,实现与客户的互信共赢。京东物流通过布局全国的自建仓配物流网络,为商家提供一体化的物流解决方案,提供仓配一体、快递、冷链、大件、物流云等多种服务,实现库存共享及订单集成处理。京东物流的目标客户包含电商平台的商家,也会包含众多的非电商企业客户以及社会化的物流企业。京东物流希望采用其服务的客户无论通过什么途径购物(线上线下)、购买什么商品(海外、生鲜、医药……),都可以在最短的时间内,获得最佳的购物体验,甚至超越京东自营的购物体验水准,让京东物流像水和电一样融入生活中,成为中国商业的基础设施之一。京东物流的目标是在全球构建双48小时通路,实现中国48小时通达全球,并提升世界其他国家的本地物流时效,实现当地48小时送达,帮助中国制造通向全球、全球商品进入中国。

4) 竞争对手分析

苏宁在2005年就开始布局电商,并在2009年将苏宁电器网上商城全新改版升级并更名为苏宁易购。其背后依托的苏宁物流则于2012年成为第三方物流公司,在2015年成立苏宁物流集团。相比起有线下物流基础的苏宁,京东物流的发展速度更快。早在2007年,京东就开始建设自有的物流体系。2009年初,京东斥资成立物流公司,开始全面布局全国的物流体系。京东物流的目标是为了使京东商城的服务实现差异化,其对标的对手一直是阿里巴巴这样的电商企业。在物流的硬件设施上,苏宁和京东总体上可以说是伯仲之间,在全面的指标上,苏宁甚至更胜一筹,但在物流配送支持电商方面,苏宁是后来者,还需要整合的时间。苏宁的基建源于它原有的实体店,但是苏宁没有全国配送队伍,所以收购天天快递,而原有的配送是基于大家电的配送。京东则不一样,它起步于电商,起步就主打配送,仓配一起发展。

阿里巴巴物流属于第四方物流或信息化物流,2013年5月28日,阿里巴巴集团、银泰集团联合复星集团、富春控股、中国邮政、顺丰速运、天天快递、"三通一达"(申通、圆通、中通、韵达)、宅急送、汇通,以及相关金融机构共同宣布,"中国智能物流骨干网"(简称CSN)项目正式启动,合作各方共同组建的"菜鸟网络科技有限公司"在深圳正式成立,阿里巴巴占51%的股份,马云提出10年后实现全国任何地区都能"24小时送达"的目标。第四方物流实际上是指不参与具体物流活动,只对物流方案进行系统设计、资源整合、经营管理、信息共享,并提供与此相关的供应链解决方案的企业。天猫、淘宝等阿里系的电商,主要是靠"三通一达"类的快递公司提供配送服务,尽管现在配送效率和体验上有进步,但和京东还有比较明显的差距。

5) 企业自身分析

京东自营物流保障物流及时性与安全性,企业自营物流对供应链各个环节有较强的控制能力,易与生产和其他业务环节密切配合,全力服务于本企业的经营管理,确保企业能够获得长期稳定的利润。对于竞争激烈的产业,有利于企业对供应和分销渠道的控制,可以合理地规划管理流程,提高物流作业效率,减少流通费用。对规模较大、产品单一的企业而言,自营物流可以使物流与资金流、信息流、商流结合更加紧密,从而大大提高物流作业的工作效率。这样在物流方面不仅可以不依靠别的企业,比第三方物流节省更多成本,而且公司内部人员来做物流比较放心,并且给客户贴心、安全的感觉。

然而京东物流前期资金投入大、成本过高,这就意味着企业要拿出大量资金来投资才能确保完成物流体系的建设。大量固定资本的投入,将彻底改变传统电商的"轻资产"模式,不断加重的物流资产负担,会使得电商企业高资金周转率的传统优势丧失殆尽,因为越来越多的资金将被沉淀在固定资产中。一个企业的现金流非常重要,一旦出现投资收不回,发生资金短缺就会导致企业产生巨大的危机。

12.3.2 技术可行性分析

电子商务必须以信息化为基础,离开信息化,电子商务将成为无源之水、无本之木。所以,随着电子商务在物流业中的应用,先进的信息采集和处理技术已在我国物流业中迅速普及。

1) 条码技术

条码技术是在计算机应用中发展起来的一种自动识别技术,它是实现信息的自动扫描,快速、准确而可靠地采集数据的有效手段。在物流技术中,条码技术提供了一种对物流中的物品进行标识和描述的方法,它与自动识别技术、POS系统、EDI等现代科学技术手段相结合,可以随时了解有关产品在供应链上的位置,及时做出反应。在西方发达国家兴起的ECR(有效客户反馈)、QR(快速反应)、ACEP(自动连续补货)等物流管理策略,都离不开条码技术的应用。

2) 地理信息系统(Geographical Information System, GIS)技术

GIS是20世纪60年代开始发展起来的地理学研究新成果。它以地理空间数据为基础,采用地理模型分析的方法,适时地提供多种空间和动态的地理信息,是一种为地理研究

和地理决策服务的计算机技术系统。GIS 的基本功能是将表格型数据转换为地理图形显示,然后对显示结果进行浏览、操作和分析。它可以比较直观地显示销售情况、运输路线等。

3) EDI 技术

EDI 是指按照统一规定的一套标准格式将标准的经济信息,通过通信网络传输,在贸易各方的计算机系统之间进行数据交换和自动处理。EDI 的使用消除了贸易过程中的纸面单证,从而避免了制作文件的费用,因而 EDI 被称为"无纸贸易"。另外,应用 EDI 技术可以高效率地传输发票和订单,从而使交易信息瞬间送达,因而空前提高了商流和物流的速度。

4) 射频(Radio Frequency,RF)技术

RF 适用于包括物料跟踪、运载工具和货架识别等要求非接触数据采集和交换的场合,由于 RF 具有可读写能力,对于需要频繁改变数据内容的场合尤为适用。

12.3.3 经济可行性分析

京东这类大型 B2C 电子商务企业具有雄厚的经济实力,在企业规模大、业务能力强的同时也获得多方投资。2009 年 1 月,京东获得来自今日资本、雄牛资本以及亚洲著名投资银行家梁伯韬先生的私人公司共计 2 100 万美元的联合注资;2011 年 4 月 1 日,刘强东宣布完成 C2 轮融资,投资方为俄罗斯的 DST、老虎基金等六家基金和一些社会知名人士,融资金额总计 15 亿美元;2012 年 10 月,京东完成第六轮融资,融资金额为 3 亿美元,由安大略教师退休基金领投,京东的第三轮投资方老虎基金跟投,两者分别投资 2.5 亿美元和 5 000 万美元;2013 年 2 月,京东完成新一轮 7 亿美元融资,投资方包括加拿大安大略教师退休基金和沙特亿万富翁阿尔瓦利德王子控股的王国控股集团。资本的大量涌入,让京东有能力投入更多去换取全国物流网络的建设。

12.4 京东物流的电子商务战略

1) 电商化采购

在破解传统企业采购模式的探索中,采购电商化给化解传统采购模式难题提供了一把钥匙。作为国内领先的自营电商平台,京东致力于为企业客户提供一站式综合采购解决方案。京东在精准分析企业客户采购需求的基础上,为企业客户量身打造了 JD-VOP(大客户开放平台)和 JD-VSP(大客户服务平台)两大电商采购平台,满足各类大型企业客户的采购需求。

京东 VOP 平台(大客户开放平台)特别适合于自建内网采购商城平台的企业客户。京东为这类客户专门开发了 API 接口,对接到客户内网的网上商城,将产品 SKU 直接推送到客户内网,客户内部采购人员可以直接在内网商城进行下单采购,订单信息通过 API 接口传递到京东后台,由京东安排物流配送服务。VOP 模式下,客户内网的数据信息京东并不抓取,从而实现内部采购架构的独立搭建及数据的保密与安全。而对于没有内部采购的商城平台,但又对交易保密性、安全性比较看重的客户,则可以选择 VSP 平台(大客户服务平台)。京东 VSP 平台实质是外部公网可以登录访问的电商专网平台,客户可通过母子账号登录 VSP 平台,在保证较高独立性、保密性的基础上,又能满足不同网络环境下多用户的采购需求。

无论是 VOP 还是 VSP 平台,京东都能为企业客户提供多品类产品、采购优惠价、数据

分析、灵活支付、统一物流配送及售后标准等服务支撑。这两种平台都在保证企业客户独立网络安全的基础上,既能满足总部统一管控的诉求,又能满足区域的便利使用,同时保证各个层级的安全性,保证资金、用户信息、交易信息等多方面的安全,方便用户采购管理,极大提高了企业客户的采购管理能力。京东电商平台可支持办公采购、员工福利、渠道奖励、市场活动、商务旅行等采购需求,帮助客户获得最有价格竞争力的优质商品,实现跨部门、跨区域的综合性采购管理,加强和外部合作伙伴的合作关系,提升使用者采购体验及满意度。京东VOP/VSP平台使采购工作更易于管理和操作,让采购过程变得阳光、透明、简单、高效。针对不具备使用VOP和VSP平台条件的中小企业用户,京东提供了企业账号功能,用户登录京东企业频道,同样可以便捷地获得优质的海量产品与强大的物流配送服务。

2) 自建物流与第三方物流合作

京东共建有六大自营物流中心(如表12.4.1所示),为消费者提供一系列专业服务,如:211限时达、次日达、夜间配和3小时极速达、GIS包裹实时追踪、售后100分、快速退换货以及家电上口安装等服务,保障用户享受到卓越、全面的物流配送和完整的"端对端"购物体验。京东还采取自建体系与第三方物流相结合,这主要针对三四线城市。近年来,京东业务范围快速扩展到三四线城市,由于三四线城市的订单密度较低,如果京东在各个三四级城市均建立物流中心,获得的利润将无法维持物流中心的昂贵成本,同时物流中心的利用率以及库存周转率低,因此京东商城在三四级城市选择与第三方物流企业合作,货物到达县乡一级后由合作的第三方配送任务,在节约成本的前提下,相对提高了配送效率。京东电商业务中最主要与第三方物流合作的是配送大件商品时,京东选择与厂商合作。因为厂商通常会在各个城市建有自己的售后服务网店,而且也会有相应的长期物流配送的合作第三方。典型的大家电厂商如海尔在太原有自建的仓库以及合作物流公司,京东与海尔的合作不仅利用了海尔在当地的知名度,也解决了资金流和信息流的问题。

表12.4.1 京东物流中心覆盖区域

物流中心	覆盖区域
华北(北京)物流中心	北京、天津、河北、山西、内蒙古、山东
华东(上海)物流中心	江苏、浙江、上海、安徽
华南(广州)物流中心	广东、广西、福建、海南
西南(成都)物流中心	四川、重庆、贵州、云南、西藏
华中(武汉)物流中心	湖北、湖南、江西、河南
东北(沈阳)物流中心	辽宁、吉林、黑龙江
西北(西安)物流中心	陕西、甘肃、青海、宁夏、新疆

注:资料来源于京东商城官方网站。

京东合作的第三方物流公司主要有宅急送和中国邮政。2014年10月,京东与中国邮政宣布展开战略合作共同开拓三线以下城市的电商平台。通过此次合作,京东将为中国邮政"惠民优选"平台提供包括电脑、数码产品、家居厨具、化妆品等众多品类的产品,通过中国邮政分布于河北、河南、山东、湖北等13个省份的十几万个网点,辐射广大城乡市场,为数亿城乡居民提供优质电商购物服务。2015年11月,京东拓展了与中国邮政速递物流在跨境电商业务中的战略合作,此次合作协议的宣布表明京东将在境外仓储、小包裹跨境直邮等方面与对方进行深入合作。根据2015年中国海关数据显示,中国邮政速递物流国际出口快递包裹在2015年前三季度累计达到了4.7亿件,同比增长74.1%。在出口跨境电商轻小件的寄递市场上,其占有率也已超过60%,物流网络覆盖220多个国家和地区。京东商城与其合作后,海外商品可直接送达中国消费者。由此表明,京东自营与第三方合作的物流模式不仅将服务范围扩大到了全国,还给竞争日益激烈的跨境电商市场提供了更多便利并提升了物流效率,快速地响应电商市场变化。

3)众包模式

随着互联网平台的迅速发展,众包模式在2015年逐渐开始成为电商关注的焦点,在2015年底互联网周刊发布的《中国物流十大趋势》中就有一条"最有价值的众包模式发展势头如同打车软件一般"。不仅是行业趋势,2015年10月李克强总理也在经济形势公开课中提到众包模式为一大趋势,国家政策的跟进势必会给众包物流模式提供发展机会。而其中京东电商已经开始进行众包试点运行:2015年5月12日,京东正式推出京东众包模式,京东众包是京东推出的一种全新、社会化的全民快递服务模式。每一个人在空闲的时候,不论身处何地,都可以送快递、赚外快(每单6元,自由兼职)。2015年7月,"京东到家"的扩张加速。除了北京、上海、广州之外,京东先后在深圳、武汉等城市开始了"京东到家"的运营。"京东到家"运营采取的便是京东众包物流模式进行物流配送。依托"互联网+"技术大力发展的众包物流,使用闲散资源作为运力。"京东到家"承诺向消费者提供方圆3千米内的生鲜和超市产品配送。这也就要求"京东到家"必须将汇总消费者周边的超市、果蔬店、蛋糕店等生活必需的商家,为消费者提供日常生活一站式线上服务。刘强东表明京东更想做的是物流众包平台,这个平台向社会开放,每个人都能"顺手牵快递",利用社会的运力来服务更多的用户。2015年8月,京东公布了"京东到家"在中国物流配送方面的数据,其中自3月上线以来日均派单量超过2万,派单月增长速度达到219%。而同时,京东到家运营总经理表示短期内"京东到家"将不会进行自营,"京东到家"除了自由物流外,未来众包模式将成为主力。

"京东到家"所承诺的配送产品2小时内送达服务,核心就是物流模式,尽管京东已经具备专业且完善的自营物流,但现有的配送规模也无法满足线下高频的生活需求。其次,配送时效也无法满足生鲜外卖等个性化产品的配送要求。所以,基于生活化产品高频、快速、及时的实际需求,基于O2O消费模式下的急发性特点,在共享经济推动下依托"互联网+"技术大力发展的众包物流就是非常好的选择。

4)发展冷链物流

京东物流在2014年开始打造冷链物流体系,2018年正式推出京东冷链(JD Cold Chain)。京东冷链专注于生鲜食品、医药物流,依托冷链仓储网、冷链运输网、冷链配送网"三位一体"的综合冷链服务能力,以产品为基础,以科技为核心,通过构建社会化冷链协同网络,打造全流程、全场景的F2B2C一站式冷链服务平台,实现对商家与消费终端的安心交付。根据客户需求提供多温层的B端、C端、B/C融合型仓储及仓内加工、包装、发货等标准服务及一体化增值服务;以平台化的模式,整合上游货主、中游物流企业与下游货车司机多方资源,提供点到点、点到多点的冷链整车直送服务;以拼车共配或整车专送模式,提供点到点、点到多点的一体化同城冷链运输服务;依托冷链仓网布局及配送网络,提供高品质、高时效的专属快递服务。

12.5 京东物流对中国物流业电子商务运作的启示

电子商务的发展,扩大了企业的销售范围,改变了企业传统的销售方式以及消费者的购物方式,使得送货上门等物流服务成为必然,促进了我国现代物流行业的兴起。所以,我国的现代物流业与电子商务项目关系密切,事实上是现代物流业与电子商务事业共同成长。但我国物流业和电子商务事业的发展存在诸多方面的问题,有待于在以后的实践中进一步研究、协调与解决,具体归纳有以下几点:

1) 解决体制问题

我国物流业发展缓慢,体制是一个重要的影响因素。作为物流主体的物流企业体制僵化,这个根本性的问题必须加以解决。这就要求物流企业彻底改变体制,建立新型的物流管理体系。

2) 在物流技术选择上要大力倡导信息化

物流经营和管理的科技含量是电子商务条件下物流的立足之本,这主要体现在物流技术的信息化、自动化、网络化上。例如,为了方便、快捷地满足客户需要,在运输环节应采用条码技术来采集信息和实现自动跟踪。

3) 完善法规及配套政策,促进物流业电子商务的健康发展

我国与现代物流业发展相关的制度和法规有待完善,与企业发展息息相关的融资制度、产权转让制度、用人制度、社会保障制度、市场准入与退出制度等方面的改革还远不能适应企业发展的需要。企业在改善自身物流效率时,必然要在企业内外重新配置物流资源,而制度和法规的缺陷阻碍了企业对物流资源的再分配。物流企业跨区域开展物流业务时常常受地方保护主义困扰,国有企业在选择外部更为高效的物流服务、处置原有储运设施和人员时,所遇阻力很大,这些必然会影响企业物流效率的提高,影响物流业电子商务技术的采用。因此,要促进物流业电子商务健康发展,必须完善产业法规及配套政策。

思考题

1. 物联网技术在京东物流各个环节是如何应用的?应用效果怎么样?
2. 京东自建物流有哪些优势和劣势?
3. 京东物流使用了哪些信息化系统?这些信息化系统有怎样的效果?

13 中国人寿保险电子商务项目运作

13.1 中国人寿保险概述

中国人寿保险(集团)公司的前身是诞生于 1949 年的中国人民保险公司,1996 年分设为中保人寿保险有限公司,1999 年更名为中国人寿保险公司。2003 年,经国务院和中国保险监督管理委员会批准,原中国人寿保险公司进行重组改制,变更为中国人寿保险(集团)公司,并独家发起设立中国人寿保险股份有限公司。目前,集团公司下设中国人寿保险股份有限公司、中国人寿资产管理有限公司、中国人寿财产保险股份有限公司、中国人寿养老保险股份有限公司、中国人寿电子商务有限公司、中国人寿保险(海外)股份有限公司、国寿投资控股有限公司、国寿健康产业投资有限公司以及保险职业学院等多家公司和机构。2016 年,中国人寿入主广发银行,开启保险、投资、银行三大板块协同发展新格局。

中国人寿保险经营范围包括财产损失保险,责任保险,信用保险和保证保险,短期健康保险和意外伤害保险,上述业务的再保险业务,国家法律、法规允许的保险资金运用业务,经中国保监会批准的其他业务。中国人寿保险(集团)公司属国家大型金融保险企业。2018 年,集团公司合并营业收入 7 684 亿元,合并保费收入 6 463 亿元,合并总资产近 4 万亿元。中国人寿保险(集团)公司已连续 17 年入选《财富》世界 500 强企业,排名由 2003 年的 290 位跃升为 2019 年的 51 位;连续 12 年入选世界品牌 500 强,2019 年品牌价值达人民币 3 539.87 亿元;所属中国人寿保险股份有限公司继 2003 年 12 月在纽约、香港两地同步上市之后,又于 2007 年 1 月回归境内 A 股市场,成为全球第一家在纽约、香港和上海三地上市的保险公司。

"成己为人,成人达己"是中国人寿传承多年的企业文化核心理念。中国人寿认为,只有不断发展和完善自己,才能更好地为他人服务;而通过成就和帮助他人,才能不断创造自己的价值、实现自己的理想。成己与成人的概念是对中国传统儒家思想的继承与发展,是对"人人为我,我为人人"这一和谐共处社会美德、和衷共济保险观念的文化总结和提炼,是保险行业核心价值理念在中国人寿的具体体现。中国人寿将继续坚持依法合规、创新驱动的经营理念,诚实守信、客户至上的服务理念和以人为本、德才兼备的人才理念,向建设国际一流金融保险集团的企业愿景砥砺奋进。

13.2 中国人寿保险的电子商务需求

2004 年起,我国对外资保险企业全面开放市场,保险业竞争日趋激烈。我国为了在市场竞争中立于不败之地,投入大量财力、物力、人力去发展电子商务这一新模式,将电子商务引入我国的保险业中,中国人寿保险也不例外。中国人寿保险市场占有率多年来始终保持第一,但市场占有率持续下降,主要原因包括来自同行业的竞争日趋激烈,开拓新市场难度增大,以及在提高客户服务体验上主观能动性不足。互联网保险不只是新的业务渠道,同时代表了互联网经济新形势下进步的力量和举措。在推动互联网保险产品销售的同时,也带动了无纸化办公、大数据分析、客户管理系统的应用和渗透,对推进公司持续稳定发展,保持行业领先地位具有重大意义。

13.3 中国人寿保险发展电子商务的可行性分析

13.3.1 必要性分析

1) 宏观环境分析

进入21世纪后,我国一直是世界GDP增长最快的国家。同时,我国居民收入水平不断提高,居民人均可支配收入也随之获得了大幅提升,生活水平大大改善,消费需求呈现多样化趋势,对高品质的生活有了追求的意愿与能力。保险销售受购买意愿和收入水平影响,与居民人均可支配收入相关,保险市场的不断壮大也为互联网保险的发展奠定了基础。

20世纪90年代末,互联网技术开始出现,并一直保持快速发展,目前我国已成为世界上网民最多的国家。网民数量的激增为电子商务的发展奠定了基础。中国互联网络信息中心(CNNIC)于2007年1月23日发布第19次中国互联网络发展状况统计报告。本次调查显示,我国内地网民总人数已达1 137亿人,网民逐步显现出年轻化、知识化的特征,并且平均收入水平较高、观念新,愿意选择优秀保险品种,有利于网上保险业务的开展。尤其重要的是,"十一五"期间国务院、保监会等相继颁布了《国务院关于保险业改革发展的若干意见》《中国保险业发展"十一五"规划信息化重点专项规划》《电子商务发展"十一五"规划》等一系列关于保险业及电子商务发展的重要纲领性文件,明确指出"十一五"要大力推广保险电子商务,不断扩大并提高电子商务的应用范围和层次。此外,保监会在2007年4月发布的《关于规范财产保险公司电话营销专用产品开发和管理的通知》中进一步为财产保险公司电话营销业务的规范发展提供了政策支持。这一切都为保险电子商务的发展创造了较好的外部环境。

我国居民人均可支配收入提高、网民数量激增、网上商业环境进一步改善,使得保险公司与客户之间的沟通更加便利,双方可对称的信息容量扩大。这些都会成为电子商务推动我国保险业潜在市场变成现实市场的重要因素。

2) 行业分析

根据行业生命周期理论,借鉴发达国家保险市场发展的经验,保险市场发展可以分为四个阶段:第一阶段是投入期。保险行业最初的发展是要打开市场,最为重要的就是要给予消费者信心,在最初会大量投入以宣传。第二阶段是成长期。这一阶段最主要的特点是产品高价和产品不断创新。在此阶段,保险行业迎来发展的高峰期,市场发展欣欣向荣。第三阶段是成熟期。这一阶段的特点是保险产品适度降价,成长期的高速发展使保险市场趋于饱和,为了达到持续吸引消费者的目的,保险行业会将产品降价,这也是生命周期的转折点。第四阶段是衰退期。这一阶段的特点是低价,保险行业发展到此阶段说明各保险公司即将退出市场或者被新行业替代。目前我国保险行业尚处在投入期与成长期之间。

在国外,网上保险的发展已相当成熟,成为继个险、团险和银行保险之后的"第四驾马车"。我国保险业电子商务与发达国家相比还处在刚刚起步的阶段。我国网上保险还只能处于传统保险业务的补充地位。以收集到的 2011 年到 2013 年的数据为例,经营互联网保险业务的公司数量、规模保费及投保客户数的情况如表 13.3.1 所示。从表中可以看出,我国互联网保险的市场主体数量在不断扩大,规模保费增长迅速,投保客户数大幅攀升。其中人身险的保费规模小于财产险,主要是由于人身险网销产品包含大量短期意外险,件均保费较低,投保频次较高;财产险网销产品以车险为主,件均保费较高,投保频次较低。

表 13.3.1 2011—2013 年经营互联网保险业务的公司数量、规模保费及投保客户数情况表

年度	公司数量/家	规模保费/亿元			投保客户数/万人		
		人身险	财产险	合计	人身险	财产险	合计
2011 年	28	10.31	21.68	31.99	688.99	126.74	815.73
2012 年	34	9.78	96.46	106.24	1 736.99	514.58	2 251.57
2013 年	60	54.46	236.69	291.15	4 246.97	1 189.69	5 436.66

关于人身险网销产品,目前在行业内以旅游、交通等短期意外险为主,长期保障型寿险品类日益丰富,在将原有线下适销产品进行一定改造放到线上销售的同时,保险公司也在积极探索新的产品以及新的销售模式,更为贴近互联网时代客户需求的碎片化或渠道专属的保险产品开始涌现。

在经营互联网业务的保险公司中,已有近 70% 建立了网上自助服务区模块,为客户提供在线服务。其在线服务类型,还是以查询为主,同时也有越来越多的公司提供在线理赔、在线保险、在线续期缴费等多种服务项目,并且服务渠道也从传统网站扩展到了手机移动端。大部分公司采用自主研发的电子商务平台,基于第三方平台研发的模式也占有相当比例,另外也有一些公司采用委托第三方电子商务网站或外包的方式来实现。

中国人寿保险股份有限公司是国内唯一一家资产过万亿的保险集团。2012 年中国寿险市场中,中国人寿占有 32.4%,紧随其后的太平洋寿险仅占 12.9%。

3) 目标市场分析

客户识别:0~18 周岁(带来稳定利润):中国人寿针对未成年人推出的少儿保险是为孩子提供意外、医疗等健康保障的同时,还有教育金、婚嫁金等生存给付,大多属于分红险,是父母们的不二选择。22~30 周岁(带来较大利润):这段时期的年轻人收入较低且不稳定,但花销较大。不过"年纪越轻,保费越便宜",这是购买寿险产品的最基本观念。加上年轻人喜欢户外运动、旅游、追求刺激,因此风险主要来自意外伤害,所以意外险是必不可少的。可以选择定期寿险附加意外伤害保险和重大疾病保险的组合。30~35 周岁(最大利润):结婚后,由于家庭负担变重,购买保险时应考虑到整个家庭的风险,夫妻双方可选择保障性高的终身寿险,附加上定期寿险、意外险、重大疾病险和医疗保险。另外,可以购买适量的两全保险以储备将来有孩子后的教育经费以及自己年老以后的养老金。35~45 周岁(带来可观利润):这是人生最辛苦的"上有老,下有小"的"夹心"时代,考虑要面面俱到,所以家庭投保以家庭保险套餐的形式为主。根据不同家庭特点推出的家庭保障计划是只要一人投保了储蓄性质较重的主险,其他家庭成员即可投保保障性较强的附加险,获得高额的保障,从而可以有效解决保费预算不足的问题。45~60 周岁(带来可观利润):在这一年

龄阶段,投保人原先压在身上的抚养子女、赡养老人的担子逐渐移除,而收入水平也逐渐发展到最高点,但距离退休的日子也越来越近了,为自己做好养老规划成为首要任务。这时主打险种变为养老保险,为了维持契约的持续有效,会督促自己按时缴纳保费,其具有强迫储蓄的功能。

4) 竞争对手分析

中国人寿和中国平安是中国保险市场两家重要的保险主体。这两家保险公司背景不同,运作模式不同,因此,发展战略也不同。中国人寿历史比较长,是在政府的扶持下成长起来的,具有深厚的政府背景,这赋予了中国人寿不可比拟的垄断资源。同时,中国人寿是中国最大的寿险公司,其子公司中国人寿资产管理公司是中国保险行业最大的资产管理者,所管理的资产规模平均每年增加30%,其中投资资产年均增长40%,并保持较高的投资回报。而中国平安则不同,它从一开始就确立了走市场路线,完全依靠市场自身的规则发展至今。中国平安的战略目标是打造以保险、银行、资产管理为核心,国际领先的综合金融服务集团。中国平安作为金融深化改革的领头羊,所管理的资产规模平均每年增加25%,其中投资资产年均增长23%,并保持较高的投资回报。由于中国平安是一家综合金融服务集团,业务涉及保险、银行、资产管理、信托及证券等金融子行业,各个业务平台之间可以共享客户信息,交叉销售可以给公司带来极低的开拓成本,单一客户边际附加值高,可在一定程度上抵御市场的风险,未来仍可保持较高增长。

从两者的财务数据来看,中国人寿的绝对规模要远远超过中国平安,但是横向比较保险公司时不能单纯看绝对规模。综合股本因素考虑,中国平安的每股价值高于中国人寿,给投资者带来的回报也较高。就2005年的每股收益来看,中国人寿仅为0.19元(摊薄),而中国平安为0.54元。每股内含价值人寿为4.26元,而中国平安为7.81元;从资产收益率来看,中国平安的10.90%也高于中国人寿的8.61%。但就利润增长速度来看,中国人寿近些年增长速度超过中国平安,尤其是2006年,中国人寿的预计净利润增长率达到103%,而中国平安为79.12%。另外,仔细研究中国人寿和中国平安保费收入前十名的地区,可以发现有很大不同。中国人寿的主要保费收入来源地区为人口较多和经济较发达的地区,例如广东、河南、四川等省份;而中国平安的主要保费收入来源地区为经济发达地区,如上海、北京等地。从这一点可以看出,中国平安在市场化较为发达的地区业务资源投入多,高端客户占比高,导致单个客户的边际利润贡献度较高。而中国人寿在其业务十大来源地区的保费收入,一般能占到当地市场份额的50%左右,最高可达60%,由此可见它在这些地区的竞争优势十分明显。中国人寿这种广泛的业务布局有助于其分散风险,平滑业绩波动,并且随着中国经济的纵深发展,在未来可为其提供强劲的保费收入来源。保险公司的应收保费不同于其他行业的应收费用,容易形成坏账。保险公司每天要应对分销机构庞大的应收保费,所以,管理应收保费往往考验一个公司的管理能力。比较而言,中国平安2005年的应收率在行业中处于较高水平,仅为1%左右;而中国人寿2005年的应收率超过6%,从这点可以看出平安的应收管理水平较高。管理费用率衡量的是保险公司的内耗程度。若公司长期支付大量低效率固定成本,则随着业务量的上升,管理费用率势必呈现上升态势。中国人寿和中国平安的成本处于行业内较低水平,优势明显,这说明两者的规模效应都已经能够体现出管理的边际费率较低。相比较,认为中国人寿的规模效应更明显一些。近年来,其业务的迅速发展没有使费用率大幅攀升反而有所下降,其赔付率、费用率以及综合费用率稳定。

中国人寿和中国平安的战略不同、优势不同,具有各自的生存空间。虽然从财务数据来看,中国平安目前的股东回报率较高,但随着中国金融改革的深化,拥有众多优势资源的中国人寿,在启动二三线保险市场后,未来可能以相当高的速度发展。

5) 企业自身分析

中国人寿历经60多年的创新发展,塑造了享誉国内外的品牌形象,积淀了深厚的企业文化底蕴,在承担社会和行业责任方面发挥了积极的作用,有力促进了人民生活安定和社会和谐。依托中国人寿3 000多家服务柜面、71.6万名保险营销员、1.26万名团险销售人员、2.6万名银保客户经理等渠道资源以及公司自有的1 000多家服务网点构成了其他主体不可比拟的渠道网络优势。在向适应经济全球化和金融一体化的国际顶级金融保险集团迈进的过程中,积聚了丰富的保险市场运作经验和管理机制,造就了一大批优秀的保险经营管理和专业技术人才。

13.3.2 技术可行性分析

中国人寿保险有较完善的系统平台建设。其中销售支持系统为代理人的日常工作提供即时支援,使他们能更方便地获取客户和保险产品的更新数据及信息,提供详细的时间安排,并能当场进行保费计算与产品设计。代理人管理信息系统(AMIS)构建在省级或地市级公司,对整个代理人的档案及经营活动进行管理,保存个人代理的有关文档,并能监控其工作表现、决定其报酬。核心运营系统(CCOS)支持以客户为中心的管理方式,实现整个保单契约的全程管理,为中国人寿的业务提供了综合全面的支持。收集处理各客户的信息数据库,聚集了中国寿险业界最大的客户信息数据库。客户服务系统(CALL CENTER)为广大客户提供全天候服务,该系统采用先进的IPCC解决方案,使其能提供内容丰富的客户服务。会计与财务管理系统(CLAF)实现财务记账、核算、决算及其他财务管理功能,为管理、营销、客户服务收集处理财务数据。利用SAS分析工具构建了财务分析系统。精算系统完成保费、费用信息的自动生成和分析,支持责任准备金的计算及经营状况分析,为产品开发设计提供支持。银行实时出单系统满足了和银行、邮政等发生中介业务的需要,使得中国人寿可以通过银行、邮政等机构代理业务,丰富了销售渠道。

13.3.3 经济可行性分析

中国人寿保险公司作为世界500强和《财富》500强的金融企业,始终在中国寿险行业中占据领先地位,一直是行业的领头羊。截至2013年底,中国人寿保险公司总资产达19 729.41亿元,是我国人寿保险行业所有公司中的首位;2013年所占的市场份额达到30%以上;2013年底中国人寿保险公司以总市值753.13亿美元位居全球上市寿险公司的第一位。中国人寿保险(集团)公司作为大型央企,资产规模十分庞大,有足够的资金支持开展电子商务保险业务。

13.4 中国人寿保险的电子商务举措

1) 探索阶段

为了促进业务发展,充实销售模式,2008年寿险公司成立了电子商务部,负责区别传统渠道的保险业务,包括中国人寿官方网站的运营。2010年中国人寿官方网站推出包括交通、旅游、综合意外在内的三大类七款短期意外险产品,并于2011年进行了产品升级,实现了灵活选择保险额度和保险期间,让客户可以根据自身需求购买产品。2012年,官网再次推出学生/儿童保险产品,覆盖人群进一步扩大,产品线得到了进一步丰富。网站在元旦、春节、五一、十一等假期以秒杀、抽奖、满额赠送的模式有针对性地开展促销活动,交通、旅游等产品取得了1 200%和600%的增长。从2008年开始,中国人寿先后与新浪、网易、腾讯等大型网站,淘宝、携程等电子商务平台,中国移动、中国邮政等大型企业,进行了积极接触;与优保网、中民网等知名代理公司深入探讨了互联网销售及宣传合作,扩充了网销覆盖广度。为满足广大客户对于保单在线查询及电子化管理的需求,中国人寿保险股份有限公司于2009年5月推出了"在线客户服务系统"。一年时间,注册客户已达几十万,众多中国人寿客户享受到了电子商务带来的便捷服务。中国人寿在线客户服务系统为客户整合了众多在线服务功能,如保单数量、缴费日期、保险红利、投连万能险账户、国寿鹤卡积分等各种信息查询。客户只需登录企业官方网站,就可免费注册开启"网上查询"功能。通过该系统,未开通"国寿鹤卡"的客户可在线申请,并对申请进度进行查询;已开通的客户可进行鹤卡的添加、关联及积分查询;客户还可进行在线咨询并对历史咨询及回复进行管理等。此外,通过该系统,客户可清楚地查到自己的保单数量、保单是否有效、保费缴纳时间、保险金领取金额、保单红利、投连万能保险的账户价值、投保人及销售人员的个人信息情况等。经过2008年、2009年两年积极的市场调研探讨,公司在2010年成功引入网银支付、快捷支付等支付方式。除了产品和销售渠道外,中国人寿在系统开发上也投入了大量的人力物力。2011年实现航意险电子化销售,2012年在景区实现通过中端设备刷身份证投保,为客户带来了便捷和高效的投保体验。而后手机wap网站、"国寿掌上保险",实现了产品购买、保单查询、激活卡激活、理赔查询等功能,丰富了客户服务的渠道和方法,中国人寿正式步入了移动互联网时代。

2013年中国人寿下属电子商务公司成立,拟对电销、网销等各新生销售渠道进行整合,增强公司互联网业务的整体实力。这个阶段的中国人寿互联网保险业务还处于探索阶段,仍以提升服务和获客为主要目的,但数据信息与传统业务、传统销售渠道的结合和转化都不理想。

2) 发展阶段

进入2014年,随着市场上互联网保险的发展呼声越来越高,中国人寿各分公司根据总公司"通过团险渠道拓展客户,通过电话销售深度挖掘客户"的指导方向,开始积极尝试互联网保险业务,与第三方平台合作,推出多款保险责任可组合、保险期间和保额可选择、保费具有一定灵活度的团体意外险产品。2014年,在前一年中国人寿与阿里巴巴签署战略合作协议的基础上,中国人寿天猫寿险旗舰店在阿里巴巴天猫保险频道正式上线,产品覆盖了少儿、成人与老年人三大年龄段,主要销售交通意外保险和人身意外保险。2014年中国人寿推出"福寿丰年",预期年化收益7%,认购起点仅需1 000元,成为当年热议产品之一。

中国人寿与第三方平台联系越来越密切,其中有与新一站、慧择网等大型保险销售平台网站的全面合作,也有通过携程网、中国民航信息网络股份有限公司网站,根据对方业务类型,有针对性销售旅游险、航意险产品;随着智能手机应用带动的移动互联热潮,各省分公司在各自官方微信也先后推出了产品销售功能。众多网销渠道合计推出产品300余种,涉及

20余个条款。2015年,中国人寿统一客户服务平台上线,实现了存量客户数据"全部入库";"国寿一账通"整合了客户各类账户,实现了集客户身份识别、资金账户操作、理财管理"三位一体"的账户体系和支付体系;"e宝账"网页版、App版、微信版同时发布,将6大类共44项服务搬到了互联网上;云助理用户突破50万人,频道从109个扩展到254个,为营销员提供移动端的全面销售支持。

从传统保险公司的互联网业务发展来看,中国人寿起步较晚,并没有大规模拓展其网上业务,而是坚持"以客户为中心",在提升客户体验和内部管理效率上投入大量资源。未来几年内中国人寿仍将以"综合利用邮件、网站、电话等电子化手段形成多元营销体系"为主,打造"将电子化工具的优点与企业传统业务的优势紧密结合,形成1+1>2的局面"。加强统一客户服务平台的整合利用,支持移动互联技术研发,推进中国人寿互联网保险业务的进一步发展。加快国寿通、e宝账、一账通、云助理等系统的推广应用,促进传统保险业务的互联网化。

13.5 中国人寿保险对中国金融保险业电子商务运作的启示

我国金融保险业电子商务项目运作必须做好以下几个方面工作:

1) 加强对发展保险电子商务的认识

当今时代,掌握最新技术和管理方法的企业将处于有利的竞争位置。认识上的滞后是制约我国保险业进入互联网的最大障碍。我国保险业应冲破传统思想和习惯势力的羁绊,从发展战略的高度出发,对保险电子商务加以重视和研究,从现在开始实施抢先占领市场的战略,借助发展电子商务的契机迅速提高保险业的经营管理水平,在新经济时代创造保险业新的竞争优势。

2) 分阶段规划实施

要加紧制订实施分阶段的金融保险业电子商务项目发展规划。保险业电子商务项目的直接目标是实现电子化交易,即通过网络实现投保、核保、理赔和给付。在实现这个目标的过程中,保险公司要根据外部条件和自身的实际情况制订循序渐进的分阶段发展规划,从简单的企业宣传开始,再进一步发展到网上销售保险。分阶段实施电子商务,不仅能够充分利用保险公司现有的各种技术资源,尽量减少电子商务发展中不可避免的代价,避免一次性开发、运行给企业经营带来的过度冲击,而且还可以使企业在建立电子商务的每一个阶段上充分获得效益,不断增强企业对电子商务的认识与信心。通过投入、应用、创益、提升的良性循环,最终建成保险公司的电子商务体系。

3) 加快加强保险公司内部的信息化建设

电子商务不仅仅是网上销售和服务,从广义上讲,它还包括企业内部的商务活动。电子商务提供了一个全新的管理商业交易的方法,它除了能在企业、消费者、政府之间提供更多、更直接的联系之外,还可以从内部影响企业的经营管理方法,改变产品的定制、分配、交换和服务手段。保险公司需要从经营战略的高度出发,调整企业管理模式,提高内部信息沟通效率,提高业务员在线处理客户需求的能力。客户信息、产品设计及内部信息管理的数字化将成为保险公司新时期核心竞争力的重要组成部分。

4) 以市场营销和客户服务作为切入点

首先,是要扩大保险产品的在线销售规模,并主动分析消费者的需求,开发多种适合网上销售的新产品。其次,是将网络销售和客户服务紧密地结合起来,要组织专门的人力、物力配合网络营销活动,及时对网上客户的访问和咨询做出反馈,加强与顾客的双向互动。通过对顾客资源的运用与分析,掌握更多的顾客特性和有效需求,增加有效供给和市场规模,扩大保险电子商务的效益。最后,应将传统营销渠道与网络营销等新型渠道紧密结合起来,以建立最大的顾客接触面。

5) 创造网络品牌,增强竞争力

保险业电子商务的发展使保险公司面临更激烈的竞争环境,因此必须根据自身的特色,利用网络创建自己的品牌。网站的交互能力是提高品牌生命力、维系品牌忠诚度的基础。一方面,保户通过网络直接将问题、意见反馈给保险公司;另一方面,保险公司对保户意见进行及时答复,可以增强品牌的忠诚度、提高品牌的社会声誉、塑造品牌的一流服务形象,这样才能占有更大份额的保险市场。

6) 充分利用社会资源

充分利用社会资源,在合作发展中实现多赢。保险电子商务是新生事物,我国保险公司完全靠自身力量开发保险电子商务存在着诸多困难,即使加大自身投入,也可能要走很多弯路,面临较大的风险。因此,现阶段我国保险公司可与国内的 ISP(互联网服务提供商)、ICP(网络内容服务商)、ASP(应用服务提供商)等网络服务企业携起手来,联合开发。此外,还可与国内的银行和其他行业结成战略合作伙伴,利用他们的资源开展保险电子商务共同发展,实现保险公司与合作伙伴、消费者多赢的局面。

7) 积极完善金融保险业电子商务环境

首先,政府管理部门应该积极完善发展保险业电子商务的有关政策、法规等,特别是要保证网上交易的安全性和可靠性,加快建立和完善权威机构承担的安全认证系统。其次,要加强宣传教育,普及电子商务知识。由于保险当事人之间存在人为因素和复杂的利益关系,仅仅依靠网上运作难以支撑网络保险,如何实现网上核保与网上理赔及支付,如何禁止和惩处利用保险电子商务进行保险欺诈的行为等,既需要技术、资金、管理、人才等方面的支持,也需要社会公德意识与法制意识的不断提高。

8) 加强调研,完善监管

由于我国地区间经济发展水平的差异,对保险业务的需求也不同,用同一个模式来进行监管显然是不适宜的。保险电子商务冲破了地域限制,但如何对其进行有效的监管则是一个崭新的课题。保险公司作为独立经营的实体,是我国保险市场发展的核心力量。政府监管要从目前的以市场行为监管为主转变到以偿付能力监管为主,只有这样,才能使保险公司对变化着的市场迅速做出反应。

9) 金融保险业电子商务项目分阶段实施方案

根据保险业对电子商务的需求,应该考虑采用分阶段实施方案。

(1) 提供基本的保险服务　保险公司应考虑建立基础保险网站,实现网上广告宣传和网上交互了解,为网上保险提供基本的保险服务。

(2) 逐渐丰富和拓展网站功能　在周边环境不允许的情况下,网上保险可扩充部分网下作业,如离线网上保险商品交易的功能及客户服务功能。

(3) 发展在线交易　随着安全防护技术的发展及国家法律法规的健全,CA 认证、电子网上支付等相应手段将建立健全,保险公司应在后续的阶段中,不断完善各项技术,建立在线网上交易处理系统及客户服务系统,与业务系统结合,进行业务流程优化及重组,满足信息时代的要求,可在系统中增加真正的在线电子商务功能及客户服务功能,例如提供信用卡收费应用等。另外,要不断增加系统的跟踪、分析功能,为保户提供一对一的个性化服务,提高客户关系管理质量,增强市场竞争能力。

思考题

1. 互联网对人寿保险行业的改造和重构体现在哪些方面?
2. 试分析中国人寿保险利用垂直电商平台、自营平台和第三方综合电商平台开展业务的优劣势。
3. 中国人寿保险电商O2O模式是如何实施的?实施效果怎样?

14 eBay 外贸门户电子商务项目运作

14.1 eBay 外贸门户概述

1) eBay 外贸门户简介

全球在线交易平台 eBay 成立于 1995 年 9 月,其经营方针是为来自各方的个人及小型公司提供一个买卖商品或服务的交易平台。目前,eBay 在全球拥有 2.76 亿注册用户。会员在 eBay 流连的时间远超任何其他网站,令 eBay 成为最热门的网上购物站。目前,eBay 已在许多国家设立了附属网站,包括澳洲、奥地利、比利时、加拿大、中国、法国、德国、香港、印度、爱尔兰、意大利、荷兰、新西兰、新加坡、西班牙、瑞典、瑞士、英国以及美国,在 eBay 买卖的朋友遍及全球。此外,eBay 也通过投资韩国的 Internet Auction 以及拉丁美洲的 MercadoLibre.com,将业务拓展至这两地。eBay 还在不断发展,希望为世界每个角落提供在线交易平台服务。

作为全球最大的网络平台,eBay 外贸门户是 eBay 为外贸企业提供的一个网上直接销售的交易平台,帮助中国 3 000 万中小外贸企业直接投身于网络外贸中,开创了网络跨国交易的新模式。目前国内的网络贸易站点多是集中在内贸,即使以外贸为主导的电子商务网站,其大部分流量也来自国内。目前,eBay 在全球拥有的 2.76 亿注册用户中,80% 以上是买家。

2) eBay 外贸门户的主要功能和服务

(1) 买与卖 在成为外贸门户的用户以后,就可以借助该平台开展网上贸易。除此以外,买卖双方还可以获得网站提供的买卖指导服务,让初学者也能方便顺利地开展外贸活动。

(2) 外贸大学 eBay 外贸大学定位于为所有卖家提供外贸相关的培训(如图 14.1.1 所示),通过线上培训和线下活动等多种形式,手把手教育中国用户更好地从事跨国网络交易。据业内人士分析,目前网络交易虽然发展迅猛,但大多数外贸企业都停留在利用网络获取信息的原始阶段,因此外贸大学正是 eBay 在华培育外贸市场的重要一棋,也将为中国跨国交易带来新的发展思路。

(3) 销售助理 销售助理是专业卖家以收费服务的方式,为厂商、零售商提供货品交易服务,帮助交易双方发展网上生意,让厂商、零售商专注于自身优势业务的同时,又能以较低的成本开展网上交易,实现卖家、厂商的双赢。

(4) 商务服务 商务服务主要提供市场调查、货源信息、销售信息、物流货运等服务,为交易双方提供全程服务,为买卖双方解决交易的后顾之忧。

(5) PayPal PayPal 是备受全球亿万用户追捧的国际贸易支付工具,可即时支付、即时到账,还有全中文的操作界面,能通过中国的本地银行轻松提现。这些功能为客户解决了外贸支付难题,帮助客户成功开拓外贸业务,决胜全球。

图 14.1.1　eBay 外贸大学网站首页

（6）跨国卖家认证　eBay 客户来自全球各地，注册成为跨国认证卖家以后就可以开展交易。在 eBay 的外贸世界里，只需认证一个 eBay 账户和一个 PayPal 账户，就可在全球 39 个国家的 eBay 站点上轻松买卖商品，轻松收取 16 种货币，足不出户就能享受到 eBay 带来的奇妙魔力。

14.2　eBay 外贸门户的电子商务需求

1）适应环境变化的需要

随着美国、新加坡、欧盟各国纷纷推出电子商务方案，电子商务已经开始逐渐取代传统贸易方式。随着经济开放性的增加，任何企业都处在一个变化的环境中：一是网络技术正在促使交易手段发生重大变化。原来以信函、传真为主的沟通方式将演变为通过 EDI 进行电子订单、在线订货的方式。面对面的谈判将演变成跨越时空的网络谈判，从而改变了企业的工作方式，促使外贸企业更快捷、高效地进行规范化国际运作。二是透明度的增强。互联网运作使客户资料都变得公开化、透明化，这将使竞争更加激烈，同时拓宽了服务渠道，带动服务质量的提高。电子商务作为一种新的技术形式和新的商务模式，正在显著地改变着国家的宏观经济环境、行业的竞争格局和企业内部的管理体制。随着全球经济一体化程度的加剧，中国外贸企业面临着空前激烈的贸易竞争，不仅仅需要在短期内改变经营理念，更需要在短期内迅速改变经营管理手段。当今时代是因特网的时代，利用因特网浏览器软件技术实施电子商务成为必然的趋势。中国外贸企业面对的严峻形势可形容为"要么电子商务，否则无商可务"。

2）维持自身竞争力的需要

电子商务是一种新的贸易服务方式，它以数字化网络和设备替代了传统纸介质，这种方式突破了传统企业以单向物流为主的运作格局，实现了以物流为依据、信息流为核心、资金流为主体的全新运作方式。首先，电子商务是以计算机网络为介质进行信息交换，使信息处理与传递的速度大大加快。其次，通过计算机交易，自动化程度大大提高，交易成本大大降低。通过网络，企业可获得各种供货渠道，加强与主要供应商之间的合作关系。最后，电子商务可以给企业提供前所未有的大量潜在客户。客户可随时随地了解到企业提供的商品,加大了购买商品的可能性。在这种新型运作方式下,企业的信息化水平将直接影响到企业供应链的有效建立,进而影响企业的竞争力。应该说,寻求一种合理的电子商务模式,对于外贸企业来说已经迫在眉睫了。

3) 增强与合作伙伴共生关系的需要

电子商务的出现,一方面改变了生产企业内部原材料采购、产品制造以及结算的运作方式;另一方面,它将会改变原有的仓储、保险及报关的信息流动方式和服务方式。所以,外贸企业除了作为独立的个体,积极地运用电子商务提高自己在市场中的竞争地位外,还必须与合作伙伴的电子商务进程和模式相配合。

4) 掌握客户资源的需要

外贸企业的传统经营方式多是业务员包揽从客户选择、签订合同、组织货源、验货报关到货款支付的全过程,掌握着客户资源。这使企业无法掌握客户的状况,并且业务员掌控着企业的生存及发展。一旦人才流失,业务员带走客户资源,企业竞争力将急剧下降,不利于企业的长远发展。而通过电子商务和外贸企业的信息化建设,使每一个人、每一天的工作日程与行动记录都有据可查,哪一个客户、什么项目、何时何地、与谁联系、做了什么事、花了多少时间、花了多少费用等等,所有细节均一目了然,使主动权更多地掌握在外贸企业手中。

14.3 eBay外贸门户发展电子商务的可行性分析

14.3.1 必要性分析

1) 宏观环境分析

21世纪以来科技创新速度日益加快,创新周期和产品更新换代的间隔时间越来越短。网络技术的应用和广泛普及促使商品生产和交易的各个领域快速转向自动化和电子化,基于互联网的电子商务正在颠覆传统的国际贸易方式和格局,迫使传统的外贸交易方式必须进行创新性的变革。互联网科技为消费者和企业提供了网上银行、移动商务等更多创新性的产品与服务,改变了传统的分析渠道,大大减少了流通环节,降低产品和服务的交易成本,提供了Banner广告条、CRM等全新的与消费者沟通的模式。物联网、云计算、AI等技术推进大数据发展,让企业更容易了解消费者,也让消费者更容易知晓企业和品牌。越来越多的传统外贸企业都利用电子商务来降低成本、提高效率、增加交易机会,"互联网+外贸"具有巨大的发展前景。

2) 行业分析

(1) 发达国家国际贸易电子商务的发展情况

① 美国:以私人公司提供的电子商务服务为主。在美国,政府着力于在资金和技术上对信息高速公路建设给予大力支持,从而形成了比较先进完备的国家信息基础网络设施。另外,作为因特网发源地,目前美国是因特网应用最普遍的国家,其网络用户约为全球用户总数的一半。

私人公司借助成熟的信息高速公路大力发展全球通用的电子交易平台,目的就是要将传统的国际贸易交易方式移植到互联网上,实现国际贸易中交易数据和单据的无纸化、电子传输处理。1995年,由TT CLUB和SWIFT组织共同出资建立了合资公司BO-I。1999年9月BOLERO.NET系统正式投入运营后,有60余家跨国公司以及数家银行、运输公司、检验机构加入了BOLERO.NET,其中银行包括花旗银行、渣打银行、汇丰银行等。1998年初,一个可与BOLERO相抗衡的系统网络公司TRADECARD在美国纽约诞生,它由美国美洲银行、富国银行、荷兰银行以及美国通用电气公司合资组建。TRADECARD声称,将为进出口贸易商提供银行保证、保险保单及商检证书等一整套的电子化、自动化服务。另外,还有成立于1996年的一家网络公司CCEWEB也不甘落后,设计开发了一套适应性很强的全球贸易网络系统,一直为进出口商提供灵活开放的商务解决方案。

美国的电子交易平台发展日益壮大,借助因特网的无国界性,很好地将全球的出口商与进口商连接在一起。但是,各个国际贸易平台之间没有数据交换,当一个出口商为分别加入两家服务平台的两个进口商服务时,要么他加入两个平台,要么就要放弃其中一个进口商的订单。此外,各国的贸易壁垒也很难让一个非本土的电子商务服务公司与本国海关、商检等外贸管理执法部门的系统实现无缝链接。这些问题都成为私人电子商务平台进一步发展难以逾越的障碍。

② 新加坡:以政府强制电子商务服务为主,新加坡政府对电子商务的发展十分重视。1992年1月,新加坡政府制订了《CC IT2000》计划,其目标是在2010年拥有世界上最先进的信息基础设施,用光纤网把每个家庭、工厂、学校、办公室连成一体,使新加坡成为一个"智慧岛"。新加坡政府还认为政府对电子商务的管理与支持是同等重要的。没有一定程度上的政府管理,电子商务不可能得到快速发展,而政府对电子商务的管理应从垄断式转向服务式。1998年8月,新加坡通过了为电子商务提供全面法律框架的法案《全面电子商务法》。目前,新加坡的电子数据交换被广泛应用于各个政府部门,在贸易领域上的应用达到了95%以上。电子贸易、电子金融、电子证券交易在新加坡都有一定的应用,并不断扩大其应用的广度和深度。

③ 欧盟:建设统一的技术、政策和支持框架。欧盟各国政府对电子商务给予了高度重视,制订了一系列开发计划和行动指南,并启动了一批实践项目。欧共体早在1985年2月便通过了"欧洲信息技术研究发展战略计划"。1993年秋,法国电信公司与德国电信局结成"战略同盟",共同建设欧洲的电信基础设施,宣布投资1 500亿欧元建设"欧洲信息空间"。与此同时,欧盟各国还推出了"电子政府"计划,如英国政府在1996年下半年推出"电子政府"计划后,企业可以利用最新的信息技术进行纳税、更换营业执照、咨询政策等,还可以充分利用新型电子技术获得各类政府信息等服务。随着互联网的发展及个人拥有计算机数量的增加,目前欧洲的电子商务正在迅速发展。

(2) 我国国际贸易电子商务存在的问题

① 观念与法律问题:我国许多企业面对当前电子商务的发展机会犹豫不决,他们对于电子商务的认识、使用范围和实现方式等都不是很明确。许多企业认为,电子商务就是使用电脑上网,对电子商务的这种片面认识会阻碍企业发展电子商务,而且国内关于电子商务的立法不健全,钻法律空子的行为屡次发生,甚至会出现网络犯罪,这些都对电子商务的发展造成不利影响。

② 安全问题:由于电子数据具有无形化的特征,电子商务的运作涉及多方面的安全问题,例如资金安全、信息安全、货物安全、商业秘密等,这就要求电子商务比传统的有纸贸易

更安全、更可靠,而目前网络安全技术及其认证机制都不完善,如电子商务合同的应用和有效性认证、交付商品的质量保证、网上支付的安全认证体系还不够完善。网上交易可能需承担由于法律滞后而无法保证合法交易的权益所造成的风险,如通过网络达成交易合同,可能会因为还没有承认数字化合同的法律效力而失去法律保护,给电子交易者的经营造成巨大的损失。因此,迫切需要相应的法律法规引导电子商务健康有序发展。目前,我国还缺乏满足电子商务所需求的交易费用支付和结算手段,特别是企业与企业之间安全资金结算离电子商务应用的要求还有一定距离。

③ 企业电子化程度低:我国大多数企业还没有实现电子化,还处于利用传统经营管理模式和工具的时期。目前,我国相当一部分企业还在忙于解决扭亏脱困的问题,信息加工和处理手段落后,仍然以提供单纯的技术产品信息为主,不擅长动态信息的跟踪、获取、分析和整理,企业自发的信息化要求不高,从而对电子商务的需求非常淡薄。这种情况严重制约了我国外贸经济的发展,阻碍了电子商务的进步。

3) 目标市场分析

eBay 全球的战略定位是为高端白领提供个人电子商务的国际交易平台,是一个为所有人建立的最高效、最丰富的市场,是一个可以让全球民众上网买卖物品的线上拍卖及购物网站。eBay 有八大核心站点,分别在美国、英国、澳大利亚、德国、加拿大、法国、西班牙、意大利。通过八大站点,把产品辐射到 190 个国家和地区。未来 eBay 着力于把高科技应用到平台上,造福于生产厂家及最后的消费者。

4) 竞争对手分析

eBay 的主要竞争者是亚马逊以及阿里巴巴集团。阿里巴巴是一家 B2B 的电商网站,其旗下的速卖通作为阿里巴巴未来国际化的重要战略产品,已成为全球最活跃的跨境电商平台之一,并依靠阿里巴巴庞大的会员基础,成为目前全球产品品类最丰富的平台之一。速卖通的特点是价格比较敏感,低价策略比较明显,这也跟阿里巴巴导入淘宝卖家客户策略有关,很多人现在做速卖通的策略就类似于前几年的淘宝店铺。速卖通的侧重点在新兴市场,特别是俄罗斯和巴西。对于俄罗斯市场,截至 2015 年底,每月登录全球速卖通服务器的俄罗斯人近 1 600 万,现在的注册更加火爆。总体来说,速卖通适合初级卖家,尤其是其产品特点符合新兴市场的卖家,产品有供应链优势。寻求价格优势的卖家,最好是供应商直接拿货销售。而 ebay 的核心市场在美国和欧洲,拥有比较成熟的市场。做 eBay 最核心的问题应该是付款方式的选择,大家一般选择 PayPal,但 PayPal 也有一定的风险。若遇到买卖争议,eBay 最终会偏向买家。如果产品售后问题严重的话,很容易出现法律纠纷。eBay 操作比较简单、投入不大,适合有一定外贸资源的人做。

亚马逊平台和 eBay 都是卖家卖货,皆是美国电商企业。区别在于:ebay 主要做 B2C 和 C2C 业务,以电商平台经营为主。亚马逊是以自营为主,第三方经营为辅。亚马逊自建仓储与配送体系,除自营外,第三方卖家也可以选择亚马逊物流服务。同时,亚马逊从事云计算商用业务,出售自有品牌的移动终端设备,打造闭环生态圈。两家网站在消费者心目中的定位:亚马逊是一家以 B2C 为主的电商平台,靠自营出身,坚持质量品质;eBay 以个人拍卖业务起家,质量上难把控。在美国互联网购物市场上,eBay 和亚马逊是两个行业的巨头,竞争激烈,但随着亚马逊渐渐开始允许第三方在平台上购买产品,eBay 的市场份额受到严重影响。根据福雷斯特研究公司的数据,顾客在网上购物搜索商品时,39% 的优先在亚马逊挑选,11% 选择类似于谷歌的搜索引擎,仅有 6% 的顾客会选择使用 eBay 购买商品。在收费上,eBay平台不仅开户建立店铺需要租金,还需要收取卖家10%的佣金,顾客购买产品成功后,成交费占全部成交额的1/10。另外,使用PayPal支付时也有一定的佣金。而竞争对手亚马逊的个人用户不需要租金费,专业卖家需要39.99美元/月的租金,金牌会员享受两日内送达和免运费服务。eBay采用拍卖的方式让买家自己商量价格并和卖家直接交易,自己坐收手续费,毛利润率高达80%。比如,2006年,eBay净利润率高达18.86%,而亚马逊只有1.77%。亚马逊的买家平台提供了更多的服务,同时对销售商有更多的约束,政策也更规范一些,更像是一个集中管理的大卖场。而eBay则松散得多,更多的是销售商与顾客之间的讨价还价,更像是一个分散的集市。

5) 企业自身分析

eBay平台汇聚全球卖家资源,是一个可让全球民众上网买卖物品的线上购物网站。eBay在中国则致力于推动中国跨境电子商务的发展,为中国小企业和个人用户在全球平台上进行销售开辟了一条全新的渠道。eBay的竞争力体现在网上拍卖业务,它提供了一种前所未有的以网络为基础的服务——网络拍卖。eBay提供无时无处不在的交易平台,使拍卖这种历史久远的交易形式在互联网时代里不再只局限于传统现场拍卖会或者车库里的清仓甩卖。它赋予拍卖新的含义、新的形式,使拍卖商的商品超越出时间和空间的限制,能够在极短的时间里接触到来自全世界的诸多潜在顾客。在这里,不管你是巴黎街头的流浪汉,还是纽约曼哈顿的超级富翁,都站在同一个水平线上,大到汽车、电器,小至邮票、硬币。所有合法物品、所有在寻找买卖机会的消费者和商家,都可以在eBay网站进行交易。eBay打破地域限制把商品卖给地球上任何一个角落出价最高的人,卖方所获得的收入也达到了最高。同时,买方也是在全球范围内寻找最适合自己需求的拍卖品,从而确保自己可以购买到物有所值的东西。但eBay平台也存在一些问题,其物流发展落后,eBay平台之间的货物贸易往来大多是交易数量小、金额小、频率高。另外,eBay平台政策不规范,eBay的产品没有规范的上架要求,难以分辨产品的真伪及好坏,产品的质量无法保证。

14.3.2 技术、经济可行性分析

eBay收购了在线支付公司PayPal,使得用户间的交易变得更加简单和安全可靠。PayPal是一家为企业和个人提供先进网络支付服务的公司,它通过银行系统,利用先进的网络技术、风险管理和网络安全防范措施,为全球55个国家和地区的用户提供安全、便捷的网上支付服务。eBay模式需要的资金很低,而且卖家不需要担心例如库存风险或分销成本等问题,这样eBay就可以产生极高的利润率。基于不同运营水平,eBay的利润率为营业收入的26%。

14.4 eBay外贸门户的电子商务战略

1) 零库存战略

"零库存"是取得成功的另一个重要原因。公司的核心业务(拍卖)没有任何库存风险,所有的商品都是由客户提供,它只需要负责提供虚拟的拍卖平台——网络和软件,所以eBay公司的财务报表上不会出现"库存费用"和"保管费用"等。eBay公司可以集中精力进行网站管理,从根本上摆脱了库存的烦恼。

2) 并购发展战略

并购发展战略包括合并战略与收购战略。合并战略指两个规模大致相当的企业组成一个企业的发展战略；收购战略则是一家大型企业购买一家规模较小企业的发展战略。eBay 通过并购 PayPal、Skype 与 Shopping，实现了物流（包括支付平台和客户沟通平台）与业务的战略性发展。以前用信用卡支付，需要在支付页面上输入卡号和有效期，假如网站没有实现信息的加密传输，信用卡资料有可能被盗取，交易的安全性较低。eBay 网收购 PayPal，进一步完善支付平台。PayPal 支付系统就和防火墙一样，在收款者和信用卡资料间筑起了一道安全屏障。在 PayPal 上完成支付过程，没有任何第三方能够接触到客户的资料。Skype 是为世界各地的互联网用户提供高质量、低价格语音通信的一家公司，eBay 并购 Skype 从而具有完备的客户沟通平台。eBay 网站通过"PayPal＋Skype"建立更加完善的"捆绑便捷支付和信用卡"支付平台体系。Skype 类软件优于其他 IM 软件的独特功能是网络电话功能，即可以通过 SkypeOut 实现 PC to Phone 的效果，再加上 Phone to Phone 业务就构成了 VoIP（Voice over Internet Protoc01）业务。通过 VoIP 可以在 IP 网络上便宜地传送语音、传真、视频和数据等业务。这些都吸引着越来越多的网络客户，并极大地方便了客户之间的沟通。eBay 网站在交易中扮演的是一个中间商角色，如何更好地帮助买卖家完成在线即时沟通是它所必须考虑到的，而 Skype 的"IMVolP"将增强用户的交易体验，方便用户间的沟通并提高交易效率，这为 eBay 网站提供了更加完备的客户沟通平台。eBay 和 Shopping 的业务是互补的，这种互补业务无论是对 eBay 网站的买家还是卖家都是有益的。eBay 的网络业务交易通常会根据商家上架和销售的商品向商家收取费用，而 Shopping 是一种广告收费模式，即通过向商家发送潜在的客户而收取费用，并不管这些访问者实际上是否购买了商品。

3) 多元化发展战略

(1) 网站模式的多元化　网站模式是指电子商务企业为获取收入以维持网站的经营而开展的业务。电子商务企业的网站模式主要包括企业间的电子商务模式、消费者间的电子商务模式、商业企业与消费者间的电子商务模式。但无论哪一种单一的网站模式，或多或少都存在一些缺陷。比如，B2B 模式虽然能够降低企业的进入门槛，让许多中小企业体验到了电子商务的甜头，但 B2B 模式平台针对企业的一系列限制也使中小企业无法直接面对广大的个人消费者；C2C 模式平台上的超级大卖家虽然已经具备了企业的雏形，但尚缺乏更多的供应渠道、发展时间及更高性价比的货源，且作为个人又无法在 B2B 模式平台上进行采购；应用 B2C 模式的企业虽然可以直接面对广大个人消费者，但对企业的经济实力和品牌影响力、商誉等有很高的要求，使得许多中小企业往往没有实力涉足。所以，电子商务企业的多元化发展战略之一便是网站模式的多元化。从 eBay 网站的发展中可以看出其多元化的网站模式：通过与环球资源强强联盟，eBay 网站将 B2B 模式平台与 C2C 模式平台融合成一条完整的生产、供应、消费链，即"B to X to C"模式。中间的"X"既是 B2B 模式平台上的第 2 个"B"，又是 C2C 模式平台上的第 1 个"C"。"B to X to C"模式既让 eBay 上的卖家和环球资源的广大客户获得更多的采购货源信息和更广阔的商机，又为环球资源的供应商开发更广阔的销售渠道，而且 eBay 网站上的买家也可以购买到更多物美价廉的商品。

(2) 商业模式的多元化　电子商务企业多元化的发展战略还包括商业模式的多元化。作为 C2C 电子商务网站，eBay 网站的主要商业模式是虚拟运营。虚拟运营是依靠广告盈利，提供在线销售业务，其核心是"零库存"。所有的商品都由客户提供，eBay 网站只负责提供虚拟的拍卖平台。而且,eBay网站在其多元化战略发展中,还融合了其他的商业模式。例如按次收费、插播广告等商业模式,这些收费及推广模式对于客户来说具有很大的吸引力,从而使eBay网站获得了更多、更稳固的客户群。

　　4) 建立战略联盟的发展战略

　　当两家或更多的企业长期合作从事一项活动,则称这些企业建立了一个战略联盟。eBay网站与环球资源结成战略联盟,不但克服了单一网站模式的不足,而且避免了企业机构的臃肿。电子商务企业建立战略联盟的优越性主要体现在以下几点:

　　(1) 实现核心竞争力的结合、资源的共享　结为战略联盟的每个企业,只贡献它的最佳部分,把自己的核心优势与其他企业的核心优势结合起来。联盟内企业相互共享资源,传递技术,获得本企业所缺乏的信息,强化薄弱环节,并带来不同企业文化的协同创造效应。

　　(2) 分担风险并获得规模经济,使部分之和大于整体　建立战略联盟可以避免单个企业在研究开发中因盲目地孤军战斗引起的全社会范围内重复劳动和资源浪费,降低了各种风险。若干企业结合在一起,以部分企业的优势补偿其他企业的劣势,从而增强整体的正效应。

　　(3) 维护现有市场,拓展更大的市场　联盟内企业能够综合运用各自的市场优势,打破地区保护主义和种种人为的阻碍,从而迅速占领市场。

　　(4) 防止"大企业病"　建立战略联盟的经济性在于企业对自身资源配置机制的战略革新,不涉及组织的膨胀,因而可以避免企业组织的僵化、机构的臃肿,使企业保持灵活的经营机制。

14.5　eBay外贸门户对中国国际贸易电子商务运作的启示

　　1) 转变经营观念

　　在知识经济时代,企业单靠传统管理方式从事经营活动,已远远不能满足市场竞争的需要。企业要更好地开展电子商务,就必须知道如何运用计算机和网络来最大限度地获取信息资源,并且变革自身的管理和运作方式,充分利用电子商务带来的商机,提高企业国际竞争力,实现企业发展。目前,美国和欧盟大部分国家的海关已明确提出,将会优先处理利用电子商务的EDI提交的表格报关,凡不采用EDI的报关手续将被推迟。因此,我国传统外贸企业应该彻底转变经营观念,充分意识到电子商务在国际贸易中的重要地位,在对外贸易的方式上主动与世界接轨,积极采用电子化、网络化等电子商务操作方式,以扩大和促进与国外客户的交流与合作。

　　2) 出台优惠政策,积极鼓励企业开展电子商务

　　与发达国家相比,我国信息化建设起步较晚,目前还不能完全实现贸易的无纸化。因此,政府一方面要加快建设,改变目前这种部分业务在网上、部分业务仍然在网下的状态。目前,政府已采取一系列措施,推动了外贸企业开展网络贸易,但有许多措施都是通过行政命令施行的,往往会引起企业反感,无法获得企业的共鸣。因此政府要积极引导,出台优惠措施,真正为企业解决上网经营中存在的问题,使企业从被动变为主动,将企业活动整合到电子化上来,让企业尝到电子商务的甜头。

　　3) 加强基础设施建设,培养电子商务人才

　　电子商务是网络技术发展的产物,其迅速发展对网络基础设施提出了更高的要求。与

发达国家的高投入及密如蛛网的信息高速公路相比,中国在信息基础设施建设上明显投入不足、基础薄弱。全国只有上海、天津等几座城市的信息设施建设已形成一定规模。从全国的范围来看,中国在光缆铺设、电脑普及以及网络建设方面明显落后,许多边远贫困地区至今没有建立网点,成为信息高速公路建设的"盲点"或"荒漠"。"信息贫困化"被视为发展中国家经济发展的瓶颈,信息基础设施建设方面的落后可能会使中国失去电子商务给经济发展带来的机遇,在竞争中拉大与发达国家的差距。为了促进中国电子商务的发展,在加快信息基础设施建设的同时,更要有效利用现有的网络资源。

电子商务实现的关键是人。电子商务是信息现代化与商务活动的有机结合,所以,能够掌握并运用电子商务理论与技术的人必然是掌握现代信息技术、现代商贸理论与实务的复合型人才。一个国家、一个地区能否培养出大批这样的复合人才,成为该国、该地区发展电子商务最关键的因素。政府应充分利用各种途径和手段培养、引进并合理使用好一批素质较高、层次合理、专业配套的网络、计算机及经营管理等方面的专业人才,以加快我国电子商务建设的步伐。

目前已有一些院校已经开设电子商务专业,培养高素质的复合型人才,以适应社会的需要。建议国家鼓励教育部门向学生普及网络知识,在有条件的学校,特别是一些大专院校的经济、贸易、计算机等专业院系开设互联网、电子商务等选修课程。

思考题

1. 外贸电商平台有哪些?各自具有什么特点?
2. 我国外贸企业电子商务发展存在哪些问题?
3. 成熟的外贸电商一站式解决方案包括哪些信息化系统?

参考文献

[1] 周曙东.电子商务概论[M].南京：东南大学出版社,2019.

[2] 刘红军.电子商务技术[M].北京：机械工业出版社,2011.

[3] 汪友生.计算机软件基础[M].北京：清华大学出版社,2016.

[4] 冯晓琦.风险投资[M].北京：清华大学出版社,2012.

[5] 闵敏.关于现代企业全面风险管理理念分析与模式探讨[J].财会学习,2020(18)：55-56.

[6] 方佳伟.电子商务运营管理[M].北京：人民邮电出版社,2016.

[7] 于立,徐洪海,冯博."店选网购"跳单问题的竞争关系分析：以图书行业为例[J].中国工业经济,2013(9)：121-133.

[8] 郑飞.产业生命周期、市场集中度与经济绩效：基于中国工业子行业的实证研究[M].北京：中国经济出版社,2020.

[9] 中国音像与数字出版协会.2020年1—6月中国游戏产业报告[EB/OL].2020.

[10] 艾瑞咨询.2017上半年中国在线旅游度假行业研究报告[EB/OL].2017.

[11] 吴汉洪.经济学基础[M].北京：中国人民大学出版社,2020.

[12] 迈克尔·波特.国家竞争优势[M].北京：华夏出版社,2002.

[13] 杨清云.电子商务项目规划与运作[M].北京：北京师范大学出版社,2018.

[14] 原娟娟.电子商务项目策划[M].北京：北京大学出版社,2017.

[15] 彭玲.电子商务项目管理[M].北京：中国电力出版社,2018.

[16] 左美云.电子商务项目管理[M].2版.北京：中国人民大学出版社,2014.

[17] 夏金秀.网上购物商城后台管理系统的设计与实现[D].济南：山东大学,2014.

[18] 高娟,侯欣,黄伟,黄鸿鹏.校园O2O电子商务需求分析[J].中国商论,2016(22)：54-55.

[19] 陈冠华.小家电制造企业的电子商务发展策略研究：以W公司为例[D].昆明：云南财经大学,2017.

[20] 葛慧敏,吴麟麟,陈龙,许人义.顺丰速运C2B电子商务网站设计初探[J].江苏商论,2011(10)：61-62.

[21] 张秋荻.跨境电子商务的商业模式及盈利分析：基于阿里巴巴、天猫、eBay、梅西百货的案例分析[J].经济师,2021(3)：55-57.

[22] 丁文倩,湛军.价值共创视角下的电商平台商业模式创新：以京东商城与苏宁云商为例[J].中国商论,2021(6)：23-25.

[23] 赵斯惠.基于O2O视角的共享经济商业模式研究：以汽车共享为例[D].北京：首都经济贸易大学,2015.

[24] 赖森鸿.阿里巴巴集团商业模式研究[D].上海：复旦大学,2009.

[25] 杨利国.移动电子商务商业模式研究[D].北京：华北电力大学,2012.

[26] 高旭涛,荣朝和.从实体店到线上线下融合：沃尔玛的电商物流[J].综合运输,2016,38(5)：89-93.

[27] 王晓燕.电子信息企业商业模式创新：以华为技术有限公司为例[J].山西农经,2017(17)：87-88.

[28] 尚成国,卢春燕.基于情境感知的旅游电子商务景点推荐研究：以马蜂窝旅游网为例[J].图书情报导刊,2020,5(12)：58-62.

[29] 尚奕彤,张铷钫.消费者行为对电商旅游平台的影响研究：以马蜂窝旅游平台为例[J].现代营销(经营版),2020(11)：180-181.

[30] 李博雯.B2C电子商务企业物流成本分析：以京东物流为例[J].时代金融,2020(18)：93.

[31] 高田,苏世伟.电子商务企业物流体系建设研究：以京东物流为例[J].物流工程与管理,2020,42(2)：26-29.

[32] 高秋兰.浅析保险业务电子商务的发展状况：以中国人寿保险股份有限公司为例[J].北方经贸,2018(8)：37-38.

[33] 马迪.我国农业电子商务现状及发展对策研究[D].西安：陕西师范大学,2013.

[34] 白雪.农业电子商务模式研究[D].武汉：华中师范大学,2011.

[35] 中国互联网络信息中心(CNNIC).第47次中国互联网络发展现状统计报告[R].2021年2月3日.

[36] Wu Y Y, Xiong Y Y. The analysis of electronic commerce project risk based on the map reduce algorithm[J]. Applied Mechanics and Materials, 2014, 513-517：1320-1325.

[37] 顾默涵.L公司技术创新项目管理研究[D].上海：华东理工大学,2015.

[38] 鲍雪丽.政府对电子商务市场的监管研究：以北京电子商务市场为例[D].北京：首都经济贸易大学,2013.

[39] 张芳.中国商业银行市场集中度研究：基于14家商业银行数据的实证分析[J].哈尔滨商业大学学报(社会科学版),2012(3)：15-23.

[40] 王颖.农村移动互联网扩散的影响因素研究：基于长沙县大花村的考察[D].广州：暨南大学,2015.

[41] 肖静.基于B/S高校就业服务管理系统的设计和实现[D].成都：电子科技大学,2013.

[42] 许颖.在线二手图书市场营销战略研究：以非教材类图书为例[D].北京：中国政法大学,2015.

[43] 邹辉文,周夕志.契约理论和实物期权在风险投资契约设计中的应用评述[J].金融教学与研究,2014(6)：11-21.

[44] 李华斌.风险投资多阶段决策的复合实物期权方法应用研究[D].哈尔滨：哈尔滨商业大学,2015.

[45] 骆薇.基于公司治理视角中小旅行社内部控制与风险管理的整合机制研究[D].昆明：云南大学,2015.

[46] 王治超.中国电信公司员工在线考试系统的研究与分析[D].昆明：云南大学,2015.

[47] 黄诗.基于WebGIS及PKI的网上商城的设计与实现[D].成都：电子科技大学,2013.

[48] 白磊.我国档案网站建设中存在的问题及对策研究[D].昆明：云南大学,2015.

[49] 洪婷婷.互联网广告人群标签库的设计及投放规则挖掘[D].中国科学院大学(工程管理与信息技术学院),2015.

[50] 张丽君,闫东浩.农业网站信息资源整合研究:以中国农业信息网为例[J].中国农学通报,2015,31(25):269-272.

[51] 强志娟.中国石油公司总部费用分摊机制的构建与创新[D].北京:对外经济贸易大学,2015.

[52] 马强.基于精益生产的JCH家具公司生产流程再造研究[D].贵阳:贵州大学,2015.

[53] 周慧文,刘辉.我国非国有制造业企业就业容量研究:以大中型上市公司为例[J].技术经济与管理研究,2015(2):47-51.

[54] 王敏.经济全球化下我国制造业可持续发展能力培育研究[D].苏州:苏州大学,2015.

[55] 尹雪.地方政府在旅游业发展过程中的职能优化研究:以银川市旅游发展为例[D].西安:陕西师范大学,2013.

[56] 侯颖.电子商务背景下我国物流业发展研究[D].郑州:郑州大学,2015.

[57] 阮清娴.我国互联网保险的操作风险分析:以众安保险为例[D].广州:暨南大学,2015.

[58] 李琳.凯尔施医疗设备有限公司电子商务经营模式研究[D].秦皇岛:燕山大学,2015.

[59] 倪亮亮.产品多元化程度和开发速度对电子商务企业绩效的影响研究[D].南京:南京大学,2015.

[60] 黄道新.农产品电商营销案例精选[M].北京:人民出版社,2019.

[61] 农业农村部市场信息化司、中国农科院农业信息研究所.中国农业电子商务报告[R].中国农业科学技术出版社,2020.

[62] 宋芬.农产品电子商务[M].北京:中国人民大学出版社,2018.

[63] 王秀旭,王晶.汽车共享出行商业模式分析:基于滴滴出行、环球车享案例研究[J].时代汽车,2019(14):8-9.

[64] 朱文妍.共享单车商业模式和成本性态分析[J].现代商业,2019(21):19-20.